U0648724

Lüyou
Jiaoji Liyi

普通高等教育"十一五"国家级规划教材

国家文化产业资金支持媒体融合重大项目

21世纪新概念教材：
"换代型"系列·高等职业教育旅游与酒店管理专业教材新系

第7版

旅游
交际礼仪

乔正康　陆永庆　鲁小蕴　等 编著

东北财经大学出版社
Dongbei University of Finance & Economics Press

大连

图书在版编目（CIP）数据

旅游交际礼仪 / 乔正康，陆永庆，鲁小蕴等编著. —7版. —大连：东北财经大学出版社，2023.1
（高等职业教育旅游与酒店管理专业教材新系）
ISBN 978-7-5654-4664-1

Ⅰ.旅…　Ⅱ.①乔…②陆…③鲁…　Ⅲ.旅游服务-礼仪-高等职业教育-教材　Ⅳ.F590.63

中国版本图书馆 CIP 数据核字（2022）第 203970 号

东北财经大学出版社出版
（大连市黑石礁尖山街 217 号　邮政编码　116025）
网　址：http://www.dufep.cn
读者信箱：dufep@dufe.edu.cn

大连天骄彩色印刷有限公司印刷　东北财经大学出版社发行
幅面尺寸：185mm×260mm　　字数：345千字　　印张：17.25
2023年1月第7版　　　　　　　2023年1月第1次印刷
责任编辑：许景行　宋雪凌　　　　　　责任校对：张晓鹏
封面设计：冀贵收　　　　　　　　　　版式设计：原　皓

定价：38.00元

总序

如今，中国的旅游管理教育已经走过了三十多年的历程。三十多年，对于人生而言，可说已经走近成熟了。然而，对于一个学科的发展来说，这么短的时间恐怕只能够孕育学科的胚芽。万幸的是，这三十多年不同于历史进程中的一般三十多年。由于我们坚持了改革开放的政策，我们的视野由此而得到扩展，我们的信心由此而得到强化，我们的步伐也由此而得以加快。所以，虽然只有三十多年，但在中国的教育园地和学科家族中，旅游管理经过有效的分化与发展，已经形成了学科体系的基本雏形。如今，旅游管理专业把中等职业教育作为起点，并设有高职高专、普通本科和研究生教育（包括硕士和博士研究生教育）。这样完整的教育层次系统，展示了旅游管理教育发展的历程和成果，同时也提出了学科建设中的一些迫切需要解决和面对的问题，其中最重要的一点，就是如何在不同的教育层次和不同的教育类型上对教育目标和教学模式进行准确定位。当旅游管理高等教育领域中开始出现职业教育这种新的教育类型时，这一点就尤其显得突出了。

我国改革开放后得以重建的高等教育体系向来注重的是学科教育，一直没有给高等职业教育以足够的重视。困扰教育家们的问题似乎不是学科教育和职业教育的关系问题，而是在学科教育体系中如何区别普通专科教育与本科、研究生教育的层次和定位问题。三十多年的教育实践证明，人们在这三个层次上所做出的定位努力没有得到应有的效果。相反，在几乎所有的专业领域，都或多或少地存在着一种倾向，即专科教育仅仅是本科教育的简单压缩，而研究生教育仅仅是本科教育的有限延伸。这种状况导致了人才培养的低效率，也由于人才规格的错位而造成了人才使用上的浪费，甚至引起社会用人单位与教育机构之间在这个问题上的矛盾。

正是由于存在着这种带有普遍性的问题以及解决这种问题的动力，我国高等教育近年来的改革在这方面才有了比较大的突破：高等普通专科教育向高等职业教育转轨。这种转轨使高等职业教育在一定程度上提高了层次，引起了社会的重视，从而使高等职业教育成为高等教育体系中的重要类型。高等职业教育的登堂入室，创造了一种有效的社会氛围，也反过来促使普通专科教育不得不重新审视自己所一贯坚持的教育思想和教学模式，正视自己所面临的问题，并抓住历史的机遇。换言之，普通专科改弦更张的内力和外力都已经具备了。这种转型，是一种全方位的转换，而不是局部的调整。它涉及培养目标的重新定位、教学模式的重新选择和教学条件的有效变更。从培养目标上看，高等职业教育将更加突出人才规格的专业技能性和岗位指向性；从教学模式上看，要着力体现专业设置的职业性、教学内容的实用性和教学过程的养成性；而从教学条件上看，则必须实现教学主体的双元化（即产业部门和教育部门的有效合作）、教师队伍的"双师身份"，并拥有完备的实训手段。只有在以上几个层面实现全面转型，高等职业教育才能培养出合格的人才。在这方面，德国的双元制教学模式、加拿大的以能力培养为中心的CBE教学模式、澳大利亚的TAFE职业教育模式以及国际劳工组织的MES（职业技能模块组合）教学模式，都有值得我们借鉴的东西。

然而，比较发达国家的高等职业教育实践，我国的高等职业教育近年来并没有完全摆脱传统的学科教育模式的束缚，有的专业领域的高等职业教育与原来的普通专科教育相比，可谓换汤不换药。目前的旅游管理专业高等职业教育在很大程度上就是这样一种情况。中国在旅游管理专业实行高等职业教育是在全国职业教育工作会议召开后，与其他一些专业同时步入职业教育领域的。由于中国旅游管理类专业的普通高等教育三十多年来所追寻的教育模式也一直是学科教育的模式，由于人们对旅游管理高等职业教育的性质认识不清，由于整个社会还不能建立起对旅游高等职业教育的有效支持机制，由于转型后的普通专科院校在实施职业教育时缺乏相应的软件和硬件条件，甚至由于一部分高等职业教育机构的办学动机错位等原因，脱胎于这种背景的职业教育，就自然难以脱离学科教育的定式，难免出现教育的低效率状况。其结果是导致这样一种局面：当前的旅游管理专业的高等职业教育不过是由一些"新生的"或"转型的"教育机构承办的传统的学科教育的翻版。这种翻版在教师的知识背景、教学设计的结构安排、教材的选择和使用以及实验室建设等方面都有所体现。这种教育模式的后果，不仅仅是教育资源的浪费和学生受教育机会的丧失，而且也是旅游产业发展机会的丧失。

解决这个问题，实际上是一个系统性的工程，非一朝一夕之功所能奏效。高等职业教育思想的改变，教师的培养，尤其是全社会的职业教育体制和机制的构建和完善，都需要一个过程。但是，这里也有可以马上做起的工作，那就是教材的建设。

教材是教育实施过程的重要载体之一。尽管教材建设也同样需要有成果的积累，但在一定情况下，教材建设的先进性、前瞻性和科学性是可以实现的。尤其是第二次世界大战以后发达国家在旅游教育领域所积累的经验，如职业教育和普通学科教育间的差别以及实现这种差别教育的制度性建设，在职业教育领域已经取得的多方面成果，在职业教育的人才规格、培养目标、教育特色等方面形成的认识，在教材建设中所探索出的先进经验等，这些都可以成为今天我国旅游职业高等教育发展的基本参照和经验宝库。东北财经大学出版社现在推出的这套旅游与酒店管理专业高等职业教育教材，正是在这种认识和思想主导下完成的一个大动作。这套教材的问世，其意义将不仅仅局限在高职教学过程本身，而且还会产生巨大的牵动和示范效应，将对旅游与酒店管理专业高职教育的健康发展产生积极的推动作用。

目前推出的这套"高等职业教育旅游与酒店管理专业教材新系"，是在原"高等专科旅游管理专业系列教材"的基础上不断优化改版形成的。原专科教材由于定位准确、风格明显、作者队伍精干，已得到全国各大专院校的普遍认可。而为了适应蓬勃兴起的高等职业教育的需要，改版教材无论是在指导思想上还是在内容的组织上，又都做了彻底的调整。改版教材的相继编写，充分体现了全体编者对旅游与饭店高等职业教育规律和特征的认识，对旅游与饭店管理专业高等职业教育的规格、层次、教育对象的特点的把握，对职业教育与普通学科教育的区别的理解，以及对发达国家职业教育的借鉴。同时，这套教材也体现了我国高校教师在感受20世纪90年代世界范围内兴起的以满足旅游者个性化需求为导向的"新旅游"这一时代脉搏之后所做出的积极反应，从而使这套教材有了更超前的视野。这种独特而新颖的教材编写思路，最终还通过在教材形式建设上颇具匠心的处理而进一步得以体现，使这套教材成为一种能打破传统学科教学模式、适合高职教育的目标和学生特点，同时反映教材编写样式之世界潮流的全新的"换代型"教材。凡此种种，都足以说明这是一套有特殊奉献的高质量教材。坦率地说，这套教材的问世，应该是目前旅游管理类专业高等职业教育领域的一件幸事。

东财版"21世纪新概念教材：换代型系列·高等职业教育旅游与酒店管理专业教材新系"自20世纪90年代末全套推出到2015年，绝大部分已出五版，印刷二十余次，其中有八种入选"普通高等教育'十一五'国家级规划教材"，两种分别入选"教育部普通高等教育精品教材"和"中国旅游协会旅游优秀教材"，四种入选"'十二五'职业教育国家规划教材"，深受广大高职院校师生的欢迎与喜爱。

为了将《国家中长期教育改革和发展规划纲要（2010—2020年）》中提出的"着力提高人才培养水平""坚持育人为本，德育为先""强化能力培养，创新人才培养模式""着重培育学生的主动精神和创造性思维"等新时期教育要求进一步落到实处，完成"十二五"起我国高等职业教育新型人才培养的阶段性目标，专业课程教材必须与时俱进，体现国内外先进的专业技术水平、教育教学理念和课改新趋势，同步实现课程教材建设的模式转换。为此，我们于2012年底启动了对四版教材的全面修订，于2013起推出全新的第五版，2016年起推出与时俱进的第六版及其后各版。

六版及其后各版教材在研究和能动落实新时期国家教育部关于高等职业教育定位相关文件精神与要求的基础上，从以下方面沿着"21世纪新概念教材：换代型系列"的方向继续前行：

1. 同步提升了高等职业教育旅游管理类专业的人才培养目标定位。借鉴发达国家高等职业教育关于"职业教育与学术教育有机结合"的课改经验，"克服高职各类专业的同质化倾向"，将高等职业教育旅游管理类人才培养目标由先前的"教高〔2006〕16号"（培养"面向生产、建设、服务和管理第一线高素质技能型专门人才"），经过"教职成〔2011〕9号"、"教高〔2012〕4号"和国发〔2014〕19号等文件的一般定位（培养"高端技能型人才"、"应用技术型人才"乃至"技术技能型人才"），提升到"职业知识"、"职业能力"与"职业道德"

并重的"高等复合应用型"人才培养目标上来；同时，对照《国家中长期教育改革和发展规划纲要（2010—2020年）》关于"创新人才培养模式""着重培育学生的主动精神和创造性思维"等新时期教育要求，将"问题思维"和"创新意识"培养纳入新版教材的人才赋型机制中。

2.兼顾了"衔接"和"层次区别与提升"。在教学重点、课程内容、能力结构等方面，既细化了高职教材与中职教材的有机衔接，也研究和探索了前者不同于后者的层次区别与提升。

3.兼顾了"工学结合型"教育所要求的"双证沟通"与"互补"。在把国家职业资格标准融入专业课程内容与标准的同时，一方面着眼于高等职业学历教育与职业培训的重要区别，强化了对学生"职业学力"的全面建构，另一方面通过同步反映行业领域、国内外高职教育教学及课程改革新发展、新标准、新成果，弥补国家职业资格标准的相对滞后性。

4.兼顾了"理论"、"实务"、"案例"和"实训"等教学与训练环节。与只侧重"实务"的中职教材不同，六版及其后各版教材依照"原理先行、实务跟进、案例同步、实训到位"的原则，循序渐进地展开高职教材内容。

5.扩展了"职业学力"建构的基本内涵。将学生"职业学力"基本内涵的建构，由先前的"职业知识"和"职业能力"两者并重，扩展到"职业知识"、"职业能力"和"职业道德"三者并重，致力于建构以"健全职业人格"为更高整合框架的教材赋型机制。

6.兼顾了各种教学方法。将"学导式教学法"、"案例教学法"、"问题教学法"、"讨论教学法"、"项目教学法"及"工作导向教学法"等诸多先进教学方法具体运用于专业课程各种教学活动、功能性专栏和课后训练的教材设计中。

7.联合国教科文组织的研究表明：进入21世纪，不少学科知识更新周期已缩短至2~3年，处于知识结构表层的应用类学科知识尤其如此。这意味着学生在高职院校学习的相当多知识在毕业后已经过时。为应对日益加速的"知识流变性"，自第六版及其后各版，本系列教材将"自主学习"视为与"实训操练"同等重要的能力训练：在奇数各章"学习目标"的"职业能力"中用"自主学习"子目标替换先前各版"实训操练"述项，并相应调整了其章后"基本训练"中"能力题"的子题型。

8.阶段性落实关教育部关于"进一步推进职业教育信息化发展"，"推广……移动学习等信息化教学模式"（教职成〔2017〕4号）和"推进教育教学与信息技术深度融合"（《教育部高教司2018年工作要点》）等文件要求精神，增加二维码教学资源，解决传统教材所缺少的"互联网+"移动学习，即纸质教材与二维码数字资源融合的问题。

9.自2020年起，全面落实《国家职业教育改革实施方案》（国发〔2019〕4号）、《关于实施中国特色高水平高职学校和专业建设计划的意见》（教职成〔2019〕5号）、《职业院校教材管理办法》（教材〔2019〕3号）和《职业教育提质培优行动计划（2020—2023年）》（教职成〔2020〕7号）等文件要求与精神，在落实立德树人根本任务方面，进一步创新思想政治教育模式，将各章"学习目标"中的"职业道德"子目标、正文中的"职业道德与企业伦理"专栏和章后"基本训练"中的"善恶研判"题型，一并升级为"课程思政"，将树立社会主义核心价值观要求融入专业课教材。

10.自2022年起，更新了本系列教材"职业学力"建构中"学习目标"的"职业能力"子目标和"基本训练"中"实训操练"和"自主学习"题型的主题、内容与要求，旨在强化"专业能力"训练的同时，通过兼顾"问题思维"、"批（研）判思维"、"自主学习"、"与人协作"和"与人交流"等"通用能力"训练，进一步整合"职业能力"训练中的"专能"与"通能"，从而向体现"整体能力观"的专业课教材建设迈出新的一步。

教材改革与创新是一项系统工程，旨在培养"高等复合应用型人才"的高等职业教育旅游管理类专业教材的改革与创新更是如此。我们试图在深入调查研究、系统总结国内外教材建设先进经验的基础上，与时俱进地不断推出具有我国高等职业教育特色、优化配套的旅游管理类专业的新型教材。

期待广大专家、学者和读者们继续给我们以宝贵的关怀与支持，使本系列教材通过阶段性修订，与我国新时期高等职业教育旅游管理类专业教学及课程改革发展始终保持同步。

"高等职业教育旅游与酒店管理专业教材新系"项目组

第七版前言

在经历两年新冠肺炎病毒肆虐的严峻情况下，我国旅游事业仍然获得了较大发展，说明随着经济生活的改善，人们旅游的欲望日益增长的趋势是不会停止的。越来越多的人参加旅游，就会有更多的人从事相关的服务。旅游交际礼仪的学习和普及，对于提高旅游质量，使游客产生愉悦心情起着重要作用。为此，我们根据形势要求和教育部关于"进一步创新思想政治教育模式，将社会主义核心价值观融入专业课教材"等教材建设新要求精神，对本书做了再次修订。

本次修订仍以经历第五、六版修订的第四版为基础。第四版由陆永庆负责统编、定稿并编写第1、2、4章，郑起华编写第3、5章，王春林编写第6、7、8章。

本书的第七版对第六版文字做了一些改动，使用了最新的资料和数据，内容也有一些增删。根据2019年我国公民出境游和来华国家（地区）旅游人数排名的统计资料，在第8章中增加了马来西亚、越南和南非三个国家，删去了波兰、罗马尼亚、坦桑尼亚三个国家，并且列出了各个国家（地区）的主要旅游城市和景点。

在结构设计上，本次修订各章做了如下优化处理：

1.将"学习目标"中的"职业道德与企业伦理"和"基本训练"中的"善恶研判"升级为"课程思政"，更新了相关内容和述项，增强了本教材思政教育的功能。修订后的第七版教材内容更新、逻辑性更强，能更好地培养学生的创新意识、职业能力和操作技能。

2.更新了"职业学力"建构中"学习目标"的"职业能力"子目标和"基本训练"中的"实训操练"，旨在强化"专业能力"训练的同时，通过兼顾"与人协作"和"与人交流"等"通用能力"训练，进一步整合"职业能力"训练中的"专能"与"通能"，从而向体现"整体能力观"的专业课教材建设迈出新的一步。

3.在各章后"基本训练"的"知识训练"中，增补了可练、可互动、可考核的教学资源，即关于本章教学内容的"二维码'随堂测'"。

本书第七版由乔正康、陆永庆、鲁小蕴等编著。具体分工如下：乔正康修订1~5章，鲁小蕴修订6~8章以及各章二维码资源和PPT。全书由乔正康统稿。

为方便教学，本书第七版配有PPT电子教学课件和"章后习题参考答案与提示"等网络教学资源。使用本教材的任课教师可登录东北财经大学出版社网站（www.dufep.cn）查询或下载这些网上教学资源。

本次修订，参考了大量相关书籍和报刊、网络资料，得到东北财经大学出版社许景行编审和上海商学院、上海市商业学校等单位的支持，在此一并表示感谢！

乔正康

2022 年 10 月

第六版前言

2018年，我国进一步扩大改革开放，经济平衡发展，"一带一路"倡议获得更多国家的支持，构建人类命运共同体的理念深入人心，近悦远来，仅"十一"国庆长假，国内旅游就超过了2.4亿人次。但"霸座"、失信等不文明、不合礼仪的事也屡见报道，说明进一步加强旅游交际礼仪的教育十分重要和迫切。为此，我们根据新的形势要求，对《旅游交际礼仪》第五版进行了修订。

本次修订是在第五版的基础上进行的，由乔正康负责。第六版体例基本未变，内容有较多增删，并且补充了章后基本训练习题的答案与提示，制作了PPT课件。需要说明的是，本书第五版是在第四版基础上修订的。第四版由陆永庆负责统编、定稿并编写第1、2、4章，郑起华编写第3、5章，王春林编写第6、7、8章。

本书第六版除了一些文字的改动外，主要做了以下两方面修订工作：

第一，与时俱进，体例创新。第一次在教材中插入了"学习微平台：二维码资源"，有文字、图片，也有实训和微课，读者通过扫码，可方便地获得生动活泼的感性知识，进一步加深对本书理论知识的理解，强化对职业能力、操作技能的培训。

第二，资料新颖，逻辑性强。本次修订对第五版的引例、同步案例、职业道德与企业伦理、基本训练及答案等做了大幅度更新，能撤换的撤换，不能撤换的进行了改写，使其更契合教材理论知识的阐释，逻辑性更强，能更好地培养学生的创新意识、职业能力和操作技能。

本次修订参考了大量相关书籍和报刊、网络资料，在二维码资源的取得和制作过程中，得到了东北财经大学出版社许景行编审、上海市商业学校领导和现代服务教学部的支持、帮助，鲁小蕴、李莉两位老师提供了实训和微课资料，在此一并表示感谢！由于二维码资源的取舍和制作都是第一次进行，一定有许多不足之处，希望使用本教材的师生和读者提出宝贵意见。

乔正康

2019年2月

第五版前言

当前，我国旅游事业空前繁荣，2014年，国内游达到36亿人次，出国游达到1.15亿人次，双双创出历史新高。中国出国旅游人数和国外消费水平已取代美国和德国，稳居世界首位。习近平主席在博鳌亚洲论坛2015年年会上的主旨演讲中说，未来5年，中国出境人数将超过5亿人次。

但是，我国旅游业也出现了新的问题：一方面，旅行社用低价推销出国游，大量教育程度较低、对旅游交际基本礼仪和外国文化习俗一无所知的人群蜂拥出国；另一方面，大城市和二三线城市的旅行社雨后春笋般出现，从业人员大量短缺，一些不具备礼仪素质和接待能力的人员滥竽充数。这些都带来很多矛盾和抱怨。

国家旅游局已采取了很多治理措施，包括立法、培训、加强管理、调高出国游价格等等，但治本的方法还是得进行系统的旅游交际礼仪的教育，提高出国人员的文明素质。正是在这样的新形势下，对《旅游交际礼仪》的修订和教学就显得十分迫切了。

为适应不断变化着的环境，能动落实《国家中长期教育改革和发展规划纲要（2010—2020年）》和教育部关于高等职业教育新近文件的精神与要求，本书第五版对第四版的内容和形式都做了较大改动和增删：

1.同步提升了高职高专职业教育的人才培养目标定位。新版教材将人才培养目标由先前的"教高〔2006〕16号"和"教职成〔2011〕9号"文件定位，向内涵更为丰富的"培养高等职业'应用-复合'型专业人才"目标迈进。

2.扩展了"职业学力"建构的基本内涵。为体现"人才培养立德为先"的教育理念，新版教材将学生"职业学力"基本内涵的建构，由先前版本的"知识目标""技能目标""能力目标"，扩展到"职业知识"、"职业能力"和"职业道德"三者并重，并强化了"问题思维"和"创新意识"训练，致力于建构以"健全职业人格"为更高整合框架的教材赋型机制。

3.兼顾了"理论"、"实务"、"案例"和"实训"诸多教学与训练环节。新版教材着眼于"学术课程"与"职业课程"整合的当代世界职业教育主流课改趋势，依照"原理先行、实务跟进、案例同步、实训到位"的原则，循序渐进地展开高职专业课程教材内容。各章正文部分设置引例、同步案例、同步思考、职业道德与企业伦理等功能性专栏，章后"基本训练"的基本题型与"学习目标"相对应，设置"知识训练"（包括"复习题"和"讨论题"）、"能力训练"（包括"理解与评价"、"案例分析"和"实操训练"）和"善恶研判"等题型，使知识复习、技能实训、素质提高都落到了实处，做到了教师好教、学生好学。

4.兼顾了各种先进教学方法。新版教材将"学导式教学法""案例教学法""问题教学法""讨论教学法""项目教学法"等诸多教学方法具体运用于专业课程的各种教学活动、功能性专栏和课后训练的教材设计中。

5.在内容方面，第1章章名改为礼仪概述，原来的3、4、5三节合成了"学习旅游交际礼仪的意义和方法"一节；第4章第2节删去了"会展场所设计"关于建筑装潢的内容，节名也改成"会展场所布置和装饰礼仪"；第5章增写了第1节"国际交往的基本原则"，以后各节改为"迎送礼仪""会见、会谈、签字礼仪""宴请礼仪""文艺晚会与参观游览礼仪"，删去了内容重复的第5节"礼宾次序和国旗悬挂法"；第7章删去了第1节"概述"，另两节名称改为"国内部分民族礼仪与禁忌""我国港澳台地区礼仪与禁忌"；第8章针对当前出国游人数众多、问题多发的情况，主要向出国游人员介绍四大洲主要旅游国家的礼仪、生活习惯与禁忌等等，各章的文字也相应有较大改动。书后增加了有关礼仪的谚语、敬语、谦辞、节日等资料（见附录1~5）。

为方便教学，本书第五版补编了"章后习题参考答案与提示"，并制作了PPT教学课件。使用本教材的任课教师可登录东北财经大学出版社网站（www.dufep.cn）免费查询或下载这些网络教学资源。

本书第五版由乔正康负责修订，而第五版是在陆永庆等编著的第四版基础上进行的。第四版由陆永庆负责统编、定稿并编写第1、2、4章，郑起华编写第3、5章，王春林编写第6、7、8章。

本书可作为中高等职业教育旅游与饭店管理专业的通用教材，也可作为旅游企业在职员工的培训教材。

本书第五版由乔正康修订，参考了最新出版的相关高校教材和众多礼仪方面的著作以及报纸杂志上的资料，并得到了东北财经大学出版社许景行编审的大力支持和帮助，在此一并表示感谢！由于时间较紧，错漏之处恐在所难免，祈望使用本书的老师、同学、旅游者、旅行社工作人员提出宝贵意见。

乔正康

2015年4月

第四版前言

本书自 2000 年问世后，经多次修订再版，累计发行量达 10 余万册，被广泛用于高职高专旅游与饭店管理专业教学、成人教育以及旅游行业管理干部岗位培训，并受到了普遍的好评。

根据《面向 21 世纪教育振兴行动计划》和国务院《关于加快发展旅游业的意见》，适应我国社会主义市场经济体制下新型旅游管理岗位第一线的需要，以及满足高职高专旅游与饭店管理专业对新型教材的需求和旅游企业接待工作的实际需要，我们对《旅游交际礼仪》一书进行了第三次修订。

本次修订有以下特点：一是定位明确，二是结构新颖，三是内容翔实，四是方便教学。在第四版中，全书的结构框架基本保持不变，内容上保留了前三版的精华部分，在重视知识、技术、能力三个目标统一的基础上，突破传统教材框架，各章前有"引例"，章后有"基本训练"，可供学生练习，各章正文中穿插"相关链接""小思考""小资料""观念应用"等，可供学生阅读，有利于调动学生的主动性和积极性。为方便教学，本书第四版配有 PPT 电子教学课件和"章后习题参考答案与提示"等网络教学资源。使用本教材的任课教师可登录东北财经大学出版社网站（www.dufep.cn）查询或下载这些网上教学资源。

本书是一本较有特色的礼仪教材，可供旅游院校教学使用，也可作为旅游企业的培训教材，对其他服务行业及涉外工作者也有一定的参考价值。

本次修订更新的内容较多，吸取和参考了旅游礼仪教学工作者近几年的新成果，在此，谨对他们表示衷心的感谢。

我们也由衷地感谢东北财经大学出版社和许景行编审。正是在他们的热心鼓励和大力支持下，方使本书第四版得以顺利问世。

《旅游交际礼仪》（第四版）共分 8 章，其中第 1、2、4 章由陆永庆编写，第 3、5 章由郑起华编写，第 6、7、8 章由王春林编写，全书由陆永庆负责统稿、定稿。

鉴于编者视野及水平所限，本书仍会有不足之处，诚挚地希望专家、同行及广大读者批评指正。

编　者
2010 年 6 月

目 录

第1章 礼仪概述

- **学习目标**
- 1.1 礼仪的基本概念
- 1.2 礼仪的起源、发展和特征
- 1.3 学习旅游交际礼仪的意义和方法
- **本章概要**
- **基本训练**

● 学习目标

通过本章学习，应当达到以下目标：

职业知识：学习和把握礼仪、礼、礼貌、礼节的概念，礼仪的起源和发展，现代礼仪的特征，微笑服务和合乎礼仪的经营策略，旅游交际礼仪的意义与方法，以及"同步资料"和二维码资源等理论与实务知识；能用其指导本章"同步思考"和"基本训练"中"知识训练"各题型的认知活动，规范相关技能活动。

职业能力：点评"孟子休妻"故事，训练专业评价力；运用本章知识研究"同步案例"和章后"案例分析-I"，训练对"礼仪概述"特定情境下当事者行为的"多元表征"专业能力和"与人交流"的通用能力；通过"'微笑服务'知识应用"的实训操练，训练相应专业技能和"团队协作""解决问题"的通用能力。

课程思政：结合"礼仪概述"教学内容，依照相关规范或标准，对"课程思政1-1"和章后"课程思政-I"的企业及其从业人员的行为进行思政研判，培养高尚的道德情操，树立社会主义核心价值观。

引例：2014年APEC北京会议欢迎晚宴在"水立方"举行其礼仪寓意"上善若水"

背景与情境："上善若水，同舟共济"，2014年11月10日，APEC北京会议欢迎晚宴活动在"水立方"举行。活动礼仪包括入场式、合影、晚宴、文艺演出、焰火表演等。

（1）入场式礼仪 "红地毯"灯光铺就——东道主在入口迎接

晚6时30分，APEC各成员经济体领导人、代表及其配偶，出席加强互联互通伙伴关系对话会的有关外国领导人及其配偶相继抵达北京奥林匹克公园。"水立方"前，大型灯光秀以银杏树叶为天然背景道具，营造多变的灯光氛围，不同灯光颜色打造出春、夏、秋、冬的视觉盛宴。"鸟巢"正前方，21组灯柱腾空而起，代表21个经济体成员。"水立方"前255米的迎宾大道上，两侧2 000多名身着民族服装的青年男女载歌载舞。随着贵宾车辆的前行，地面红色的LED光影像波浪一样向前铺开，最终形成一条灯光铺就的红地毯，直至"水立方"北门。习近平与其夫人在入口迎接，与贵宾一一握手，互致问候。各成员经济体领导人、代表在"APEC未来之舟"帆叶前签名。

（2）"全家福"照相 "水面上"合影留念

晚宴正式开始前，习近平与各成员经济体领导人、代表及其配偶集体合影。他们都穿着为本次会议专门设计制作的"新中装"。"新中装"为领导人及其配偶提供了多种款式、颜色的选择，既有中国传统礼仪元素，又具有现代气息。男领导人的服装采用"立领、对开襟、连肩袖、提花卐字纹宋锦面料，海水江崖纹"的设计。上衣一款四式，有故宫红、靛蓝、孔雀蓝、深紫红、金棕、黑棕六种颜色。

女领导人的服装是"立领、对开襟、连肩袖，双宫缎面料，海水江崖纹"外套，有孔雀蓝、玫瑰红两种颜色。夫人们的服装则为"开襟、连肩袖外套，内搭立领旗袍裙"，外套及内搭各四款，有四色。考虑到北京11月夜间的气温，"新中装"还提供了羊绒围巾或披肩。

合影被安排在"水立方"被改造过的游泳池边，寓意与晚宴"上善若水"，国家不分大小、一律平等的主题相呼应。一池清水既象征着中国对和平的渴望，也希望整个亚太地区领导人能心静如水、静心思考、互通有无、互相联通、平等相处。

（3）晚宴 片鸭师现场献艺尽显中华宴会礼仪特色

欢迎晚宴是国宴规格，菜谱为一道冷盘，四菜一汤：翡翠龙虾、柠汁雪花牛肉、栗子菜心、北京烤鸭、上汤响螺。不吃烤鸭的贵宾则换成了用黄瓜丝、胡萝卜丝、山药丝、杏鲍菇丝、生姜丝做成的"五福蔬菜卷"。之后为北京特色点心和水果、冰淇淋、茶。酒水是长城干红2006和长城干白2011，均为我国河北出产。北京烤鸭是重头戏，片鸭师现场献艺，向世界传递着华夏美食精华。全聚德的8位片鸭师现场表演片鸭绝技，从上场、片鸭到摆盘、展示，整个过程4分钟完成。片鸭摆盘的设计造型是中国国花牡丹，外圈7片，第二圈5片，第三圈3片，中心1片，配上丝瓜苗做成的枝叶，雍容华贵，栩栩如生，因此这款烤鸭也被命名为"盛世牡丹"。

（4）演出"鱼跃龙门"演绎中国古老传说祝愿美好未来

宴会中，习近平同贵宾们边用餐边观看文艺演出。本场演出共10个节目，有舞蹈、歌曲、鼓乐、中国戏曲集锦，全部彰显中华文化特色。恢宏大气的舞蹈"盛世牡丹"拉开演出序幕；400余人无伴奏合唱"青春舞曲"，传递出对青春朝气的向往和追求；"鱼跃龙门步步高"用舞蹈、长绸和太极讲述了鲤鱼奋发向上、终于化身为龙的美好传说；民歌"板蓝花儿开"表达了游子对故乡和母亲的眷念；芭蕾舞"天宇流芳"将人们带入了竹影月夜的曼妙意境；"云端旗鼓"描绘了旌旗闪烁映日光的壮观，敲响了雷啸通九天的鼓声；男女二重唱"今夜无人入睡"余音绕梁，既表达了会议的成功举办令人激动，又让人期待美好的明天；"姹紫嫣红梨园春"展示了中国戏曲"变脸""椅子功"等绝活；残障人员表演的舞蹈"千手观音"美妙、圣洁，不光赢得了经久不息的掌声，也暗合会议对和平以及共同发展的要求；演出在表现主题的"同舟共济向明天"的歌舞中落幕。

（5）焰火秀 "自然颂"奇特震撼

放烟火，是我国历代在重大国事活动中的传统礼仪。晚宴后，盛大的焰火表演在奥林匹克中心区举行，"鸟巢"、玲珑塔、瞭望塔三大地标建筑上空绽放烟花盛景。习近平夫妇与贵宾们一起在"水立方"东门外广场观看。这场焰火的主题为"自然颂"。搭建在"鸟巢"巨幅网幕上的辽阔天空、深邃海洋、富饶大地，交替变幻着斑斓壮美的自然景象。广场上640个鼓手齐声擂响安塞腰鼓、洛川蹩鼓和威风锣鼓。绚烂的烟花盛开在夜空中，演绎着春生、夏长、秋收、冬藏的自然变化。天上的烟花、地上的鼓阵、幕上的景观，虚实结合，相映生辉，汇成奇特震撼的视、听觉盛宴。本场焰火表演有效减少了污染，实现了全球最高的环保标准，体现了中国在环境保护方面的带头作用。

资料来源 根据范洁. 在水面上合影寓意"上善若水"[N]. 北京日报, 2014-11-11.孟安娣, 薇薇恩·周. 服装反映东道主和APEC领导人的风格 [N]. 南华早报, 2014-11-11.相关报道编写.

问题：这场重大国际活动的礼仪包括哪些内容，起到了什么作用？

分析提示：该引例说明，重大的国际会议在迎宾、宴会、服饰、娱乐等方面都有严格完整的礼仪。整场活动的安排热情有礼、细致周到、尽善尽美，充分体现了新兴大国的气派和礼仪之邦的优良传统。整个礼仪活动受到各经济体贵宾的交口称赞，拉近了彼此间的距离，体现了互相沟通、同舟共济的精神，为开好APEC会议和取得圆满成功、共创美好未来起到了重要作用。

古往今来，在国际交往，国内政治、经济、文化关系和不同民族、不同地域人们的交往之间起着纽带和黏合剂作用的是各项约定俗成的礼仪规则。礼仪无时不在、无处不在。我国自古以来就十分重视礼仪的培养和践行，有着"礼仪之邦"的美誉。酒店的从业人员每天都要为大量国内外游客提供各项服务，学习并掌握相关礼仪，对学习相关专业的学生和已从事相关工作的人员以及外出旅游的

学习微平台

图文1-1

人，都是非常必要的。

1.1　礼仪的基本概念

在文明古国中，我国素以"礼仪之邦"著称，从古至今，形成了宏大的关于礼仪的理论体系，完整的政治、经济、文化等各方面的伦理道德和生活行为规范。这是我们中华民族对人类文明的重大贡献。在实现伟大复兴的"中国梦"的过程中，继承传统、汲取先进经验、充分发挥礼仪的作用，有着十分重要的意义。

《辞海》中对礼的解释是：本谓敬神，引申为表示敬意的通称。礼的含义比较丰富，它既可表示因敬意而隆重举行的仪式，也可泛指社会交往中的礼貌和礼节，是人们在长期的生活实践中约定俗成的行为规范。在古代，礼特指奴隶社会或封建社会等级森严的社会规范和道德规范。在现代，礼已涉及人们的衣、食、住、行和交往、沟通的各个方面，对人们的言行起着指导、约束的作用。正如孔子所说的"不学礼，无以立"（《论语·季氏篇第十六》）。

1）礼貌

礼貌就是人与人之间在交往过程中相互表示敬重和友好的行为准则。它体现了时代的风貌与道德品质以及人们的文化层次和文明程度。礼貌是一个人在待人接物时的外在表现，它通过言谈、表情、姿态等表示对人的尊重。礼貌可分为礼貌行动和礼貌语言两部分。

礼貌行动是无声的语言，如微笑、点头、拱手、欠身、鞠躬、握手、双手合十、拥抱、亲吻等；礼貌语言是有声的行动，如使用"小姐""先生"等敬语，"恭候光临""我能为您做点什么"等谦语，"哪一位""哪里方便"等雅语。

我国历来十分重视"言"与"礼"的关系，有许多关于礼貌的语言至今仍被人们沿用，如"己所不欲，勿施于人""滴水之恩，涌泉相报""奉陪""贵姓""惠顾""恭候""过奖""不敢当"等。人们常说的"温良恭俭让"，即做人要温和、善良、恭敬、节俭、忍让，就是我国古代衡量个人礼貌周全与否的重要准则。今天我们正在提倡的最基本的礼貌语言为五声十个字，即"您好""请""谢谢""对不起""再见"。

在人际交往中讲究礼貌，不仅有助于建立相互尊重和友好合作的新型关系，而且能缓解或避免某些不必要的冲突。礼貌不仅是现实生活中每个人的个性特征，而且是中华民族精神文明的具体体现。它是人们之间团结合作的桥梁、众志成城的纽带。礼貌待人，会取得工作顺利、精神愉悦、生活幸福的良好效果。正像清代颜元说的"国尚礼则国昌，家尚礼则家大，身有礼则身修，心有礼则心泰"。对从事旅游接待的工作者来说，礼貌是衡量其服务质量高低的重要标志之一，也是赢得良好业绩的基础。

课程思政1-1

康拉德·希尔顿的成功秘诀——微笑服务

背景与情境：希尔顿酒店创立于1919年。它的创始人康拉德·希尔顿认为，酒店是一个服务和"款待"的行业。为了满足顾客的需求，希尔顿酒店在组织结构上努力创造一个尽可能完整的系统，成为一个综合性的服务机构。除提供完善的食宿外，还设有咖啡室、会议室、宴会厅、游泳池、购物中心、银行、邮局、花店、服装店、航空公司代理处、旅行社、出租汽车站等；所有房间的生活设施都非常齐全，让顾客有宾至如归的感觉。

希尔顿在100多年的时间里，从一家饭店发展到100多家，遍布世界五大洲的各大城市，成为全球规模最大的酒店集团之一。其生意之好、发展之快，除了拥有上述完善的设施外，秘诀还在于其要求所有员工"微笑服务"，注重企业员工礼仪的培养，把"你今天对客人微笑了吗"作为企业文化，贯穿到每一个员工的思想和行为之中。

资料来源 作者根据相关资料整理。

问题："微笑服务"为什么有这么大的作用？它是否体现了礼仪的本质特征？

研判提示：希尔顿酒店的"微笑服务"体现了礼仪的本质——尊重人、温暖人人。孟子说："爱人者，人恒爱之；敬人者，人恒敬之。"希尔顿酒店的成功恰好说明了"微笑服务"是旅游交际礼仪最重要、最基本的要求。从事旅游服务工作的人员必须学会微笑并持之以恒，时时、处处、事事以微笑面对客人。

2）礼节

礼节是人们在日常生活特别是在交际场合中，相互问候、致意、祝愿、慰问以及给予必要的协助与照料的惯用形式。礼节是礼貌的具体表现，如中国古代的作揖、拱手、跪拜，当今世界各国通行的点头、握手，南亚诸国的双手合十，欧美国家和地区的拥抱、亲吻，少数国家和地区的吻手、吻脚、拍肚皮、碰鼻子等，都是不同国家和地区礼节的表现形式。

礼貌和礼节之间的关系是相辅相成的。有礼貌而不懂礼节，容易失礼。对旅游接待工作者来说，礼节往往是本国或本民族对接待对象表示尊敬、善意和友好的行为。对个人来说，是其心灵美的外化。如餐厅的引位员在接待客人时，要主动微笑问候："小姐（先生），您好！""请问，预订过吗？一共几位？""我能为您点菜吗？"等；在服务时，餐厅服务员送茶、上菜、斟酒、送毛巾等应按照先主宾后主人、先女宾后男宾等礼节顺序进行。

同步思考1-1

问题：十字文明用语的含义是什么？

理解要点：十字文明用语是人际关系和谐的润滑剂，是中华民族精神文明的具体体现。其含义"字字千金"，如："您好"——简洁的语言、尊敬的问候；"请"——礼貌的象征、谦恭的表示；"谢谢"——真情的感谢、知情达理的表示；"对不起"——真诚的歉意、道德的水准；"再见"——良好的祝愿、诚挚的情意。

3）礼仪

"礼仪"是个复合词语，包括"礼"和"仪"两部分："礼"指在一定的社会道德观念和风俗习惯基础上形成的人们共同遵守的行为准则；"仪"指人们的容貌举止、神态服饰和按照礼节进行的仪式。礼仪是有形的，它存在于社会的一切交往活动中。礼仪的基本形式受物质水平、历史传统、文化心态、民族习俗等众多因素的影响。礼仪具体体现在礼貌、仪表（仪态表情）、礼节、仪式等方面，而语言（包括书面和口头的）、行为表情、服饰器物是构成礼仪最基本的三大要素。一般来说，任何重大典礼活动都需要同时具备这三个要素才能完成。本章的引例充分说明了这一点。

现在，凡为表示敬意而隆重举行的仪式，均称作礼仪。如开学典礼、毕业典礼、开业典礼、结婚典礼、大型工程的奠基礼、展览会开幕式、轮船下水的剪彩礼以及迎接国宾的检阅仪式、鸣放礼炮等，均属礼仪的范畴。

同步案例1-1

跪拜礼

背景与情境：前几年，某著名大学校长回乡为老母亲祝寿时，想到老母亲几十年含辛茹苦的生活，十分激动，哭着跪拜在老母亲身前。这件事经媒体报道后，在互联网上引起轰动和争议。有人说，大学校长怎么还行这种"老封建"的跪拜礼？有人说，母爱伟大，跪拜表现了对母亲的感恩之情，有何不可？也有青年人问，电影电视中这种镜头有很多，不知是什么时候废除的？

资料来源　作者根据相关资料整理。

问题：在你的家乡，哪些场合还存在跪拜礼？当前有些学校组织学生集体向家长跪拜，进行感恩教育，你有什么看法？

分析提示：跪拜礼在中国具有悠久历史，在古代曾经是臣民向君主、下级向上级、平民向官员、晚辈向长辈表示顺服和敬意的礼节，1912年《中华民国临时约法》将其废除。此后，鞠躬礼逐渐取代跪拜礼成为表示敬意的方式。不过，民间对跪拜礼有所保留，跪拜礼在剔除了自我贬低、奴性服从的意义后，继续存在于某些特殊场合。比如，婚庆时新人以跪拜礼向双方父母表示感恩，扫墓时子孙以跪拜礼向先人表示缅怀和尊敬等。在特定的节假日，如父亲节、母亲节等组织学生向家长行跪拜礼，进行感恩教育，也是无可厚非的。

同步案例1-2

松下幸之助和理发师

背景与情境：日本的著名企业家松下幸之助从前不修边幅，也不注重企业形象，因此企业发展缓慢。一次理发时，理发师对他说："您是公司的代表，却这样不注重形象，别人会怎么想，人的外表都如此邋遢，他的公司会好吗？"松下幸之助听了觉得有道理，从此一改过去的习惯，开始注意自己在公众面前的仪表仪态，也开始关注企业的整体形象，后来生意果然慢慢兴旺起来。

资料来源　李建峰，董媛. 社交礼仪实务［M］. 3版. 北京：北京理工大学出版社，2014. 有改动。

问题： 个人仪表对自己的形象、事业有什么影响？

分析提示： 现在，松下电器的各类产品享誉天下，与松下幸之助长期率先垂范，要求员工注重仪表、懂礼貌、讲礼节是分不开的，由此可见个人仪表给形象、事业所带来的影响。

1.2　礼仪的起源、发展和特征

1.2.1　礼仪的起源

儒家认为，我国完整的礼仪制度是西周初年周公（姬旦）创制的，即所谓"周公制礼作乐"。相传周公著《周礼》，全书共6篇，按天、地、春、夏、秋、冬六官分述。《周礼》不仅制定了人们的行为规范，而且论述了国家的政治、经济、军事、外交等各个方面的典章制度。除《周礼》外，还有汇集春秋战国时期礼制的《仪礼》和秦汉以前各种礼仪论著的选集《礼记》，合称"三礼"。历代统治阶级都把"三礼"奉为经典，"三礼"也是我国传统文化的重要组成部分，已渗透到中国社会的各个方面。

儒家学说的创始人孔子对礼仪非常重视，他明确告诫弟子："非礼勿视，非礼勿听，非礼勿言，非礼勿动。"孔子之所以如此重视"礼"，是因为"礼"代表了孔子的政治理想。其特征有三：其一是"和"，主张以仁爱之心待人，"和为贵"，反对征战、杀伐；其二是"让"，主张安分守己、互相谦让，"己所不欲，勿施于人"；其三是"序"，强调在人际关系中，必须"有序"，即遵守"君君臣臣，父父子子""贵贱有等，亲疏有分，长幼有序"。儒家的另一位代表人物荀子进一步提出："人无礼则不生，事无礼则不成，国无礼则不宁。"在我国几千年的历史文明中，儒家的礼治主张成了我国人民广泛遵守的行为规范，也对我国及周边国家的文化产生了巨大影响。

同步资料1-1

"五礼"

五礼指中国古代最基本的五种礼仪，分别为吉礼、嘉礼、宾礼、军礼、凶礼。吉礼主要指祭祀，古人认为天地、宗庙、神祇关系到国运之兴盛和宗族之延续，故置于五礼之首；嘉礼指婚冠、朝贡、登基、筵宴等；宾礼指交往应对、士庶相见之礼；军礼是有关军事的礼仪制度、规定或习俗；凶礼主要指丧礼，也包括对各种灾变（如水旱、饥饿、兵败、寇乱等）的应付与哀悼礼仪。

资料来源　周文柏. 中国礼仪大辞典［M］. 北京：中国人民大学出版社，1992.

礼仪产生于礼，礼又是怎样产生的呢？从历史唯物主义的观点来看，礼属于上层建筑，是与社会经济基础相适应的。礼作为一种文化现象，最早产生于人与人的交往之中。在原始社会时期，同氏族的成员在共同的采集、狩猎、饮食生活中所形成的习惯性语言、动作，构成了"礼"的最初萌芽。在原始社会，人们常常有意无意地用一些象征性动作来表示他们的意向、感情。其中一些动作后来成为社会生活的习惯，并常常被用作维护社会秩序、巩固社会组织和加强部落之间联系的手段。进入阶级社会以后，统治阶级将其中的某些习惯加以改变和发展，逐渐形成各种正规的"礼仪"。

人类最初的礼仪主要源自对自然物的敬畏和祈求，他们对自然现象充满了敬畏和恐惧，于是各种宗教、原始崇拜便由此而生，如拜物教、图腾崇拜、祖先崇拜等。这些原始崇拜都有一定的祭祀仪式。这些祭祀仪式和祭祀活动在历史发展中逐渐形成人与人之间的各种规范和制度，从而形成各种礼仪。

1.2.2 礼仪的发展

从历史发展的角度看，中国古代礼仪演变大致可分为四个阶段：

（1）礼仪的起源时期——夏朝以前（公元前21世纪以前）。原始的敬神礼仪、政治礼仪、婚姻礼仪等在这个时期已有了雏形，但还不具有阶级性。

（2）礼仪的形成时期——夏、商、西周三代（公元前21世纪—公元前771年）。在这个阶段，中国第一次形成了比较完整的国家礼仪与制度，提出了许多极为重要的礼仪概念，如"五礼"等，确立了崇古重礼的文化传统。

（3）礼仪的变革时期——春秋战国时期（公元前771—公元前221年）。这一时期，学术界百家争鸣，以孔子、孟子为代表的儒家学者系统地阐述了礼的起源、本质和功能，第一次在理论上全面而深刻地论述了社会等级秩序划分及其意义。

（4）礼仪的强化时期——秦汉到清末（公元前221—1911年）。这一时期的重要特点是经过历代统治者和儒家代表人物程颐、朱熹、王阳明等的提倡，人们尊君抑臣、尊夫抑妇、尊父抑子、尊神抑人。儒家的"三纲五常"在漫长的历史演变过程中，逐渐成为妨碍人们个性发展、阻挠平等交往、窒息思想的精神枷锁。

辛亥革命以后，西方文化大量传入中国，传统的礼仪规范、制度糟粕逐渐被时代抛弃，科学、民主、自由、平等的观念日益深入人心，新的礼仪标准、价值观念得到推广和传播。中华人民共和国成立后，新型人际关系、社会关系确立，党和国家先后提出"五讲四美三热爱"、"八荣八耻"、社会主义荣辱观等要求。党的十八大提出，倡导富强、民主、文明、和谐，倡导自由、平等、公正、法治，倡导爱国、敬业、诚信、友善，积极培育和践行社会主义核心价值观。富强、民主、文明、和谐是国家层面的价值目标，自由、平等、公正、法治是社会层面的价值取向，爱国、敬业、诚信、友善是公民个人层面的价值准则，这24个字是社会主义核心价值观的基本内容，标志着我国的现代礼仪建设发展到了一个新的高度。

从世界范围看，资产阶级登上历史舞台以后，在经济基础和上层建筑各个领域都进行了深刻的变革，这是礼仪发展的一个重要阶段。今天国际上通行的一些外交礼仪、社会活动礼仪和人与人之间交往的礼仪，绝大部分都是这个时期留下来的。今后，随着社会的进步、经济和科技的发展以及国际交往的增多，礼仪也一定会不断发展和完善。

同步思考1-2

　　背景资料："三纲五常"为中国传统礼学之核心。三纲，即君为臣纲，父为子纲，夫为妻纲。其系统阐述者为西汉思想家董仲舒，他认为三纲为天意之体现，"天不变，道亦不变"，强调"君臣、父子、夫妇之义"是永恒不变的社会行为准则，是人人应当遵循的基本社会秩序。五常，即仁、义、礼、智、信，是儒家重要的道德标准。亦说五常即五典，谓"父义、母慈、兄友、弟恭、子孝，五者，人之常行"。另外，五常亦指五伦，即君臣、父子、夫妇、兄弟、朋友。《孟子·滕文公上》："使契为司徒，教以人伦，父子有亲，君臣有义，夫妇有别，长幼有序，朋友有信。"

　　资料来源　周文柏. 中国礼仪大辞典［M］. 北京：中国人民大学出版社，1992.

　　问题："三纲五常"对中国社会和礼仪的发展有何影响？

　　理解要点：一方面，"三纲五常"在漫长的封建社会和半封建半殖民地的旧社会起着维护、巩固封建统治秩序的巨大作用；另一方面，"三纲五常"则成为"君让臣死，臣不得不死；父叫子亡，子不能不亡"，丈夫可以任意"休妻"的法典，成为强者迫害弱者的信条。所以新社会必须扬弃三纲五常，导入人格平等、社会平等、互相尊重等现代礼仪。

学习微平台

图文1-2

1.2.3　礼仪的特征

　　礼仪体现的是人与人之间、国与国之间、不同民族之间的关系准则。不同时代的社会经济和道德规范、文化习俗决定了礼仪的表现和发展。从历史和宏观角度考察，礼仪有下列特征：

1）普遍性

　　礼仪作为一种文化现象，是全人类的共同财富，它跨越了国家和地区的界限。尽管不同国家、不同民族、不同社会制度所构成的礼仪有一定的差异，但讲文明、讲礼貌、相互尊重、和平共处的原则，正为世界各国人民所接受。现代礼仪兼容并蓄、互相影响、互相整合，如个人交往的握手问候、国家交往的迎送等都已成为普遍通行的礼仪。而且，在经济、科技高度发展，人与人之间的交往空前频繁、便利的今天，礼仪已经无时不在，无处不在，无事不在。

2）阶级性

　　在阶级社会中，统治阶级为了使自己的统治能长治久安，一方面建立起强大的国家机器，充分发挥国家机器的镇压和压迫职能；另一方面又通过建立和完善礼仪制度、道德规范等使统治和被统治、压迫和被压迫的关系合法化、秩序化。统治者为了维护自己的统治，除了在礼仪规范中强调其统治是天然合理的外，还需要有稳定的社会秩序。为此，统治阶级制定了社会各阶级之间的行为准则和礼仪规范。在奴隶社会、封建社会中，统治阶级和被统治阶级的礼仪是严格区分的。所谓"礼不下庶人，刑不上大夫"等，就是礼仪阶级性的鲜明体现。现在在多数国家，礼仪的阶级性已不明显，但在个别君主制国家和一些少数民族中，礼仪的阶级性仍留有一些痕迹。

3）民族性、国别性

不同国家、不同民族，由于其历史文化传统，经济、政治发展程度，活动区域，以及在长期的历史发展过程中形成的心理特征不同，其礼仪都带有本国、本民族的特点。例如，我国自古以来就是一个地域辽阔的多民族的文明国家，既有统一的中华民族的礼仪规范，又有各个民族体现其本民族特点的风俗习惯，呈现出多姿多彩的礼仪形态。不同国家、民族之间的交往，既要发扬本国、本民族礼仪规范的精华，又要尊重其他国家、其他民族的风俗习惯，做到相互尊重，互通往来，和平共处，共同发展。周恩来总理对我国外交工作提出的"入乡随俗，不强人所难"的指导原则，是处理国家之间、民族之间礼仪关系的精辟见解。

同步案例1-3

<h3 style="text-align:center">邓小平赢得泰国人民的心</h3>

背景与情境： 1978年11月5日，时任国务院副总理的邓小平应泰国总理江萨的邀请访问泰国。这是中泰自1975年建交以来，中国领导人首次访泰。考虑到外交礼仪，外交部礼宾司当时要求出访的每一个人都要穿西服和长袖衬衣，再热也不能挽袖子、露胳膊。11月的泰国，气温仍然很高，有些随行人员担心会热，但5日下午到达泰国时，天气凉爽。江萨总理对邓小平说："您给我们带来了好运。"下了飞机一看，机场内外人山人海。人群中既有耄耋老人，也有少年儿童。后来听说，有人还是一大早从外地乘火车专程赶来的。从机场到曼谷市中心邓小平下榻的饭店，一路上数万群众夹道欢迎。邓小平在泰国的活动日程排得很满，在短暂的访问期间同泰国王室、政府、议会、各政党以及社会各界人士进行了广泛友好的接触。特别值得一提的是，邓小平11月6日还参加了泰国王储剃度（正式做和尚）大典。这是一项临时性安排。本来6日下午那段时间是安排政治会谈的，并没有参加剃度仪式的行程。但此前一天，泰方接待人员提出，第二天是王储剃度仪式，也是泰国人民很看重的大事，询问邓小平能否参加。邓小平没有任何犹豫，立刻答应下来，他对泰方接待人员说："我是一个无神论者，但我尊重你们的宗教习惯，我可以参加。"这让当时的中国访问团成员感到很惊讶，因为共产党坚持无神论，中国访问团以往去泰国，都不参加进庙、拜佛等宗教活动。但事实证明，邓小平的决定是非常正确的。

11月6日下午，邓小平参加了在曼谷玉佛寺举行的泰国王储玛哈·哇集拉隆功亲王剃度仪式。当邓小平下车走向即将举行仪式的圣殿时，聚集在寺院内的男女老少拥上前去向邓小平献荷花并同他握手。邓小平也连声用泰语对群众说："库昆！库昆！库昆！（感谢）"。当时天气炎热，但邓小平同志还是认真观看了仪式的每道程序，并为王储赠送袈裟，向王储表达祝贺。回宾馆途中，泰国国务部长颂蓬·汶耶库对邓小平说："泰国全国人民都在电视上看到了您。当泰国老百姓蜂拥前来迎接您时，您可以看出他们心底是多么欢迎您。"

果然，泰国报纸、电台、电视台第二天详细报道了邓小平参加剃度活动一事，并介绍了中国取得的成就，称"邓小平的来访在泰国引起轰动，掀起中国热"。还有一家报纸刊登重头报道——《邓小平赢得泰国人民的心》，称"邓小平虚怀若谷，与泰国人民打成一片，赢得了全体人民的心"。参加王储剃度仪式，也让邓小平很感慨，他后来对随行人员说："参加这个仪式，效果比参加几次重要政治会议还要好，而且有意义！"

尊重别人，赢得信赖

背景与情境：邓小平于1978年11月12日自吉隆坡飞抵新加坡，这是我国领导人首次访问新加坡。新加坡当时尚未同我国建交，但一切都按建交规格（挂国旗、奏国歌、鸣礼炮）行事，而且礼仪周到，接待规模超出通常。礼仪活动后，邓小平分别拜会了薛尔思总统和李光耀总理。邓小平对李光耀说："58年前，我去法国时途经新加坡，在此停留两天。今天所有的旧印象都没有了，一下飞机就看到一个崭新的新加坡，可以说给我一个很深刻的印象。你们取得了可喜的发展。你们走的道路是对的，发展是快的。"李光耀对邓小平说，我们两国有许多共同点，但现在新中彼此还不能过分流露感情，新加坡主张承认一个中国，但建交要在印度尼西亚之后，对有些事情要有耐心。邓小平对此表示完全理解，强调"中新没有根本利害冲突，两国关系没有什么问题，我们尊重你们的观点、处境和地位，有耐心，不强加于人"。因李光耀总理不抽烟，也怕别人抽烟，喜欢抽烟的邓小平一语双关地说："我能忍耐，如同在这里我尊重主人的意愿，会谈中忍着没有抽一支烟。"他的这段话引起哄堂大笑，会谈气氛也随之变得轻松起来。

资料来源　江培柱. 1978年，我随邓小平出访东南亚［N］. 环球时报，2014-11-25. 有改动。

问题：邓小平在国际交往中践行了哪些礼仪，起到了什么作用？

分析提示：1978年，为了打开局面，赢得周边国家的信赖，创造经济发展的有利条件，邓小平率团访问东南亚的泰、马、新三国。邓小平通过尊重他国礼仪、尊重宗教礼仪，一举赢得了这些国家的信赖，为我国经济发展创造了良好的国际环境。这说明了尊重他国礼仪、尊重宗教礼仪、尊重他人、入乡随俗的重要作用。

4）时代性、继承性

礼仪具有时代性，随着社会经济、政治、文化形态的发展而发展。不同时代会有新的礼仪出现，现代礼仪反映了时代精神，体现了新的核心价值观和社会道德规范，确立了新型的人际关系。礼仪在社会发展中不断更新其内容，改变其形式，但这种改变又是在继承的基础上进行的，历史上一些好的礼仪传统通常都会长期沿袭，经久不衰。例如，我国古代传承至今的尊老敬贤、孝顺父母、尊师重教、扶老爱幼、礼尚往来等反映传统美德的礼仪，都得到了发扬光大，代代相传。

5）地域性

礼仪作为约定俗成的行为规范和风俗习惯，在不断相互影响、互相融通的过程中，仍然体现出浓厚的地域性色彩。从大的范围来说，亚洲人比较含蓄深沉，欧洲人和北美洲人比较直率开放。亚洲人初次见面时习惯拱手、鞠躬、双手合十致敬、握手，欧洲和北美洲人则常常拍肩膀、亲吻、拥抱。非洲人和南美洲人、大洋洲人的礼仪又大为不同。即使在一个国家、一个民族内，不同的地方也有一些只在某一地域通行的礼仪，这在婚、丧、祝寿、看望亲朋、慰问伤病的礼仪中尤为明显。

1.3　学习旅游交际礼仪的意义和方法

当今社会处于一个科技高度发达、经济高度繁荣、交通高度通畅、国际国内人员旅游交往极其频繁的时代，"地球村"的形象比喻概括了这一特点。我国已成为世界第二大经济体，2014年，我国出境旅游人数达到1.15亿人次。旅游酒店业要不断适应新形势，提高服务质量，出境旅游要有礼有节，这些都离不开礼貌礼仪的学习与践行。

1.3.1　学习旅游交际礼仪的意义

现代礼仪丰富多彩，根据使用对象及适用范围的不同，一般把礼仪分为政务礼仪、商务礼仪、服务礼仪、社交礼仪、涉外礼仪等几大分支，旅游交际礼仪的特点是横跨了商务礼仪、服务礼仪、社交礼仪、涉外礼仪，内涵丰富，要求更高。

旅游交际礼仪主要是指与旅游相关的酒店、会展、旅行社等企业的工作人员在各种业务活动中应当遵循的礼仪。在这些活动中，为了体现对客人的尊重，有利于工作和业务的开展，必须通过一些行业规范、行为准则来约束人们在活动中的方方面面，如仪表、言谈举止、书信往来、电话电讯等。按照活动场合，旅游交际礼仪又可分为酒店服务礼仪、会展服务礼仪，以及与旅游接待相关的国际接待礼仪、周边国家及国内少数民族礼仪、宗教礼仪等。所以，从事旅游与酒店管理工作的人员学习旅游交际礼仪是做好各项服务工作、壮大企业的重要基础，有着重要意义。

1）学习并践行旅游交际礼仪能塑造良好的个人形象

个人形象包括个人的相貌、身高、体型、服饰、语言、行为举止、气质风度及文化修养等。相貌、体型、身高虽然有先天因素，但后天的学习和妆饰也是十分重要的。"人靠衣装，马靠鞍""三分长相，七分打扮"就是这个道理。旅游行业工作者都是为客人服务的，每个人在客人眼中的形象都十分重要。有人说："形象是金。"一个穿着打扮得体、对人尊重有礼、谈吐高雅、服务训练有素的工作人员不仅是进行自我宣传的广告，而且体现着他所在企业的管理水平和服务质量。美国推销学会统计显示，在第一次推销成功的概率中，相貌占55%，声音占38%，谈话内容占7%，可见个人形象对工作成效的影响。

同步案例 1-4

推销员的形象

背景与情境：当前，旅游市场竞争十分激烈，各家旅行社都以开辟新的旅游线路、提供优惠价格和优质服务等争取游客。某市甲、乙两家旅行社开辟了同一条旅游线路，各自派出一名青年先后到一家大公司去推销。甲旅行社的推销员穿着短及腰际的夹克衫、牛仔裤，留着长头发，而且染成了彩色，他大声夸耀自己公司的产品价格优惠、服务周到，是全市第一；乙旅行社的推销员穿着黑色西装，系着蓝色领带，理着普通的短发，他亲切简要地介绍自己公司的产品，请这家公司的主管给自己公司一次机会，考察一下自己公司的服务质量。该公司主管很快与乙旅行社签订了合同。

资料来源 作者根据相关资料整理。

问题：为什么乙旅行社的推销员能取得成功？

分析提示：甲旅行社的推销员形象欠佳，夸夸其谈，使得讲话内容的可信度降低；乙旅行社的推销员穿着得体，仪表大方，谈吐文雅，比较实在，得到了这家大公司主管的信任，所以跟他签订了合同。

2）学习并践行旅游交际礼仪能塑造企业的良好形象

企业形象是社会公众对一个企业的总体评价，包括企业的观念、传统文化和服务礼仪。一些国际知名企业之所以长盛不衰，一些产品成为地方著名品牌，甚至一年365天每天门口都排着长队等待购买，与企业货真价实、优质服务的形象是分不开的。企业形象是企业最宝贵的无形资产，塑造和树立良好的企业形象是企业生存和发展的根本。希尔顿酒店的"微笑服务"数十年如一日，成了最鲜明、最突出的企业形象。

礼仪是企业形象的核心内容之一，是通过企业的员工表现出来的。在旅游业中，礼仪不仅仅是员工个人的外在表现，更是企业文化内涵的体现。所以，现代企业都十分注重礼仪，因为礼仪能体现企业的经营服务规范，体现企业的整体素质，从而获得良好的社会评价。现在，我国很多知名企业都有统一的企业标识、统一的着装，就是为了塑造统一的社会形象，激发所有员工自觉维护企业形象。很多企业还常常通过开业庆典、周年纪念、表彰大会、抽奖大会等仪式，激发员工对企业的热爱、激发公众对产品的购买热情。

3）学习并践行旅游交际礼仪有利于塑造旅游行业的良好形象

行业形象是行业组织的精神及文化理念与全体从业人员个体形象的有机融合，是个性化和规范化的统一。不同行业有不同的文化理念，其从业人员要维护行业形象，个性化必须服从行业统一的规范，树立与行业相适应的职业理想、职业道德和职业气质。每一个人都要争取成为学习和践行行业礼仪的榜样。个人形象不佳，也会影响行业形象，正像俗语所说，"一粒老鼠屎坏了一锅汤"。

4）学习并践行旅游交际礼仪有利于塑造新兴大国的国家形象

现在，随着我国经济的快速发展、对外开放的进一步扩大和深入，综合国力大大提高，我国已成为世界上的一个新兴大国，每年出国旅游和来我国旅游、留学以及进行外交、商务、学术交流的人越来越多，旅游交际十分频繁。出国旅游的每一个人和国内旅游服务从业人员的一言一行、一举一动都代表着国家的形象。很多宾馆管理人员为游客排忧解难、出租车司机拾金不昧、酒店服务员提供优质服务，得到了国外宾客的一致赞誉，而个别人不文明的言行举止也影响了文明古国、新兴大国的形象。由于现在或未来与国外游客接触较多且比较深入，旅游酒店从业人员和将要从事这个行业的人员学习并践行旅游交际礼仪就显得更加重要。

1.3.2　学习旅游交际礼仪的方法

学习旅游交际礼仪不是一朝一夕的事，需要长时间学习和训练才能养成良好的礼仪习惯和品质，所以其学习方法也不是一蹴而就的。

1）确立目标，锲而不舍

做什么事首先要有个目标，有了目标，就有了努力的方向，学习旅游交际礼仪也一样。旅游交际礼仪内容丰富，要求严格，不妨把总目标定成掌握旅游交际礼仪的全部内容，并能在言行、实训、实习工作中合乎规范地践行。把每一种具体的礼仪如旅游接待人员的基本礼仪、旅游行业主要岗位的接待礼仪、会展服务礼仪、国际接待礼仪和主要客源国礼仪、国内部分民族及港澳台地区礼仪、宗教礼仪列为阶段性目标，不断学习和掌握，最后实现总目标。确立了目标，然后锲而不舍地学习、实践，就一定能达到目的。

2）知行合一，注重实践

礼仪是一门应用学科，学习礼仪不坚持知行合一是不行的。仅仅了解理论知识，不去实践肯定学不好，而且要反反复复地实践。开头可能掌握得不好，做得不符合规范，经过不断总结，不断纠正，反复练习，就像庄子描写的庖丁解牛那样，手的动作、肩的动作、脚的动作都能熟练掌握，养成习惯，就会合乎礼仪标准。

3）内外兼修，全面发展

真正的礼仪追求的是内在的"真、善、美"和外在的优雅举止、自然谈吐、大方得体的个人形象的统一。没有内在的修养，即使记住了礼仪规则，西装笔挺、皮鞋锃亮，但谈吐粗俗，言不由衷，也会给人留下缺乏内涵与底蕴的印象。如"微笑服务"，如果内心不是真正热爱旅游事业，不能真正做到尊重他人，达不到"不以物喜，不以己悲"的程度，就会受自己心情变化的影响使"微笑"变成苦笑、媚笑、奸笑，使服务效果适得其反。所以，学习旅游交际礼仪，除掌握礼仪规范外，还要学习文学，涉猎艺术，不断充实自己，提高自己的人文素养和对美的欣赏能力，做到内外兼修，全面发展。这样才能成为一个真正掌握礼仪的高尚的人、高雅的人、高明的人。

4）学会微笑，比学赶超

微笑是个人精神状态的最佳写照，是人与人之间的最短距离，是旅游交际服务中的核心，也是旅游交际服务中最重要、最基本的要求。每个人都要先学会微笑并在今后的工作中时时、处处、事事坚持。怎样才能坚持长时间微笑呢？要每天锻炼脸和嘴角的肌肉，具体方法是：①嘴张开，发"啊"的声音，嘴张开的度要能容下 3 根并排的手指。②运动嘴角肌肉，反复发出"a""o""e""u"的声音。③闭嘴鼓起腮，左右移动嘴巴，反复数次。④闭嘴两颊向内吸，嘴唇前突，反复数次。⑤嘴半张，下颚用力左右移动数次。⑥鼻子使劲上下移动数次。如能坚持一段时间，就会使脸部肌肉柔软，出现美丽的微笑。对于微笑，不论是在学校，还是在企业实训、实习、工作，都可以与同学、同伴、同事互相学习、互相检测、互相纠正，比学赶超，既能形成先进、和谐的集体，又能使大家较快学会微笑，获得大面积的"丰收"。

本章概要

□ 内容提要

本章简要阐释了礼仪、礼、礼貌、礼节的概念，其本质都是爱人、尊重人、体贴人。人与人之间、国与国之间，交往必须按照约定俗成的礼仪规则进行。我国已是世界第二大经济体、第一大旅游客源国；国际国内旅游事业的发展日新月异，旅游业已成为国民经济和文化建设的支柱之一。学习和践行旅游交际礼仪，是关系事业发展、国家形象的大事。在旅游接待服务中，继承和发扬中华民族"礼仪之邦"的优良传统，发挥现代服务礼仪的作用，是十分重要的。

本章还简要阐述了我国礼仪的起源和发展、现代礼仪的特征、学习旅游交际礼仪的重要意义和方法。学习旅游交际礼仪关系到个人形象、企业形象、行业形象、国家形象。学习方法包括确立目标，锲而不舍；知行合一，注重实践；内外兼修，全面发展；学会微笑，比学赶超。这样才能成为真正掌握礼仪的高尚的人、高雅的人、高明的人。

□ 主要概念和观念

▲ 主要概念

礼　礼貌　礼节　礼仪

▲ 主要观念

现代礼仪的特征：普遍性、阶级性、民族性和国别性、时代性和继承性、地域性。

学习旅游交际礼仪的意义：塑造良好的个人形象、塑造良好的企业形象、塑造良好的行业形象、塑造新兴大国形象。

□ 重点实务

微笑服务要求　微笑方法

基本训练

□ 知识训练

▲ 复习题

（1）礼仪的概念是什么？

(2) 礼仪与礼貌、礼节有什么不同？

(3) 学习并践行旅游交际礼仪的意义有哪些？

(4) 礼仪的特征是什么？包括哪些内容？

▲ 自测题

△ 选择题

(1) 礼貌是一个人在待人接物时的外在表现，它通过（　　）等来表示对人的尊重。

　　A.言谈　　　　　　B.表情　　　　　　C.姿态　　　　　　D.心态

(2) 中国古代的作揖、南亚诸国的双手合十、欧美国家和地区的拥抱等人们之间相互问候的形式属于（　　）。

　　A.礼貌　　　　　　B.礼节　　　　　　C.礼仪　　　　　　D.礼宾

(3)（　　）是构成礼仪最基本的三大要素。

　　A.语言　　　　　　B.道德观念　　　　C.行为表情　　　　D.服饰器物

(4) 在我国几千年的历史文明中，（　　）的礼治主张成了我国人民广泛遵守的行为规范，也对我国及周边国家的文化产生了巨大影响。

　　A.儒家　　　　　　B.道家　　　　　　C.法家　　　　　　D.墨家

(5) 从大的范围来说，亚洲人比较含蓄深沉，欧洲人和北美洲人比较直率开放，这反应了礼仪（　　）的特点。

　　A.继承性　　　　　B.时代性　　　　　C.地域性　　　　　D.普遍性

(6)（　　）是个人精神状态的最佳写照，是旅游交际服务中的核心，也是旅游交际服务中最重要、最基本的要求。

　　A.姿态　　　　　　B.服饰　　　　　　C.言谈　　　　　　D.微笑

△ 判断题

(1) 礼仪可以是无形的。　　　　　　　　　　　　　　　　　　（　　）

(2) 人类早期的祭祀仪式和祭祀活动在历史发展中逐渐形成人与人之间的各种规范和制度，从而形成各种礼仪。　　　　　　　　　　　　　　　（　　）

(3) 社会主义核心价值观的基本内容，标志着我国的现代礼仪建设发展到了一个新的高度。　　　　　　　　　　　　　　　　　　　　　　　　　（　　）

(4) 礼仪具有鲜明的本国、本民族的特点，很难跨越国家和地区的界限。

　　　　　　　　　　　　　　　　　　　　　　　　　　　　　　（　　）

(5) 旅游交际礼仪的特点是横跨了商务礼仪、服务礼仪、社交礼仪、涉外礼仪，内涵丰富，要求更高。　　　　　　　　　　　　　　　　　　　（　　）

(6) 学习礼仪，必须坚持知行合一。　　　　　　　　　　　　　（　　）

▲ 讨论题

(1) 为什么要学习和践行旅游交际礼仪？

(2) 为什么要注重个人仪表？

(3) 举例说明旅游接待人员失礼行为造成的严重后果。

□ 能力训练

▲ 理解与评价

孟子是孔子以后儒家最重要的代表，一生践行孔子的"非礼勿视，非礼勿听，非礼勿言，非礼勿动"的教导。他曾因为看见妻子一个人在房间里"箕踞而坐"（两腿分开坐着），就要休掉妻子，这便是历史上有名的"孟子休妻"的礼仪故事。当孟子向母亲禀报此事时，孟母不但不同意，而且严肃地批评了孟子，让他打消了休妻的念头。

问题：

（1）查一查这件事情的具体情节是怎样的。

（2）孟母为什么批评孟子？

资料来源 张岩松，初萍. 现代商务礼仪 [M]. 2版. 北京：清华大学出版社，北京交通大学出版社，2014.有改动.

▲ 案例分析

【训练项目】

案例分析-I。

【相关案例】

礼仪与法治

背景与情境：近几年，我国游客在国内国外违背礼仪的"洋相"不少。例如，在国内，有人因为航班延误、食物味道差或者认为服务不周而拒绝登机、拒绝下飞机、大闹候机厅等。在国外，有人在文物古迹上刻"×××到此一游"、允许小孩儿随地大小便、乱扔垃圾等。2014年12月14日，一名中国游客弄倒曼谷大皇宫壁画前的栅栏还拒不认错，与工作人员争吵。更令人震惊的是，2014年12月11日晚上，在曼谷飞往南京的FD9101航班上，一对中国情侣中的男乘客向空姐要开水，空姐表示飞机刚起飞不便提供，该男子就发脾气，将食物垃圾扔在过道上乱踩。一名空姐送来开水后，告诉他需要付60泰铢（1泰铢约为0.19元人民币，廉价航空一般只提供矿泉水和面包），找零也只能给他泰铢，该男子付费后，坚持要用人民币找零并索要发票，还要求机长道歉。最后飞机被迫返航，降落后，参与闹事的4人被泰国警方带走。经过调解，4人共向警方缴纳罚金50 500泰铢后，于12日晚搭乘飞机回国。在13日抵达南京时这对情侣又拒绝下飞机，要求亚航工作人员出具书面证明称"网上传言与事实不符"，后经劝说才离开飞机。

2018年发生的多起"霸座"事件更引起了社会的广泛关注，先是火车上的一个中年男子霸座，列车员来劝他回到自己的座位上去，他就是赖着不走；后来又有中年女子在火车上霸座；近来还有报道称一名外国男子在长途汽车上霸座不让。还有老年人在地铁车厢里因为一个年轻女子未给他让座，竟然一屁股坐在这名女子身上。一些人在火车上高声打电话，不时用粗话叫骂……所有这些违背礼仪的行为，有些不了了之，有些劝解的人反而被打骂，但像在国际航班上那样受到严厉处罚的很少。这些违背礼仪的行为严重影响了社会公共秩序，甚至导致了集体围观却又无可奈何的局面，给人法律也"无助"的印象。

资料来源　作者根据相关媒体报道编写。

问题：

（1）你对这些游客的行为怎么看？

（2）你认为应该采取哪些措施制止这些违背礼仪的行为。

（3）请从加强礼仪教育、严格执行《公共航空旅客运输飞行中安全保卫工作规则》《铁路旅客运输规程》和推行旅客信用管理等方面进行分析，并得出结论。

【训练要求】

（1）形成性要求：学生分析案例提出的问题，拟出《案例分析提纲》；小组讨论，形成小组《案例分析报告》；班级交流、相互点评和修订各组《案例分析报告》；在校园网的本课程平台上展出经过修订的各组《案例分析报告》，供学生借鉴。

（2）成果性要求：以经班级交流和教师点评的《案例分析报告》为最终成果。

▲ 实训操练

【实训项目】

"微笑服务"知识应用。

【实训要求】

将班级学生分成若干小组，以本章"重点实务"中的"微笑方法"作为操练项目，模拟游客与旅游企业服务人员，初步体验酒店前台和旅行社柜台接待业务中的"微笑服务"。

【实训步骤】

（1）将班级学生分成若干实训团队，每团队确定1人负责。

（2）各团队学生结合本地酒店前台和旅行社柜台接待业务的实际情况，参照"课程思政1-1"中的"微笑服务"要求进行情境设计，并结合情境设计进行游客与旅游企业服务人员的角色分工与协作。

（3）各团队以本章"实务教学"中的"微笑方法"为业务规范，在"实训步骤（2）"的设计情境中进行角色操练，体验本项目模拟实训的全过程。

（4）各团队学生交换分工角色，再次体验本项目模拟实训过程。

（5）各团队学生记录本次模拟实训的主要情节，总结实训操练的成功经验，找出存在的问题及解决办法，在此基础上撰写《"'微笑服务'知识应用"实训报告》。

（6）在班级讨论交流、相互点评与修订各团队的《"'微笑服务'知识应用"实训报告》。

（7）在校园网的本课程平台上展出经过修订并附有教师点评的各团队《"'微笑服务'知识应用"实训报告》，供学生相互借鉴。

□ 课程思政

【训练项目】

课程思政-I。

【相关案例】

远道而来　失望而归

背景与情境："欧洲圣诞小镇"就设在上海东体育会支路东江湾路附近的虹口游泳池所在地。记者来到现场后，立即被"黄牛"包围。"护照要吗？100元一本，不排队！"这本褐色的"小镇护照"就是活动的入场券，空白页可以盖章留念。游客刘女士和朋友带着孩子一行12人专程从南通驾车来这里游玩，从"黄牛"手中买下9张成人票，共900元。记者来到售票处，只见队伍弯弯曲曲地排了几十米，至少有300人在等待兑换团购电子票，还有不少从常熟、温州等地包车来的旅游团，在导游的带领下从边门进入。市民李小姐说，她在网上团购了70元的门票，优惠价63元，已经排了1小时的队。排队的市民都面露期待的神情，还有人打电话招呼朋友，"来一起玩呀，马上排到了"。

记者进入现场，发现"欧洲圣诞小镇"摊位不足50家，约30家为烧烤油炸摊位，卖烤鱿鱼的就有好几家，还有零星的摊位销售饰品、杂物等。大部分食品摊位未张贴相关证照和餐馆服务许可证。卖鸡排、乳鸽、烤肉等食品的营业员大多未戴口罩、手套；卖棉花糖的摊位上，棉花糖未加盖，已沾上灰尘。

一家卖烤肉的摊位前，一个外国人在切肉。记者询问一旁的女营业员，为何没有戴口罩，也没有张贴相关证照。两人表示："我们是打工的，老板不在。"而在对面一家卖"西班牙拉丁果"的摊位前，记者询问是否有证照时，营业员恶狠狠地驱赶记者。在入口处一家卖现烤小蛋糕、现制饮料的摊位前，记者注意到，该摊贩的经营资质仅为预包装食品。

在现场，不少带着孩子来玩的家长大呼"上当"。宣传中提到的"欧洲风情"在现场完全没有体现，所有的摊位都是预制板制作，十分粗糙。"气势宏伟的圣诞树"只是一棵不足10米高的普通圣诞树；作为卖点的"护照盖章"不少要靠消费才能获取；"琳琅满目的圣诞装饰"无处可寻；"弥漫着香甜的红酒味"也未感受到，现场只有劣质油散发出来的刺鼻的气味；"别具特色，其中包括只在西班牙、法国等传统集市才能看到的传统面点"更是一个都没有……

资料来源　左妍．"欧洲圣诞小镇"是个坑人美食展？[N]．新民晚报，2014-12-15．有改动．

问题：

（1）"欧洲圣诞小镇"在哪些方面名不副实？

（2）这个案例反映出哪些思政问题？

【训练要求】

（1）形成性要求：学生分析案例提出的问题，拟出《思政研判提纲》；小组讨论，形成小组《思政研判报告》；班级交流、相互点评和修订各组的《思政研判报告》；在校园网的本课程平台上展出经过修订并附有教师点评的各组《思政研判报告》，供学生借鉴。

（2）成果性要求：以经过班级交流和教师点评的《思政研判报告》为最终成果。

第2章　旅游接待人员的基本礼仪

● 学习目标

通过本章学习，应当达到以下目标：

职业知识：学习和把握旅游接待人员的个人仪表规范和着装的TPO原则，言谈举止礼仪、社会交往礼仪和3A原则，以及"同步业务"、"同步资料"和二维码资源等理论与实务知识；能用其指导本章"同步思考"和"基本训练"中"知识训练"各题型的认知活动，规范相关技能活动。

职业能力：点评某知名酒店的服务员个人仪表及餐厅管理水平，训练专业评价力；运用本章知识研究"同步案例"和章后"案例分析-II"，训练"旅游接待人员的基本礼仪"特定情境下当事者行为的"多元表征"专业能力和"与人交流"的通用能力；通过对"实训2-1"至"实训2-3"的实践操练，训练相应专业技能和"团队协作""解决问题"的通用能力。

课程思政：结合"旅游接待人员的基本礼仪"教学内容，依照相关规范或标准，对"课程思政-II"中的企业及其从业人员的行为进行思政研判，培养高尚的道德情操，树立社会主义核心价值观。

引例：个人仪表的改进帮助"准空姐就业"

背景与情境： 某民航学院航空运输专业的 100 多名"准空姐"毕业生，只有 10 多人被各航空公司录用，其余都成了"嫁不出去的姑娘"。该专业的领导急坏了，经人指点，请了国际乘务中心的美容形体科科长对学生进行培训。科长教姑娘们化妆，教她们合理搭配服装、整理发型，对她们进行航空服务的形体训练。不久，姑娘们就显现出了靓丽的青春风采和优雅的气质。结果，大部分女生很快被一些航空公司录用。

资料来源　何叶. 商务礼仪 [M]. 西安：西安交通大学出版社，2014.有改动.

问题： 有人说"穿衣戴帽，各有所好"，个人仪表纯粹是个人的事，无关紧要，对吗？

分析提示： 这个案例充分说明了个人仪表、气质在就业时的重要性。现代服务业的相关专业人员给人的第一印象——他的仪表起着十分重要的作用。

旅游业是现代服务的一个重要行业，虽然服务的对象来自不同的国家和地区，具有不同的宗教文化背景，其礼节、礼仪和生活禁忌各不相同，但也有着世界通行的基本礼仪，特别是对从业人员个人的仪表礼仪（容貌、姿态、服饰）、言谈举止礼仪、社会交往礼仪都有着共同的基本要求。每一个从业人员只有了解并践行这些基本礼仪，才能为客人提供优质服务，使近悦远来。

2.1　个人仪表礼仪规范

2.1.1　个人仪表的作用

仪表即人的外表，包括容貌、姿态、服饰三个方面。仪表美是对一个人外表的基本评价，是形体美、服饰美、发型美、仪容美的有机综合。仪表是一个人精神面貌的外观体现，与一个人的道德修养、文化水平、审美情趣和文化程度有着密切的关系，是人际交往中一个不可忽视的重要因素。

良好的仪表是员工的一项基本素质。旅游服务工作的特点是直接面向客人为其服务，客人的第一印象常常来自旅游服务工作者的衣着打扮。整洁美观的制服与端庄大方的仪容，既是员工自尊自爱的体现，又是对岗位工作有高度的责任感与事业心的反映。良好的仪表会产生积极的宣传效果，并在一定程度上反映旅游服务的管理水平和服务质量。

注重仪表是尊重客人的需要，是礼仪的一种具体表现。游客追求的是一种比日常生活标准更高的享受，即视、听、嗅等感官的美好享受。据有关专家分析，在给人的印象中各种刺激所占的百分比是：视觉印象占 75%，谈吐印象占 16%，味觉印象占 3%，嗅觉印象占 3%，触觉印象占 3%。旅游服务人员的仪表能满足客人视觉美方面的需要，他们会感到置身于外观整洁、端庄、大方的服务人员之中，自己的身份地位得到了应有的承认、追求尊重的心理得到了满足。

当前，旅游业的竞争十分激烈，员工的仪表不仅是树立企业形象的手段，而且是企业管理水平和服务质量高低的重要标志，同时也反映了一个国家和民族的道德水准、文明程度和精神面貌。所以，旅游服务人员应该着眼于国家和民族的利益，为维护本单位的声誉和提高经济效益，修饰好自己的仪表。

2.1.2 着装的原则

1）着装的配色原则

服饰是指衣着和装饰，是一种文化，也是一个国家和民族礼仪的标志之一。服饰得体体现着时代的进步、观念的更新。俗话说："三分人样，七分衣装。"衣着是人们审美的一个重要方面，人们对你的第一印象常常来自你的衣着打扮。不同颜色代表不同的意义，不同颜色的服装穿在不同人的身上会产生不同的效果，因此，服装要讲究配色。服装配色包括同类配色和衬托配色，即亲色调和法和对比色调和法。同类配色是一种常用的配色方法，要求将色调相近、深浅浓淡不同的颜色组合在一起，如将绿与浅绿搭配、浅红与深红搭配等。衬托配色的特点是在服色搭配上以其中一种颜色衬托另外一种或两种颜色，各种颜色不失各自的特点，相映生辉。理想的配色是：

绿色——黄色		粉红——浅蓝	
深蓝——红色		深蓝——灰色	
黑色——浅绿		黄褐——白色	
橄榄绿——红色橄		榄绿——骆驼灰	

一般来说，黑、白、灰是配色中的安全色，它们最容易与其他颜色搭配并取得良好的效果。

不同的色彩是通过不同的色相、明度、纯度、色性呈现出来的。色相就是色彩所呈现出来的质地面貌。明度是颜色的明暗度。纯度是颜色的饱和度。色性是颜色的冷暖：红、黄、橙给人以温暖的感觉，称为暖色；蓝、绿、白给人以冷的感觉，称为冷色。

服装色彩的运用还能使人产生错觉，取得令人满意的效果。例如，浅色服装有扩张作用，瘦人穿着可产生丰满的效果；深色服装给人以收缩感，适合胖人穿着。

2）着装的 TPO 原则

"TPO"是"time"（时间）、"place"（地点）、"occasion"（场合）三个单词首字母的缩写。TPO 原则是指人们的穿着打扮要兼顾时间、地点、场合并与之相适应。

（1）与季节时间相适应

首先，着装要考虑季节特点。有人追求所谓的时髦，夏秋之交就穿有毛领的短外套，让人看着既臃肿又燥热；相反，有些女士在寒风料峭的天气穿着短裙，又不加外套，自己冷不说，别人看着也不舒服。其次，在一天中的不同时间着装也有讲究。在西方，男士白天不能穿小礼服（也称晚礼服或便礼服），夜晚不能穿晨礼服（也称常礼服）；女士在日落前不应该穿着过于暴露的服装。

（2）与地点相适应

这是指着装要考虑不同国家、不同地区所处的地理位置、自然条件以及生活习俗等。例如，在气候较热的地方，上身的小礼服最好为白色；在寒冷地区，室外温度低，女子穿短袖或无袖的晚会盛装要加裘皮外套或羽绒服，进入室内，应脱去外套。

（3）与场合相适应

这里的场合主要是指上班、社交、休闲三大场合。上班着装要整洁、大方、高雅，旅游服务业人员一般都穿统一的服装；社交着装要时髦、流行，但要避免奇装异服（化装舞会除外）；休闲着装要舒适、得体，但要注意不应在居住小区内或大卖场里穿睡衣、睡袍或无袖汗衫、室内款短裤等。

同步思考 2-1

问题： 餐厅服务员为什么不宜穿旗袍？

理解要点： 旗袍是集温柔、典雅、高贵、端庄于一身的中国女性的传统服装，穿着得体能增添女性魅力，但穿着旗袍要具备一定的气质风度。首先，穿旗袍者要有良好的站、坐、走姿，动作端庄优雅，腰身要挺拔；其次，旗袍一般在出席大型庆祝活动、宴会时穿着，穿旗袍应配肉色连袜裤、中或高跟鞋，手拿无带式小坤包，化淡妆，必要时还应佩戴首饰；最后，旗袍一般都是量体裁剪，比较紧身，服务员穿着不便于工作。现在不少餐厅会让引位员穿旗袍，如果引位员身材修长，是一种较好的安排。

2.1.3　服饰的类别

1）制服

制服是标志一个人从事何种职业的服装，故又称岗位识别服。旅游接待人员穿着醒目的制服不仅是对宾客的尊重，而且便于宾客辨认，同时也使穿着者有一种职业的自豪感、责任感和可信度，是敬业、乐业在服饰上的具体表现。穿着制服必须做到以下几点：

（1）整齐

制服必须合身，注意四长（袖至手腕、衣至虎口、裤至脚面、裙至膝盖）、四围（领围以插入一指大小为宜，上衣的胸围、腰围及裤或裙的臀围以穿一套羊毛衣裤的松紧为宜）；内衣不能外露；不挽袖、卷裤；不漏扣、不掉扣；领带、领结与衬衫领口的吻合要紧凑且不系歪；工号或标志牌要佩戴在左胸的正上方；有的岗位还要戴好手套与帽子。

（2）清洁

穿着制服要做到衣裤无油渍、污垢、异味，领口与袖口尤其要保持干净。

（3）挺括

衣裤不起皱，穿前烫平，穿后挂好，做到上衣平整、裤线笔挺。

（4）大方

制服款式应简单、高雅，线条自然流畅。

2）便服

穿着任何便服都应做到简朴典雅、和谐统一，并注意四个协调：

（1）穿着要和年龄相协调

不同年龄的人有不同的穿着要求。一套深色的中山装，穿在中老年人身上会显得成熟和稳重，穿在青少年身上则会显得老气横秋。少女和少妇穿超短裙会显得朝气蓬勃、热情奔放，中、老年妇女穿超短裙则感觉不够庄重。

（2）穿着要和体形相协调

不同的人，身材有高有矮，体形有胖有瘦，肤色有深有浅，穿着要因人而异、扬长避短。

（3）穿着要和职业相协调

政府机关干部是人民的公仆，穿着打扮宜大方朴素；教师有为人师表的职责，不宜穿奇装异服和打扮得花枝招展；旅游酒店人员上班要穿统一服装，男士一般穿西服，女士一般穿西装套裙。

（4）穿着要和环境相协调

在喜庆场合不能穿得太古板，女士衣服的颜色要鲜艳一些；在庄重场合不能穿得太随便；在悲伤场合衣服的颜色要深一些，不能穿得太刺眼；平日居家穿着可以随意一些。

3）西服

西服是一种国际性服装。一套合体的西服可以使穿着者显得风度翩翩。人们常说："西服七分在做，三分在穿。"穿着西服必须配套（休闲西装除外）。

（1）与衬衣配套

无论是两件套还是三件套西服，均应穿单色衬衣。衬衣的领子要挺括，下摆要塞在裤子里，衣袖要稍长于西服上装衣袖1~2厘米，以显示穿着的层次。

（2）与内衣配套

三件套西服，按国际惯例不能加毛背心或毛衣，在我国最多加一件"V"字领羊毛衫，否则会显得十分臃肿，破坏西服的线条美。

（3）与领带配套

在正式场合，穿西服必须系领带。西服脖领间的"V"字区最为显眼，领带处于这个部位的中心，领带的领结要饱满，与衬衫的领口要吻合紧凑。领带的长度以系好后大箭头垂直到皮带扣处最为标准。领夹一般夹在衬衣的第三、四粒纽扣之间为好。

（4）与面料的质地、颜色配套

在正式场合，应穿同一面料、同一颜色的西服套装，但一般场合穿西装可上下分色。

穿西装要注意口袋。西装上衣两侧的口袋只作装饰用，不可装物品，不然会显得臃肿，而且会使西装上衣变形。西装上衣左胸部的口袋只可放折叠的装饰手帕，有些物品（如票夹、名片盒等）可放在上衣内侧口袋里。裤袋亦不可装物品，以求臀部合适，裤型美观。手帕可装入裤子后兜内。

西装有单排扣、双排扣之分。双排扣西装一般要求把全部纽扣都系上，以示庄重。单排三粒扣西装习惯上系中间一粒或第一、第二粒扣；两粒扣的只系第一粒或"风度扣",或全部不系。如在正式场合,则要求把第一粒纽扣系上,在坐下时方可解开。

(5) 与鞋袜配套

穿西装一定要穿皮鞋,不能穿旅游鞋、布鞋、凉鞋和雨鞋。袜子要配深色的,不能穿白色袜子和色彩鲜艳的花袜子,切忌穿半透明的尼龙或涤纶丝袜。

女士穿中跟皮鞋会显得精神和健美,鞋跟一般不要超过4厘米,袜子的袜口不能露在衣裙之外。皮鞋要上油擦亮,袜子要每天洗换。有脚汗的人更要注意自己鞋袜的卫生,以免发出异味。

学习微平台

延伸阅读2-1

同步案例2-1

衣装随便的推销员无人信任

背景与情境:这几年销售火爆而又竞争激烈的行业当数房地产行业了,公交站点、十字路口、商场门口、小区门口,常常有一些推销员扎堆活动。有些推销员西装革履,扎着领带,头发梳得整整齐齐,手拿资料,对来往行人彬彬有礼地打招呼,热情地称呼:大爷、阿姨、先生、小姐,然后送上资料,请求关注……有的年轻推销员却理着怪异发型,穿着不合身的毛衣,大声吆喝:"喂,来看看,高档房产,价格便宜,环境幽美,交通方便!"能引起行人关注、接过资料、详细询问情况的一般是第一种推销员,第二种推销员则少有人搭话。

问题:人们对两种推销员的态度不同,穿着不当是表象,深层次原因是什么?

分析提示:年轻人不严格要求自己,对潜在的顾客不尊重,是人们态度不同的深层次原因。推销员要时时考虑潜在客户的观感。要成功地进行业务交往,一定要注意自己的穿着打扮和用语。只有给人以信任感,才能取得好的销售效果。

4) 饰品的佩戴

(1) 戒指

按照中国传统风俗,姑娘有了婆家之后可戴一枚戒指,但只能戴在左手上,婚后方可换戴在右手上,凡是待字闺中的女子均不可戴戒指。在近代中国,当一个女子接受了男方馈赠的戒指之后,就说明她已有了归属。

当今,戒指已经有了更多的含义,已成为世界各国男女的一种装饰品。但戒指不宜多戴,每只手上最好只戴一枚戒指。餐厅服务员以不戴戒指为宜。戒指之所以能为世人特别是为广大女士所喜爱,是由于它象征着友谊、爱情和幸福。同时,戒指的佩戴是一种无声的语言,暗示佩戴者的婚姻和择偶状况。例如,把戒指戴在食指上,表示无偶或求婚的意思;戴在中指上,表示已有意中人,正处在恋爱之中;戴在无名指上,表示已订婚或结婚;戴在小指上,则暗示自己是一位独身者。

在西方,人们把结婚戒指戴在左手无名指上,这是因为古罗马人相信人们左手无名指上有一条静脉血管直通心脏,把结婚戒指戴在左手的无名指上就可以获得真挚、永恒的爱情。许多国家和地区的男女举行婚礼时，新郎和新娘互赠戒指几乎成为一项不可缺少的仪式。

（2）耳环

耳环是女性的主要首饰，其佩戴率仅次于戒指。佩戴耳环时应注意以下三点：

①耳环与脸形的配合。女士脸形包括长形、方形、圆形、三角形、椭圆形等。

长形脸宜佩戴圆拱形大耳环，可以将他人的视线引向闪光、漂亮的首饰，使对方视觉做横向移动，产生宽度感，有利于改变对长形脸女士的印象。

方形脸宜佩戴贴耳式耳环，造型有心形、椭圆形、花形、不规则几何形等。这些耳环的形状、色彩、光亮度形成的扩张感可以减弱下巴的宽度。

圆形脸宜佩戴有坠耳环，可以利用耳环垂挂所形成的纵长度，使圆形的外轮廓有所改观；不宜佩戴圆形耳环，因为耳环的小圆形与脸的大圆形组合在一起，会增强"圆"的信息。

三角形脸宜佩戴星点状的贴耳式耳环，这样可使头部的发型更加生动，使下颌的宽度不太显眼。

椭圆形脸俗称鸭蛋脸、瓜子脸，被认为是一种比较理想的脸形。它不仅适合梳理各种发型，而且适合佩戴各种耳饰。例如，佩戴大耳环或有坠耳环，显得风韵多姿；佩戴小耳环或无坠耳环，则有秀气俏丽的美感。

②耳环与发型的配合。耳环与发型是紧密配合的一对伙伴。耳环的点缀可以使发型更为多彩多姿，发型的衬托又令耳环熠熠生辉。黑色的头发与任何一种耳环的颜色相配均能产生好的效果。

③耳环与服装的配合。耳环的款式造型、材料及色彩与服装的样式、面料、色彩有密切的关系。例如，丝绸、软缎等轻薄面料，宜佩戴贵重、精致的耳环，使整体形象显现出一种轻盈、俏丽、优雅的美感；呢料、裘皮、羊绒等厚重型面料，宜佩戴珍贵的金银珠宝耳环，以显示穿着者的高贵与典雅。

（3）项链

项链也是受到女性青睐的主要饰品之一。它的种类很多，大致可分为金属项链和珠宝项链两大系列。佩戴项链应注意以下两点：

①佩戴项链应和自己的年龄及体型相协调。脖子细长的女士宜佩戴方丝链，更显玲珑娇美；脖子短的女士应佩戴颗粒小而长的项链，以凸显脖子的长度；马鞭链粗实成熟，适合年龄较大的妇女选用。青年人肤色滋润，宜选质地良好、款式新颖的项链，如水晶、珍珠项链，更显得和谐、文静。

②佩戴项链应和服装相呼应。身着柔软、飘逸的丝绸衣裙时，宜佩戴精致、细巧的项链，显得妩媚动人；穿单色或素色服装时，宜佩戴色泽鲜艳的项链，这样，在首饰的点缀下服装色彩会显得活泼、丰富。

女士要适时修补妆容

化彩妆的女士在某些情况下，常会出现妆容残缺的现象。在正式场合，以残妆示人，既有损自己的形象，也显得对人不礼貌。因此，及时察觉、适时补妆不可忽视。

女士补妆时，应回避他人，宜选择在角落或洗手间进行，切勿在公共场所当众补妆。补妆应该以补为主，只需在妆容残缺的地方稍作弥补即可，不必抹去旧妆重新化。如果晚间还要应酬，那么临去前可洗去残妆，重新化一个清新的晚妆。

2.1.4 仪表和卫生

1) 发型

发型美是仪表美的要素之一。发型是有关头发的造型艺术，是体现人的审美需求和性格情趣的直观形象，是自然美和修饰美的有机结合；同时，也反映着人们的物质、文化生活水平和时代的精神面貌。

（1）女士发型

女士发型要遵循美观、大方、整洁、实用的原则。

① 女士发型要与脸形相配。圆形脸的发型应尽量使脸形向椭圆形靠拢，额前的头发应高一些，两边的头发应服帖；方形脸的发型应该削去棱角，使脸形趋于圆形，可用头发遮住额头，两侧的头发可以稍长一些并烫一下，以曲线美来修饰方形脸的棱角；长形脸选择发型时可适当地用刘海儿遮挡前额，使脸看上去丰满些；三角形脸的发型应尽可能增加额头两侧头发的厚度，采用侧分，用头发修饰较窄的额头；倒三角形脸的发型应尽可能隐藏过宽的额头，提高脸下部的丰满度；菱形脸应该使两侧头发厚一些，用刘海儿遮住前额，可使用蘑菇式发型；椭圆形脸为标准脸形，可以选配任何发型。

② 女士发型要与体型相协调。高瘦型身材留长发更为美观，可选择直长发或大波浪的卷发，以显得飘逸大方；矮胖型身材不宜留披肩长发，可留超短式或梳盘发，以显得活泼精神；高大型身材以短直发为好，也可留大波浪的卷发或盘发。

③ 女士发型要与年龄相协调。青少年时期，应显示活泼开朗的性格，发型不宜太复杂，线条要简洁、流畅、明快、粗放、自然；成年时期，则要考虑性格、爱好、身材、服饰以及职业、季节等因素。夏天为了凉快、舒畅，一般以短发或扎辫、盘发为宜；冬天为了暖和，宜留长发；春秋两季的发型，则可灵活些。50岁左右的女士，一般可选择简朴、端庄、稳重的发型。

④ 对于从事旅游涉外接待工作的女士，发型基调是：活泼开朗、朝气蓬勃、干净利落、持重端庄。要求做到：不留披肩发，发不遮脸，刘海儿不过长，也不要将头发染成奇异的颜色，一般以齐耳的直发或微长稍曲的发型为宜，还要避免使用色泽鲜艳的发饰。

（2）男士发型

男士发型的要点是：

① 男士发型要与脸形相配。长形脸不宜留短发，宽形脸不宜留长发、蓄鬓角，否则给人以头重脚轻、臃肿做作之感。头发稀少或者秃顶的人，更不宜留长发，因为头发稀少又不规则，像杂草丛生，不但不美观，反而给人以病态之感。

② 男士发型要与体型相配。高瘦者应该留长发；矮胖或瘦小者应剪短发，以显得有精神。

③ 男士发型要与服装相配。男士穿西装，发型应吹风定型，以显得风度翩翩。

④ 按旅游涉外接待的要求，男士鬓发不应盖过耳部，头发不能触及后衣领，也不要烫发。

2）面部化妆

俗话说："三分容貌，七分打扮。"随着人们生活水平的提高、物质条件的不断改善，面部化妆越来越被人们所重视。

对从事旅游涉外接待工作的女士来说，化妆要少而精，强调和突出自身具有的自然美部分，减弱或掩盖容貌上的缺点，一般以浅妆、淡妆为宜，不要浓妆艳抹，并避免用气味浓烈的化妆品，具体应注意以下几点：

（1）化妆色彩要根据自己的肤色调配

化妆色彩要鲜明、丰富、和谐统一，给人以美的享受。女士一般都希望面部妆容白一点，但不要在化妆后明显改变自己的肤色，应与自己原有的肤色恰当融合，这样才会显得自然、协调。

（2）化妆区域应根据自己的脸形调配

脸宽者，位置可集中一些，描眉、画眼、涂口红、拍腮红要尽量集中在中间，以收拢缩小面部，使脸形显得好看些；脸窄者，可适当放宽。

（3）眉毛、眼睛的修饰

为突出面部化妆之美，还要描眉、画眼。眉毛要强调自然美，眉形的设计要适合眼睛的形状，才会相得益彰。化淡妆时，脸形和眼睛形状姣好可不画眼妆；化浓妆时，可用蓝色、灰色、黑色或棕色的眼线膏，将眼皮外眼角描得面积宽些，越向上描得越淡，逐渐消失，眼皮薄者描浓些、深些会显得更有精神。

（4）涂腮红要因人而异，不可千篇一律

长脸形宜横涂；宽脸形宜直涂；瓜子脸形则以面颊中部偏上处为重点，然后向四周散开。至于腮红的颜色，白天宜选用玫瑰红或粉红，晚间宜选用曙红。

（5）涂口红可增强唇部的血色感

一般宜选用接近嘴唇的颜色，如淡红色，既真实又鲜明，增强活力和美感。黑色或紫色唇膏对从事旅游涉外接待工作的女士来说，是不合适的。

3）口腔

保持口腔清洁，是讲究礼仪的先决条件。刷牙可以减少口腔细菌，清除牙缝里的残留物，防止牙石沉积。常规的牙齿保洁应做到"三个三"，即三顿饭后都要刷牙，每次刷牙的时长不少于三分钟，每次刷牙的时间在饭后三分钟之内。

平日要多吃蔬菜、水果和糙米饭，以清洁牙齿；尽量不吸烟、不喝浓茶，以免牙齿变黄、变黑。上班前不喝酒，忌吃大葱、大蒜、韭菜等有刺激性气味的食物。

进餐时应闭嘴咀嚼，不要在咀嚼时露出满口牙齿或发出很大的响声。有口气者在与人交谈时要保持一定的距离，切不可唾沫四溅。进餐后如要剔牙，应用手或餐巾掩盖。

4）鼻腔

要保持鼻腔的清洁，经常清理鼻腔，修剪鼻毛。切忌在他人面前抠鼻孔、拔鼻毛，这样既不文雅，又不卫生。

5）手指甲

手的清洁与否反映一个人的修养与卫生习惯，与一个人的整体形象密切相关；要随时清洁双手，指甲要及时修剪与洗刷。

6）公共卫生

要养成不随地吐痰、不乱扔果皮纸屑的良好习惯。不在宾客面前修指甲、剔牙、挖耳朵、打呵欠、搔痒等；咳嗽和打喷嚏时，应用手帕捂口鼻，面向一旁，尽量降低声响。

7）饮酒

在旅游涉外活动中，饮酒不可过量，以免醉后失态；要尊重对方的习俗，不能过分劝酒。

2.2　言谈举止礼仪

2.2.1　礼貌用语

1）礼貌用语的概念和作用

（1）礼貌用语的概念

语言是社会交际的工具，是人们表达意愿、思想情感的媒介或符号。旅游接待工作离不开语言，服务语言离不开礼貌。礼貌用语是旅游接待工作者向宾客表达意愿、交流思想感情和沟通信息的重要工具，是一种对宾客表示友好和尊敬的语言。

俗话说："良言一句三冬暖，恶语伤人六月寒。"这句话形象地概括了使用礼貌用语的重要性。旅游接待服务从问候宾客开始，到告别宾客结束，语言是完成这一过程的重要手段，因此，必须讲究语言艺术。使用礼貌语言时，还要强调四个要素，即"以宾客为中心""热情诚恳的态度""精确通俗的内容""清晰柔和的表达"。

（2）礼貌用语的作用

①礼貌用语关系到祖国的声誉

我国素以语言文明、礼貌待客蜚声中外。如果我们说话不礼貌，伤害了宾客的自尊心，客人就会对中国这个"礼仪之邦"有看法，对社会主义精神文明产生怀疑，必将对我国的声誉产生不良影响。

②礼貌用语反映了服务的质量和管理水平

作为旅游接待工作者，使用的语言是否文明，客人是相当敏感的。如果我们工作时稍不注意，语言粗鲁，态度生硬，那么再好的设施、设备也不能令宾客满意。

③礼貌用语是工作者自身人格的体现

俗话说："言为心声。"语言是人们心灵的体现。准确亲切的语言反映了旅游接待工作者的文化修养和精神面貌，同时在很大程度上左右宾客对旅游接待工作者的评价。

2）礼貌用语的基本形式

（1）谦让式

当客人发火时，你若保持谦让的态度，必能"灭火消气"。"火气"遇到"和气"，就失掉了发泄的对象，自然会降温熄火，产生积极的效果。

（2）委婉式

当有人无理取闹时，你不能冲动，更不能以牙还牙，采取理智的态度，进行委婉式谈话，才能使客人恢复平静。

（3）恳求式

通常这是处于弱势地位的人使用的语言。在硬件损坏或服务出现差错时，旅游酒店员工用这种语言表达方式表示对客人的歉意，就容易获得客人的谅解。

（4）商讨式

需要他人帮助时，应采用商讨式口气，这是平等待人、尊重他人的必要方式。

礼貌语言是心灵美的具体体现。陶铸同志说得好："心底无私天地宽。"心地纯正的人，胸怀才能宽广，性情才能开朗，在发生矛盾时，才会严于律己，宽以待人。

3）礼貌用语的基本要求

（1）态度要诚恳、亲切

人是有感情的，也最讲感情，而人的感情一般是通过语言和表情流露出来的。人们常说的"言以传情，情以动人"就是这个道理。因此，旅游接待工作者说话时的神态、表情十分重要。例如，当你向宾客表示祝贺或慰问时，如果嘴上说得非常动听，而表情却冷冰冰的，那对方一定认为你是在故作姿态。所以，礼貌用语必须做到态度诚恳和亲切，也就是必须表里一致。

（2）用语要谦逊、文雅

旅游接待工作者对宾客应使用敬语，如称人时用"您""先生""夫人""女士""小姐""师傅""大爷""大妈"等，与他人联系时用"请问""劳驾""敬请光临""请大力协助""请多关照"等。而对自己则应多用谦语，如可自称为"鄙人""学生"等。在接待宾客时，应坚持使用雅语，如用"几位"代替"几个人"，用"哪一位"代替"谁"，用"贵姓"代替"你姓什么"，用"不新鲜""有异味"代替"发霉""发臭"。在日常生活中，可用"洗手间""盥洗室"等代替"厕所"。这样使人听起来更礼貌、文雅。我国正在提倡的礼貌用语有"您好""请""谢谢""对不起""再见"等。

（3）声音要优美、动听

旅游接待工作者在接待宾客时，语音要标准，无论是普通话、外语、方言，咬字都要清晰，尽可能讲得标准。嗓音要动听，以增强语言的感染力与吸引力。音量要适度，以客人听清楚为准，切忌大声说话，语惊四座。语调要婉转，抑扬顿挫有情感，使听者感到亲切和自然。语速要适中，避免连珠炮式说话，轻柔甜润的话语才会使客人满意。

（4）表达要灵活、恰当

要使宾客感到满意和高兴，在使用礼貌用语时，还必须察言观色，随时注意宾客的反应。针对不同的对象、不同的性别和年龄、不同的场合，灵活地掌握不同的用语，有利于沟通和理解，从而避免矛盾的产生或使矛盾得到缓解。如宾客提出了意见，我们一时又难以给予准确的答复，便可以说："您提的意见是值得考虑的，多谢您的关心。""值得考虑"就是灵活表达的一种方式，它带有赞同的倾向，但没有肯定的含义。又如，宾客提出的一些要求一时难以满足时，不妨说："您提出的要求是可以理解的，让我来想想办法，一定尽力而为。""可以理解"也是一种灵活、恰当的表达方式，它使提出要求的宾客感到十分体面，即使无法满足宾客的要求，宾客也会表示谅解。

一般来说，我们可以通过宾客的服饰、语言、肤色、气质等去辨别其身份，通过宾客面部的表情、语气的轻重、走路的姿态、手势的运用等行为举止来领悟其心境。遇到语言激动、动作急躁、举止不安的宾客，要特别注意使用温柔的语调和委婉的措辞。对待宾客的投诉，说话时更要谦虚、谨慎、耐心、有礼，要设身处地为宾客着想，要学会善于揣摩宾客的心理，以灵活的言语来应对各种宾客，更好地服务。

人类社会的发展要求我们不断提高自身的文明程度，而语言的文明是其中极其重要的内容，从中可以窥见一个民族的精神面貌。语言文明看似简单，但要真正做到并非易事。这需要我们身体力行，加强语言修养，从而使我们中华民族"礼仪之邦"的优良传统能够发扬光大。

同步业务 2-2

常用礼貌用语

古往今来，我国常用的礼貌用语有：

初次见面，说"久仰"；许久不见，说"久违"。

客人到来，说"光临"；等候客人，说"恭候"。

探望别人，说"拜访"；起身作别，说"告辞"。

中途先走，说"失陪"；请人别送，说"留步"。

请人批评，说"指教"；请人指点，说"赐教"。

请人帮助，说"劳驾"；托人办事，说"拜托"。

麻烦别人，说"打扰"；求人谅解，说"包涵"。

在日常生活中，最基本、最常用的是五句十字礼貌语，即"您好""请""对不起""谢谢""再见"。十字文明用语是人际关系和谐的润滑剂，是我们中华民族精神文明的具体体现，一定要随时运用，养成习惯。

4）日常礼貌用语

（1）称呼语

称呼语是旅游接待工作者对宾客的尊称，要分清国内和国外常用称呼，要求做到及时、准确、恰当。

① 一般称呼。对男宾不论其年龄大小与婚否，可统称为"先生"；女宾则视婚姻状况而定，已婚女子称"夫人"（太太），未婚女子称"小姐"。对婚姻状况不明的女宾，可称"女士"。在国内，对打扮时髦的已婚女子也可称"小姐"。以上称呼可以连同姓名、职衔、学位一起使用，如"王小明先生""张总经理""李局长""史密斯夫人""卡特教授""秘书小姐""护士小姐""基辛格博士"等。

② 涉外称呼。对地位高的政府官员、外交使节、军队中的高级将领，一般可称"阁下"以示尊重，如"部长阁下""总统阁下""大使先生阁下""将军先生阁下"等。美国、墨西哥、德国等国家则习惯称"先生"，不称"阁下"。对于君主立宪制国家，则应称国王、王后为"陛下"，称王子、公主、亲王为"殿下"。对有公、侯、伯、子、男爵位的可称其爵位，如"公爵先生""公爵夫人"等，也可称"阁下"。

③ 对宾客应使用敬语。敬语包含尊敬语、谦让语和郑重语三种。通常，当说话人把听话者视作上位者时，宜使用尊敬语，如"先生，对不起，让您久等了"。当说话人要表明自己是下位者时，需使用谦让语，如"过一会儿我来拜访您"。又如，当宾客进店时说"欢迎""欢迎光临""我能为您做点什么""您有什么事要吩咐"等，都是与宾客沟通感情、使旅游接待工作得以顺利进行的重要语言。使用郑重语时，一般并不表明说话人与听话者是否处于上下级关系，只是出于客气、礼貌，如离席时说一声"我先走了，你们慢慢谈吧"，分别时说一声"明天见"。

④ 对军人一般称军衔，知道姓名的可冠以姓与名，如"上校先生""莫利少校""维尔斯中尉先生"等。在我国，一般称职务，知道姓氏的可冠以姓氏，如"江连长"；不知姓氏的，则在职务后加"同志"，如"连长同志"。对教会中的神职人员，一般可称教会的职称，或姓名加教职，或教职加先生，如"牧师先生""布鲁斯牧师"等。对主教以上的神职人员，也可称"阁下"或"大人"。

⑤ 对于来自与我国一样以同志相称的国家的宾客，对各类人员均可称为"同志"，如"主席同志""团长同志""司机同志""服务员同志"，或姓名加"同志"。在我国，也可按年龄大小或不同性别称之，如"老徐同志""小吴同志"

"男同志""女同志"等。

⑥ 有的国家还习惯称呼语，如称"公民"等。在日本，对社会地位较高的女士也可称"先生"。

在涉外场合，正确使用称呼非常重要，切忌使用"喂"来招呼宾客。例如，英、德等国家对头衔非常看重，如对方有博士学位，在称呼时一定不能省略。即使对称呼较为随便的美国人，在不熟悉的情况下，还是应该称"某某先生""某某夫人""某某小姐"为好；否则，会伤害对方的感情，或者被对方认为缺乏教养。总之，在称呼上要多加学习、研究，善于正确使用，以免造成误会。

（2）问候语

问候语是指接待宾客时，根据时间、场合和对象的不同所使用的规范化用语。

① 与宾客见面时应主动说："您好，欢迎到××来""您好，欢迎光临""女士们，先生们，欢迎你们的光临""您好，××小姐（先生），我们一直恭候您的光临""您好，见到您很高兴"。

② 每天不同时间问候客人，一般用"您早""您好""早上好""下午好""晚上好""晚安"等。

③ 根据需要在使用上述问候语的同时，最好紧跟其他一些礼貌用语，如"先生，您好，欢迎光临，请""早上好，先生，您有什么事要吩咐吗""您好，小姐，要我帮忙吗""晚上好，夫人（太太），旅途辛苦了，请先在这儿休息一会儿吧"，这样就会使对方倍觉自然和亲切。

④ 旅游接待人员在问候时，要掌握外宾的习惯用语。例如，初次见面用"How do you do"，熟人用"How are you"。千万不能用"您吃饭了吗""您上哪儿去啊"这类话。这类话在中国习以为常，但外宾听来则会产生误会，或者认为是干涉他的私事。

⑤ 向客人道别或给宾客送行时可以说："晚安""再见""谢谢光临，欢迎再来""祝您一路平安"。

⑥ 遇到节日、宾客生日等喜庆日子，应说："祝您圣诞快乐""祝您生日快乐""祝您健康长寿""新年好""恭喜发财""大吉大利"等。对香港、广东籍宾客习惯上说愉快而不说快乐，因"乐"与"落"同音，是商人忌讳之字。

⑦ 宾客患病或身体不适时，应主动表示关心，可以说："请多保重""祝您早日康复"。

⑧ 当气候发生变化时应说："请多添衣服，当心感冒（着凉）""请带好雨具"等。

⑨ 接待体育、文艺代表团时应说："祝您在比赛中获胜""祝您演出成功""您的表演真精彩"等。

（3）应答语

应答语是旅游接待工作者在回答宾客问话时的礼貌用语。

① 对前来问询的宾客可以说："您好，我能为您做什么""请问，我能帮您

什么忙"等。

②引领宾客时可以说："请跟我来""这边请""里边请""请上楼"等；接受宾客吩咐时可以说："好，明白了""好，马上就来""好，听清楚了，请您放心""好，知道了"等。

③听不清或未听懂宾客问话时应说："对不起，请您再说一遍""很对不起，我还没有听清，请重复一遍，好吗"等。

④不能立即接待宾客时应说："对不起，请您稍候""请稍等一下""麻烦您，等一下"等。

⑤迟到或延迟服务应对等待的宾客说："对不起，让你久等了"等。

⑥接待失误或给宾客添麻烦时应说："实在对不起，给您添麻烦了""对不起，刚才疏忽了，今后一定注意不再发生这类事。请再次光临指导"等。

⑦有事要问宾客时应说："对不起，我能不能问您一个问题""对不起，如果不麻烦的话，我想问一件事"等。

⑧当宾客表示感谢时应说："不用谢，这是我应该做的""别客气，我乐于为您服务"等。

⑨当客人误解致歉时应说："没关系""这算不了什么"等。

⑩当客人赞扬时应说："谢谢，过奖了，不敢当""承蒙夸奖，谢谢您了""谢谢您的夸奖，这是我应该做的"等。

当宾客提出过分或无礼要求时应说："这恐怕不行吧""很抱歉，我无法满足您的这种要求""对不起，中国人还没有这种习惯"等。此时，必须沉得住气，婉言拒绝，表现得有教养、有风度。

接电话时可以说："您好，这里是××，请讲"或"我能为您做什么"等。当铃响过三遍，接电话时应先说："对不起，让您久等了"。

同步业务2-3

与人交往，要践行"3A原则"

"3A原则"是由美国学者布吉尼教授提出来的，在人际交往特别是为客人提供服务时是非常重要的：首先要接受对方，其次要重视对方，最后要赞美对方。这样才能拉近彼此的距离，尽快取得共识。

在英文中，"接受"（accept）、"重视"（attention）、"赞美"（admire）的第一个字母都是A，所以被称为敬人"3A原则"。3A原则告诉我们在交往中不能只见到物而忘掉人，要强调人的重要性，要注意人际关系的处理。

（1）接受对方

接受对方，就要宽以待人，不要难为对方，要记住客人永远是对的。其主要表现为热情、主动地接近客户，淡化彼此之间的戒备，恰到好处地向对方表示亲近、友好之意，将客人当作自己人来看待。同客人交谈时有"三不准"：不准打断别人的讲话；不准轻易地对对方的讲话进行补充；不准随意更正对方的讲话。即使见解截然相反，也要等对方说完后尽可能地采用委婉的语气表达，切不可针锋相对。

（2）重视对方

要重视对方和欣赏对方，要看到对方的优点，不要专找对方的缺点。重视对方的技巧有以下三种：

①牢记对方的姓名。对每个人来说，姓名都是自己百听不厌、百看不烦的最美妙词汇，牢记交往对象的姓名，本身就意味着对对方重视有加；反之，连客人的名字都记不住，就会给人被轻视的感觉。要牢记交往对象的姓名，必须要注意两个问题：第一，接过名片首先要看，不要张冠李戴；第二，绝对不要读错了交往对象的姓名。

②用尊称。在人际交往中，要善于使用尊称，行政职务、技术职称都属于尊称，始终要用尊称称呼交往对象。比如，对年纪较大的男性，可称为"老先生"；对大学教授，如果称呼"老板"，显然不太合适；对五六十岁的女士，应该称"太太""夫人"。

如果不清楚对方的姓氏、职位、职称、婚姻状况，可用"先生""女士"来称呼。

③倾听交往对象的要求。耐心倾听交往对象的要求，就会使对方觉得受尊重而感到满足。当交往对象阐明己见时，应暂停其他工作，目视对方，并以眼神、笑容或点头来表示自己正在洗耳恭听。如有必要，还可以主动地与对方进行交流。

（3）赞美对方

从心理上来讲，人们都希望自己得到他人的欣赏与肯定。赞美客人时要注意以下技巧：

①适可而止。在具体运用赞美词汇时，必须把握好分寸。赞美之词用得太多太滥，不但会令人肉麻，而且会使赞美本身贬值。

②实事求是。真正的赞美是建立在实事求是的基础之上的，是对他人优点的认同。如果夸大其词地恭维和奉承，就违背了诚实的原则，绝对不可取。

③恰如其分。赞美要想让对方接受，就一定要恰如其分。比如，赞美一位善于保养的女士时，用"驻颜有术"这个词就比较恰当。

资料来源　何叶.商务礼仪［M］.西安：西安交通大学出版社，2014.略有改动.

2.2.2　文明举止

一个人的礼仪修养如何，别人可从他的举止中察觉出来。在中华民族的礼仪要求中，"站有站相，坐有坐相"，是对一个人礼仪修养的最基本要求。在人际交往中，人们的感情流露和交流经常要借助人体的各种姿态，这就是我们常说的"体态语言"。它作为一种无声的语言，在生活中被广泛地使用，在旅游接待工作中有着重要作用和特殊意义。

当今世界，科技日新月异。曾风靡一时的寻呼机、大哥大早已不见踪影，现在手机、计算机几乎人手一部（台）；电视不但高清，还可回看；电影有立体的，还有3D甚至4D的；手机发展得更快，刚刚是3G当令，几个月就又出了

4G、5G……这一切都为人们的生活、交往提供了便利，提高了人们的生活质量。同时，也对人际交往、人与人之间的关系产生了重大影响：人机交流多了，人与人之间的交流少了。不少人热衷于在手机上玩游戏、聊微信，吃饭、上课、工作时时离不开手机，成了"低头族"，甚至走路、开车时也打电话、看视频，惹出很多笑话，甚至发生事故，这些都是不可取的。

我们在生活、交际中，要善用新科技成果，不能盲目跟风、追求时髦、迷恋手机，不能玩"机"误事，影响正常工作和人际交往，更不能盲目接受信息，不辨是非，玩物丧志，造成重大危害。

一个人的风度是在漫长的生活实践中和不同意识形态的历史文化氛围中逐渐形成的。它是一个人行为举止的综合，是社交中的无声语言，是个人性格、品质、情趣、素养、精神世界和生活习惯的外在表现。我们平时说的"风姿""风采""风韵"，就是风度的具体体现。

1）规范的站姿

站姿的基本要求是：站要端正、自然、亲切、稳重，也就是人们常说的"站如松"，即站得要像松树一样挺拔。正确的站姿要领是：上身正直，头正目平，面带微笑，微收下颌，挺胸收腹，腰直肩平，两臂自然下垂，两腿相靠站直，肌肉略有收缩感。旅游接待工作者的站姿大致有以下四种：

（1）侧放式

侧放式站姿是男女通用的站立姿势，其要领是：脚掌分开呈"V"字形，脚跟靠拢，两膝并拢，双手放在腿部两侧，手指稍弯曲呈半握拳状。

（2）前腹式

前腹式站姿是女性常用的站立姿势，其要领是：脚掌分开呈"V"字形，脚跟靠拢，两膝并拢，双手相交放在小腹部。

（3）后背式

后背式站姿是男性常用的站立姿势，其要领是：两腿稍分开，两脚平行，两脚间距离比肩宽略窄些，双手轻握放在后背腰处。

（4）丁字式

丁字式站姿是只限女性使用的站立姿势，其要领是：一脚在前，将脚跟靠于另一脚内侧，两脚尖向外略展开，形成斜写的一个"丁"字形，双手在腹前相交，身体重心在两脚上。

站立太累时，可变换姿势，将身体重心移在左脚或右脚上。无论哪一种姿势，切忌双手抱胸或叉腰，也不可将手插在衣裤袋内，更不要将身体东倒西歪地靠在物体上，因为这些动作都是傲慢和懒散的表现。在正式场合，不要下意识地做小动作，如摆弄打火机、香烟盒，玩衣带、发辫，咬手指甲等。这样不但显得拘谨，给人缺乏自信和经验的感觉，而且是不礼貌、不合礼仪的表现。

2）优雅的坐姿

坐姿的基本要求是"坐如钟"，即坐相要像钟那样端正。对旅游接待工作者来说，还要注意坐姿的文雅自如，这是体态美的重要内容。其具体要领有：入座时，轻而缓，走到座位前面转身，右脚后退半步，左脚跟上，然后轻轻地坐下。女子入座时，要用手把裙子向前拢一下。坐下后，上身正直，头正目平，嘴巴微闭，面带微笑，腰背稍靠椅背，两手相交放在腹部或两腿上，两脚平落地面。男子两膝间的距离以一拳为宜，女子则应双膝紧靠。坐姿还要根据凳面的高低及有无扶手来注意两手、两腿、两脚的正确摆法。

（1）两手摆法

有扶手时，双手轻搭扶手或一搭一放；无扶手时，两手相交或轻握放于腹部或左手放在左腿上、右手搭在左手背上或两手呈"八"字形放于两腿上。

（2）两腿摆法

凳高适中时，两腿相靠或稍分，但不能超过肩宽；凳面低时，两腿并拢，自然倾斜于一方；凳面高时，一腿搁于另一腿上，脚尖向下。

（3）两脚摆法

脚跟、脚尖全靠或一靠一分，也可一前一后或右脚放在左脚外侧。

无论哪一种坐姿，都要自然放松，面带微笑。切忌下列三种错误坐姿：二郎腿坐姿、分腿坐姿、"O"字形坐姿。坐姿中还特别忌讳前俯后仰，或抖动腿脚，这些都是缺乏教养和傲慢的表现。

3）正确的步姿

正确的步姿要求是"行如风"，即走起路来要像风一样轻盈。其基本要领是：上身正直不动，两肩相平不摇，两臂摆动自然，两腿直而不僵，步度适中均匀，步位相平向前。走路姿势正确的人，脚印应是正对前方。正确的步位、步速和步度如下：

（1）步位

步位是指两脚下落到地面的位置。男士行走，两脚跟交替前进在一条线上，两脚尖稍外展；女士行走，两脚要踏在一条直线上，脚尖正对前方，称"一字步"，以显优美。

（2）步速

步速是指行走的速度，男士通常每分钟108～110步，女士每分钟118～120步。遇有急事，可加快步速，但不可奔跑。

（3）步度

步度也称步幅，是指跨步时两脚间的距离，一般为70～80厘米。步度大小跟服饰和鞋也有一定的关系。例如，男士穿西装时，走路的步幅可略大些，以体现挺拔、优雅的风度；女士穿旗袍和中跟鞋时，步度宜小些，以免旗袍开衩过大，露出大腿，显得不雅；女士着长裙行走要平稳，步幅可稍大些，因长裙的下摆较大，更显得修长、飘逸、潇洒；年轻女子穿着短裙（指裙长在膝盖以上）时，步度不宜过大，步速可稍快些，以保持轻盈、活泼、灵巧、敏捷的风度。

步姿首先最忌内八字和外八字；其次是弯腰驼背，摇头晃脑，大摇大摆，上颠下跛。走路时不要大甩手、扭腰摆臀、左顾右盼，也不要脚蹭地面，或将手插在裤兜里。

同步资料2-1

不同步姿所反映的心理特质

心理学家发现：走路大步，步子有弹力及摆动手臂，显示一个人自信、快乐、友善及富有雄心；走路时拖着步子，步伐小或速度时快时慢则相反；喜欢支配别人的人，走路时倾向于脚向后踢高；性格冲动的人，就像鸭子一样低头急走；拖着脚走路的人，通常不快乐或内心苦闷；女性走路时手臂摆得高，则显示出她精力充沛和快乐。

4）恰当的手势

手势是人们交往时不可缺少的动作，是富有表现力的一种"体态语言"。手势美是一种动态美。得体适度的手势，可增强感情的表达，起到锦上添花的作用。旅游接待工作者的手势运用要自然、优雅、规范、适度。手势的规范标准是：五指伸直并拢，掌心斜向上方，腕关节伸直，手与前臂形成直线，以肘关节为轴，弯曲140度左右，手掌与地面基本上形成45度角。

与宾客交谈时，手势不宜过多，动作不宜过大，更不要手舞足蹈。

介绍某人或为宾客引路时，应掌心向上，四指并拢，大拇指张开，以肘关节为轴，前臂自然上抬伸直。指示方向时，身体稍向前倾，面带微笑，眼睛看着目标方向，并兼顾宾客是否意会到了目标。切忌用手指来指点，因为它有教训人的意味，是不礼貌的。

鼓掌也是一种手势，如欢迎客人到来、他人发言结束或观看体育比赛、文艺演出时，应用右手手掌拍左手掌心，但不要过分用力或时间过长。

在谈到自己时，可用右手掌轻按自己的左胸，那样会显得端庄、大方、可信。

同样一种手势，在不同的国家、不同的地区可能有不同的含义，千万不能乱用。如伸出一只手，将食指和大拇指搭成圆圈：美国人用这种手势表示"OK"，有"赞扬和许诺"之意；在印度，表示"正确"；在泰国，表示"没问题"；在日本、缅甸、韩国，这一手势代表"金钱"；在法国，通常表示"微不足道"或"一文不值"；在巴西、希腊和意大利的撒丁岛，这是一种令人厌恶的污秽手势；在马耳他，则是无声的、恶毒的咒骂。

在英美等国，如伸出右手的食指和中指作"V"字形手势，表示"胜利""成功"。但丘吉尔最初使用时，是掌心朝外的，若你不慎将手背朝外，那在美国人的眼中是伤风败俗的。在我国和非洲国家，"V"字形手势一般表示两件事或两个东西，如在饭店吃饭时需要两瓶啤酒，可以伸出食指和中指来表示。

在欧洲，人们相遇时习惯用手打招呼。正规的方式是伸出胳膊，手心向外，用手指上下摆动。美国人打招呼是整只手摆动。如果在欧洲，整只手摆动表示"不"或"没有"。在希腊，一个人摆动整只手就是对他人的侮辱，将会造成麻烦。

　　总之，与不同国家、地区、民族的人交往，要懂得他们的手势语言，以免闹出笑话，造成误会。

　　5）微笑的表情

　　《辞海》解释"笑"是"因喜悦而开颜"。微笑是一个人精神状态的最佳写照，最能缩短人与人之间的距离。微笑的要点是双唇后扯，嘴角上提，同时带动眼部周围肌肉的收缩，关键是让眼睛也要笑。微笑是一种特殊的情绪语言，它可以和有声语言及行动相配合，沟通人们的心灵，架起友谊的桥梁，给人以美的享受。

　　（1）微笑是礼仪的基础

　　微笑存在于一切生活中。旅游接待工作者的微笑，是对宾客热情友好的表示，是真诚欢迎的象征。微笑服务，体现了礼仪的本质，是员工尽心尽职的表现，表达了接待工作者对宾客的尊重，也是"宾客至上，优质服务"宗旨的具体体现，是旅游接待服务中最基本、最重要的方法。

　　（2）微笑是宾客感情的需要

　　微笑可传递友好的信号，对客人的积极情绪起着引导作用。旅游接待工作者的真诚微笑，可使宾客感到外出途中处处有"亲人"，从而消除初到异乡、客地的陌生感、疲劳感和紧张感，进而产生心理上的安全感、亲切感和愉悦感。微笑是美好的无声语言，它具有超越国界、跨越文化的传播功能，有助于广结良缘、增进了解、加深友谊。

　　（3）微笑要合乎规范

　　微笑是旅游接待工作者的基本功之一。微笑要做到四个结合：口眼结合，与神情、气质相结合，与语言相结合，与仪表、举止相结合。

　　（4）微笑要始终如一

　　笑，虽是人的生理现象，人人都会，但要长时间坚持微笑，则需要加以训练，而且人们不是生活在真空里，往往会因为情绪的波动、客观环境的变化而影响微笑的效果。因此，必须强调微笑要贯穿旅游接待工作的全过程。无论何时何地，无论发生什么，无论遇到什么样的客人，都要面带微笑。即使自己受了委屈、心情不好，即使对方发火，无理取闹，也要以微笑对待，这样才能取得最好的效果。

　　（5）微笑要发自内心

　　从旅游接待工作的实际出发，甜美而真诚的微笑是值得推崇的。所谓甜美，就是笑得温柔友善、自然亲切、恰到好处，给人一种愉快、舒适、幸福、动人的好感。所谓真诚，就是内心喜悦的自然流露。微笑，应该是略带笑容、不出声的笑。笑得甜美、笑得真诚、从心底里笑，是微笑服务的真谛。

　　同步案例 2-2

家庭旅馆的变化

　　背景与情境：暑假的第二天，旅游管理专业的张老师带着 3 个学生到江南第一水乡名镇，为下学期学生的实习进行专业调研。刚进镇就碰到老朋友、镇市场监督管理所的王所长，热情寒暄之后，王所长说："你来得正好，上个月一对小夫妻开了一家家庭旅馆，租房子、装修花了不少钱。地段挺好的，前面是热闹的北大街，后面是河，游船来来往往，有码头可以停靠，旁边就是放生桥，可就是生意不好，小两口很难支撑。你是否可以去调研一下，帮他们想想解决办法？"张老师一口答应了，在王所长的带领下很快来到了小两口开的"悦来家庭旅馆"。小两口听了王所长的介绍，感动得不知如何是好，手足无措地连声说："好啊好啊，中午请您吃饭！"张老师笑着答应："吃饭可以，必须照价收钱！"王所长告辞后，张老师让店主的妻子小李领师生参观他们的旅馆。

一圈看下来，张老师先问学生："你们看这硬件如何？"3个同学争先恐后地回答："设施不错""环境很好""卫生也可以"。张老师招呼同学们在小餐厅坐下，点了一壶茶。小李拿来一套杯具，5个玻璃杯一个套着一个。分开后她发现有水渍，麻利地用围裙擦了擦，然后用手给每个杯子里撮了一些茶叶。刚才说"卫生也可以"的同学皱起眉头，想说什么，被张老师用眼神制止了。泡好茶后，小李说："张老师，你们先喝茶，我去准备午饭，今天我们请客。"张老师瞄了一下桌上放着的菜单，迅速点了水乡的特色菜。小李离开后，师生一边喝茶交换意见，一边看门口的店主小伙儿招呼客人。

这小伙儿穿着一件大鸡心领花衬衫、一条肥大的花短裤、一双夹趾凉拖鞋，头发染成了黄绿两种颜色。他不停地对着门口来来往往的游客吆喝："喂！住店吗？吃饭吗？家庭旅馆，饭菜便宜，房间干净！来，进来看看！"一些游客看了看小伙儿，摇摇头，最终还是没有客人进来。

吃完饭，张老师对沮丧的小夫妻诚恳地说了一席话。小夫妻俩觉得茅塞顿开，感激不尽。张老师付了饭钱，留下一本《旅游交际礼仪》，带学生又去别处调研了。

暑假快结束时，张老师又带着学生来到古镇。王所长一见面就笑着说："你真神了！现在悦来家庭旅馆的生意好得很！小夫妻俩忙不过来了。"

资料来源　作者根据相关资料改写。

问题：想想看，张老师对店主夫妻说了些什么？悦来家庭旅馆的经营状况为什么发生了巨大变化？王所长的行为是急人所难还是多管闲事？

分析提示：一般酒店、旅馆的经营者都很重视硬件设施的建设，对接待人员的自身形象、言谈举止不大重视，往往导致经营状况不佳。其实，旅游接待人员的个人仪表和言谈举止才是影响经营状况的关键因素。悦来家庭旅馆的环境、硬件都比较好，小夫妻一定是接受了张老师的专业指导，改变了接待人员的着装、发型、个人卫生等情况，开展了微笑服务，才使旅馆真正"近悦远来"了。王所长的行为延伸了市场监督管理所所长的职责，急人所难，主动帮助青年创业者改变经营状况，既是良好职业道德的表现，也为当地旅游经济的发展做出了贡献。

2.3 社会交往礼仪

2.3.1 见面时的礼仪

1）招呼

打招呼是人们见面时最简单的礼节。最简单的话语是"早上好""下午好""晚上好",或者说一声"您好"。对熟人不打招呼,或者不回复对方向你打的招呼,都是失礼的行为。打招呼发生在瞬间,但影响久远。

中国人之间打招呼习惯说"吃饭了没有",这是因为在中国漫长的封建社会中,大多数劳动者都希望能够填饱肚子,因此,问对方有没有吃饭表示对对方的一种关心。随着我国人民生活水平的提高,吃饭问题已经解决,然而,"吃饭了没有"这句话却流传了下来。但使用时也应注意:三餐以后较长时间或对方从不适合用餐的场所出来时,则不能用这个问候语,改用"您好"比较合适。

与西方人打招呼,更要避免问他"你吃饭了吗",他会误解为你想请他吃饭。又如,"你上哪儿去"在西方人看来,有打听别人私事之嫌,是一种不礼貌的语言。

2）介绍

介绍包括自我介绍和介绍他人。自我介绍时,要讲清姓名、身份、国家、单位,也可交换名片。中国人的名字一般都有寓意,为了让对方记住你的名字,可以用幽默的方式或用谐音来解释,这样会显得生动、有趣,如"马千里,即千里之马"等。

为他人介绍,要先了解双方是否有结识的愿望,做法要慎重,不要贸然行事。介绍他人时,应注意介绍顺序。一般把男士介绍给女士,把年轻的介绍给年长的,把地位低的介绍给地位高的,如"张经理,这是我的同事李××"。若是介绍客人,则要把客人介绍给主人,把后来的客人介绍给先到的客人。

按照西方习惯,已婚女子在社会上的地位高于未婚女子,故在介绍时,应把未婚女子介绍给已婚女子。另外,短暂的相遇可不必介绍,不必将告辞中的客人介绍给刚到的客人。

介绍时,除年长者外,男子一般应起立。在宴会桌、会谈桌上则不必起立,微笑点头示意即可。当女士被介绍给男士时,她可以坐着不动,只需点头或微笑示意。

3）握手礼

握手是人们见面和离别时的礼节。它还有感谢、慰问、祝贺或相互鼓励的意思。握手作为一种礼节,应注意以下几点:

（1）握手力度

握手力度一般以不握疼对方的手为限度。一般情况下,握手不必用力,握一下即可。男士与女士握手不能握得太紧,西方人往往只握一下女士的手指部分,但老朋友可以例外。

（2）先后顺序

握手的先后顺序为：男女之间，男方要等女方先伸手后才能握手，如女方不伸手，无握手之意，男方就只能点头或鞠躬致意；宾主之间，主人应向客人先伸手，以示欢迎；长幼之间，年幼的要等年长的先伸手；上下级之间，下级要等上级先伸手，以示尊重。握手时精力要集中，双目注视对方，微笑致意。男性不可戴着手套与他人握手；女性可戴薄手套同他人握手，这不算失礼。

（3）握手时间

初次见面，握手一般应控制在3秒钟以内，切忌握住异性的手久久不松开，即使握同性的手时间也不宜过长。老朋友或关系亲近的人则可以边握手边问候，甚至双手长时间地握在一起。

（4）握手方式

握手时应伸出右手，四指并拢，拇指伸开，掌心向内，手的高度大致与对方腰部上方持平。同时，上身略微前倾，注视对方，面带微笑，不可一边握手一边左顾右盼。

（5）握手语

握手时，常伴有一定的语言，称为握手语。常见的握手语有以下几种：

① 问候型。这是最常见的一种握手语，如"您好""最近怎么样""工作忙吗"等。

② 祝贺型。当对方受到表彰或遇到喜事时，可以说"恭喜您""祝贺您"等。

③ 关心型。这种形式适用于长辈对晚辈、上级对下级或主人对客人等，如"辛苦了""一路很累吧"等。

④ 欢迎型，如"欢迎您""欢迎光临"等。

⑤ 致歉型。需要道歉或表示客气时可用此类握手语，如"照顾不周，请多包涵""未能远迎，请原谅"等。

⑥ 祝福型。送客时多用此类握手语，如"祝您一路平安""祝您好运"等。

4）鞠躬礼

鞠躬又称打躬，是中国、日本和朝鲜等国的传统礼节。它通常是晚辈对长辈、下级对上级以及同级间的见面礼节。行鞠躬礼时，需脱帽，呈立正姿势，面带笑容，目视前方，并根据施礼对象和场合决定鞠躬的度数。一般标准为：迎宾15度，送客30度，表示感谢60度，而90度大鞠躬常用于悔过、谢罪等特殊情况。在我国，当演员谢幕、讲演、领奖、举行婚礼和悼念活动以及接待外宾时也常用鞠躬礼。

5）拱手礼

拱手礼也称为"揖"，"拱手为揖"是我国的传统礼节。它始于先秦，直至今日。施礼时，右手攥拳，左手掌包握在右拳上，两臂屈肘抬至胸前，目视对方。拱手礼主要适用于个人面对集体时施行，意为自己握住自己的手，代替了握住别人的一只手在摇动。

今天，拱手礼在武术界、长者之间和一些民族风格浓郁的场合使用较多，在一些气氛融洽的场合如春节团拜、宴请、晚会等也常用此礼。

6）合十礼

合十礼亦称合掌礼，原是佛教徒的一种礼节，后盛行于印度和东南亚佛教国家。施礼时，五指并拢，两手掌在胸前对合，指尖向上与鼻尖基本持平，手掌略向外倾斜，头略低，神情安详、严肃。合十礼可分为三种：

（1）跪合十礼

行礼时，右腿跪地，双手合掌于两眉中间，头部微俯，以示恭敬虔诚。此礼一般为佛教徒拜佛祖或高僧时所行。

（2）蹲合十礼

行礼时，身体要蹲下，将合十的掌尖举至两眉间，以示尊敬。此礼为佛教盛行国家的人拜见父母或师长时所行。

（3）站合十礼

行礼时，要站立端正，将合十的掌尖置于胸部或口部，以示敬意。此礼为佛教国家平民之间、平级官员之间所行，或公务人员拜见长官时用。

7）拥抱礼

拥抱礼是欧美国家和地区熟人、朋友之间表示感情亲密的一种礼节，多用于官方或民间迎送宾客或祝贺、致谢等场合。

施礼时，两人相对而立，右臂偏上，左臂偏下，右手环抚于对方的左后肩，左手环抚于对方的右后腰，彼此将胸部向左倾而紧紧拥抱，头部相贴，然后再向右倾拥抱，接着再做一次左倾拥抱而止。

8）亲吻礼

亲吻礼多见于西方、东欧、阿拉伯国家，是人们表达爱情、友情，表示尊敬或爱护的一种见面礼节。亲吻礼有以下几种：

（1）吻面颊

其多用于长辈同晚辈之间。施礼时，长辈亲吻晚辈脸颊的一侧或两侧，晚辈可用双手搂抱长辈的颈部，或双手下垂亲吻长辈脸颊。关系亲近的妇女和至亲好友间亦可亲吻面颊。

（2）吻手

男士对尊贵的女士表示尊敬时，可亲吻女士的手背或手指。行此礼时，男士行至女士面前，立正垂首致意。女士若将右臂微微抬起，则暗示男士可行吻手礼。这时，男士以右手或双手轻轻抬起女士的右手，并俯身弯腰使自己的嘴唇象征性地去触及女士的手背或手指，然后抬头微笑相视，再把手放下。如果女士不将右臂抬起，则不行此礼。行吻手礼时，若女士身份、地位较高，男士要屈一膝作半跪式，再抬手吻之。

（3）吻唇

一般而言，夫妻、恋人或情人之间才能吻唇，以表示亲昵和爱抚。

（4）吻脚

在印度，妻子送丈夫出远门时，最高的礼节是摸脚跟和吻脚。在尼泊尔，遇重大节日往往行传统的吻脚礼。非洲某些部族的居民，常以吻酋长的脚或酋长走过的脚印为荣。

（5）贴面

在异性、同性之间，也可采用贴面颊的礼节。施礼时，两人同时将面颊相贴，顺序为先右后左。

9）举手礼

举手礼是世界各国军人见面时的专用礼节，起源于中世纪的欧洲。当时的骑士们常常在公主和贵族们的面前比武，在经过公主的坐席时要唱赞歌，歌词往往将公主比成光芒四射的美丽的太阳，因而骑士们看公主时总要把手举到额前作遮挡太阳的姿势，这就是举手礼的由来。行举手礼时，要举右手，手指伸直并齐，指尖接触帽檐一侧，手掌微向外，右上臂与肩齐高，双目注视对方，待受礼者答礼后方可将手放下。

10）点头礼

点头礼系同级或平辈间的礼节。如在路上行走时相遇，点头示意，可不必停留。若在路上遇见上级或长者，应立正行鞠躬礼；上级对下级或长者对晚辈的答礼，在行进中点头或伸右手示意即可。

> **同步资料2-2**
>
> **"叩指礼"的来历**
>
> 叩指原有磕头之意。相传乾隆皇帝下江南时，带着太监乔装打扮，有一次到酒楼喝酒，当乾隆以仆人身份给太监斟酒时，太监受宠若惊，急忙用手指叩打桌面，以示磕头致谢。以后流入民间，以叩指表示感谢。

2.3.2 日常交往中的礼仪

1）守时

遵守时间，不能失约，这是国际交往中最起码的礼貌。参加各种活动时，应按约定时间到达，失约是一种不礼貌的行为。过早抵达，可能会由于主人尚未完全做好准备及占用主人宝贵的时间而使对方尴尬或造成某些不便；迟迟不到，则会使主人或其他客人因等候过久而抱怨。所以，万一因故不能准时赴约，应有礼貌地尽早通知主人。

在日常交往中，电话是最方便、最常用的联系方式。信函约会主要用于比较正式的交往，包括请求会见、同意会见或拒绝会见等。这类信函行文语气必须婉转、恳切和有礼貌，不需要太详细、具体。特别是拒绝安排约会，应恳切说明自己不能赴约的原因，否则便显得缺乏礼貌，甚至可能伤害对方的感情。

在正式的国际交往中，接到正式的邀请函必须视情况给予答复。若邀请函上注有"RSVP"（法文"请回复"的缩写）字样，则不论参加与否，都要及时回复。若邀请函上注有"Regret only"（英文"不能参加请答复"），能出席就不必立即答复，在临近活动日期时口头确认即可；不能出席，则需立即答复。

2）尊重女士

"女士优先"是国际社会公认的一条重要的礼仪原则，在社交场合或公共场合，男士要对女士表示尊重。在上车、进电梯时，要让女士先行；下车、出电梯时，要为女士开道并帮助她们。进出大门时，要主动帮助女士开门、关门。同桌用餐，应主动照顾女士，帮助她们入、离座位等。在街上与女士同行时，男士应在人行道靠马路的一边走。需要调换位置时，男士应从女士的背后走过去。要注意：任何时候都不要当着女士的面吸烟。夫妇一起做客告别时，应由女士先起立告辞。

3）拜访

拜访他人时，应事先联系，待对方同意后按时赴约。不速之客、冒昧登门会使对方不快，应予以避免。拜访时，应尽量避开午睡或吃饭时间，也不应在深夜或清晨打电话打扰人家。

到达主人家时，要先按门铃或轻轻敲门。若主人询问，应在传声器上通报自己的姓名，待主人同意后方可进入。进门后，要将外套、帽子或随身带来的雨具等放在门边或挂在衣架上。

如果有人引你到客厅请你稍候，要站着等候，待主人出来说"请坐"后再坐下。如主人家另有家人和其他客人，应在进门后，先向长者和其他客人打招呼，等主人安排座位后就座。主人敬茶时，应起身致谢。

拜访期间，不管主人在与不在，都不能翻动主人的东西。拜访的时间不宜过长，西方人一般逗留45分钟到1小时，以不影响主人及其家人的休息为宜。当主人面露倦色或谈话高潮已过时，就应主动告辞。

已经约定拜访但因意外不能赴约时，要事先通知对方，以免对方久等，事后还应表示歉意并说明情况，以免引起误会。

4）奉茶

有客来访请客人喝茶、抽烟，曾经是我国的传统礼节。客人来了，通常先奉茶一杯、敬一支烟，以示尊敬和欢迎，然后再寒暄、畅谈。现在人们知道了抽烟有害健康，国家也颁布了严格的部分公共场所禁烟令。所以，最好不要向客人敬烟，自己也不要吸烟，有长久吸烟史尚未戒掉的人在规定的地方才能吸烟。

奉茶要讲文明，品茶应注意礼貌。客来奉茶应做到"四要、四忌"：一要检查茶叶品质，切忌冲泡有异味或夹带杂物的劣质茶；二要对茶具进行洗涤、杀毒，切忌用沾满茶垢的杯子敬茶，茶叶不要直接用手抓取；三要用沸腾的开水冲泡，切忌用隔夜水泡茶；四要双手恭敬端茶杯，还应和颜悦色地说声"请用茶"，切忌一只手送茶或用手握杯口端茶。伊斯兰教徒因生活习俗不同，不用左手或双手传递物品，故可用右手敬茶。在我国民间，还有"满斟酒、浅斟茶"的习俗，敬茶不可倒得太满，以免茶水溢出烫伤客人的手。

不论是主人还是客人，不应大口吞咽茶水，或喝得"咕咚咕咚"直响，应一小口一小口地慢慢品茶。如遇到漂浮在水面上的茶叶，可用茶杯盖拂去，或轻轻吹开，切不可用手从杯里捞出来扔到地上，也不要吃茶叶。

我国以前有以再三请茶来提醒客人告辞的做法，因此，在招待年长者或海外华人时要注意，不要一而再、再而三地劝其饮茶，以免引起误会。

5）谈话

客人来到你面前时，应立即放下手上的工作，有礼貌地向客人问好，以示尊重。与客人交谈时，思想要集中，表情应自然，语气要柔和亲切，语言要得体。交谈时可适当辅以手势，但动作不宜过大，更不能手舞足蹈。与客人交谈时，不宜与对方离得太远或太近，以客人能听清说话的声音为准，一般与客人保持1米左右的距离较合适。与客人交谈时要注意自己的身份，切不可拉拉扯扯、拍拍打打，更不能唾沫飞溅。客人讲话时，要耐心倾听，目视对方，不要左顾右盼，也不要有看手表、伸懒腰、打呵欠等漫不经心的动作。交谈中遇到急事需离开时，应向客人说明情况，表示歉意。

谈话一般不要涉及疾病、死亡等不愉快话题，不要谈荒诞离奇、耸人听闻、黄色污秽的事情。一般不询问女士的年龄、婚姻状况，也不要打听对方的履历、工资收入、衣饰价格、家庭财产及其他私事。不同国家有着不同的文化背景，人们对隐私的看法有所不同。欧洲人尤其是英国人隐私范围很广，在交谈中要特别注意；美国人隐私面比较窄，谈话中只要不涉及收入、工资、家庭资产等问题，其他都可交谈；东方人隐私观念淡薄，尤其是韩国人，几乎无话不谈，收入、工资等情况都在交谈之列。

男士一般不应参与女士圈子内的议论，也不要无休止地与女士攀谈。与女士谈话要谦让、谨慎、有礼貌，不与其开玩笑，争论问题要有节制。

同步案例2-3

总能赢得客户好感的小王

背景与情境：小王是××公司的销售冠军，客户都对他赞不绝口。他的本事是总能设法赢得客户的好感。比如，有些第一次参加营销活动的客户认识的人很少，常常独自站着，十分尴尬。这时，小王就会立刻走过去，微笑着对他说："您好！我是××公司的小王，请多关照！"说着双手递上名片。小王每次参加活动时，都会穿着正装，皮鞋擦得锃亮，干净利落，彬彬有礼，给人的第一印象非常好。与小王接触过的不少公司的经理、业务人员都一致称赞小王出色的仪表、儒雅的举止、真诚的微笑和较高的专业水平。所以小王总能赢得客户的好感，创造出出色的销售业绩。

问题：分析小王的行为举止，他从哪些方面去赢得客户的好感？

分析提示：第一印象作为"先入观"深刻地存留在人的记忆中，小王的微笑、谦逊的态度、得体的穿戴和儒雅的举止，以及恰如其分的交往态度和专业水平都赢得了客户的好感，所以他能成为公司的销售冠军。

6）使用电话、手机、QQ、微信等现代通信工具

电话、手机、QQ、微信都是现代通信工具，具有简便、快速的特点。它们不仅是通信工具，也是交际方式。采用这些交际方式，要注意现代通信礼仪，做到及时回复。

（1）打电话

① 选择适当的通话时间。白天应在8点以后，假日最好在9点以后，晚间则应在22点以前，以免影响对方休息。与国外客户通话，还务必注意时差和生活习惯。电话接通后，要询问一下时间是否合适、有无妨碍。

② 查清对方的电话号码，并正确拨号。如果弄错了，应向接电话者表示歉意，不可将电话挂断了事。拨号以后，如只听铃响，没有人接，应耐心等待片刻，待铃响六七次后再挂断；否则，如对方正巧不在电话机旁，待匆匆赶来时，电话已挂断，这也是失礼的。

③ 电话接通后，可以先问一下对方的单位或电话号码，然后再报受话人姓名。

当对方询问你的名字时，一般应礼貌告知，不可反问"你是谁"。如受话人不在，可请对方转告，或过后再打电话。如对方电话有录音要求留言，应简要留言。

（2）接电话

① 电话铃响后，应尽快接听，若铃响三遍后才接，要说声"对不起"或"让您久等了"。

② 接听电话应先自报家门，然后问对方找谁。切忌自己什么都不说，只是一味地询问对方"你叫什么名字""你是哪个单位的""你找他有什么事"等，这是极不礼貌的。

③ 接听以后，如自己不是受话人，应负起代为传呼的责任。但不能在听筒尚未放下时，就大声叫"×××，你的电话"。这样做显得缺乏教养。如要找的人正忙着，不能马上接电话，你应该重新拿起电话告诉对方"请您等一下"。如要找的人不在，不能把电话一挂了事，而要耐心地询问对方的姓名和电话号码，是否需要转告，并在征得同意后详细记录下来。

④ 电话通信一般由发话人先结束谈话。如对方话还未讲完，自己先挂断电话，则是失礼的行为。

7）跳舞

舞会是一种社交活动。它不仅可以联络感情、增进友谊，有时还是一个十分微妙的谈判场所。有些在谈判桌上未能解决的问题，却能在舞会轻松愉快的气氛中得以解决，这就要求旅游接待人员熟悉舞会的组织，讲究舞会礼仪。

（1）舞会基本知识

交谊舞又称"宫廷舞"或"舞厅舞"，在我国20世纪50年代称为"交际舞"。交谊舞是一门艺术。交谊舞会既是重要的社交活动，也是培养文明礼貌、陶冶情操、进行自我审美教育的场所。交谊舞的基本形式有布鲁斯（又称慢四步）、慢华尔兹（又称慢三步）、快华尔兹（又称快三步）、狐步舞（即福克斯，又称中四步）、快步舞、伦巴舞、探戈舞、吉特巴等。

（2）舞会组织的礼仪

舞会通常在晚上举行，它既可以作为一次单独活动，也可以作为宴请之后的余兴节目。交谊舞会除以跳舞为主要内容外，还可穿插短小精悍的文艺节目和游戏等。

舞会的组织工作相当重要。被邀请的男女客人人数要大体相等；对于已婚者，一般要邀请夫妇双方。舞会场地应宽敞，环境布置应雅致、美观。正规的舞会应安排乐队演奏，乐曲的强烈节奏和舒缓节奏应适当搭配。

举办舞会时，可备咖啡、茶、三明治、点心等饮料和食品，以便客人休息时选用。

按照惯例，第一场舞由主人夫妇、主宾夫妇共舞（如夫人不跳，也可由已成年的女儿代替）。第二场舞由男主人与女主宾、女主人与男主宾共舞。舞会上，男主人应陪无舞伴的女宾跳舞，或为她们介绍舞伴，并要照顾其他客人。男主宾应轮流邀请其他女宾，而其他男宾则应争取先邀请女主人跳舞。男士应避免全场只同一位女士跳舞。

（3）参加舞会的礼仪

① 服饰要整洁大方。男士如穿西装，要换上洁白的衬衣，系好领带或领结，擦亮皮鞋。女士可穿得漂亮些，并适当打扮，但不要浓妆艳抹、珠光宝气。

② 跳舞要文明。进入舞厅要先女后男，如座位不够，男士应主动让位给女士。男士邀请女士跳舞要注意礼貌。邀请时，应立正，向对方点头邀请，待对方同意后，再陪伴其进舞池。如对方不同意，则不能勉强。女士无故拒绝男士邀请也是不礼貌的，如实在不愿意同某人共舞或太累，可婉言谢绝。辞谢邀请后，一曲未终，不可接受别的男士的邀请。男士要与尽可能多的女士跳舞，同时要记住：第一次和最后一次，必须和自己的舞伴跳。男士如果仅仅和自己的舞伴跳舞，而忽略了其他女士，也是不礼貌的。

③ 跳舞时，男女之间应保持一定的距离，男士应张开右手，放在女士的腰正中。一曲终了，男士应向女士致谢，并陪送其回到原来的座位，向其周围亲属点头致意后方可离去。

④ 舞会是一个高雅、文明的社交场合，因此，除注意舞姿和仪表外，还必须注意以下几点：舞会前不吃葱、蒜、韭菜等有异味的食品，不喝烈性酒；跳舞时，双方可低声交谈，但不宜高声谈笑，更不能大声喧哗；男女共舞时，男士不可当着一位女士的面，夸赞另一位女士如何漂亮动人等；在舞厅如遇见熟人或朋友，应将舞伴介绍给对方，可作简单的寒暄，不要过分热情，更不宜深谈。

同步业务2-4

舞会歌曲的选择

不了解舞会礼仪同样会出笑话：有位英国绅士在中国的一家大酒店住宿，那天正好是他的生日，他便邀请几位朋友在酒店大厅举办了一场小小的舞会。舞会刚刚开始，酒店就播放了一首歌曲《友谊天长地久》。这位英国绅士顿时愣住了，很是气愤："这家酒店在耍我，舞会还没开始就结束了。"这是为什么呢？原来舞会歌曲的选择要有节奏，有快有慢，有张有弛。有两首曲子是不能随便放的——《一路平安》和《友谊天长地久》，因为这两首曲子是结束曲，难怪这位英国绅士要大发脾气了。

资料来源　佚名. 参加舞会礼仪与妆扮［EB/OL］.［2018-12-30］. http://www.doc88.com/p-999230888182.html.

8）馈赠

馈赠即赠送礼品，是人际交往中表达友情、敬重和感激的一种礼仪。馈赠礼品也是国际上通行的礼仪，是向对方表示心意的物质体现。俗话说："千里送鹅毛，礼轻情意重。"在选择礼品时，不宜选择价格昂贵的高档礼品，最好选择一些具有一定纪念意义和民族、地方特色或具有某些艺术价值、为受礼人所喜爱的小艺术品、小纪念品，如食品、花束、书籍、画册、一般日用品等。

馈赠礼品要注意禁忌，因不同国家和地区的文化背景不同，习俗也有很大差异。如美国人以绿毛龟为宠物，而在我国看来，若接受了"戴绿帽的乌龟"，就是天大的侮辱。在日本，可以把钟送给朋友，表示友谊有始有终，但在我国，尤其是老年人最忌讳别人送钟，因为"钟"与"终"同音，送钟有"送终"之意。恋人之间忌讳对方送梨，因"梨"与"分离"的"离"字同音。朋友间最忌讳对方送伞，因为"伞"与"散"谐音。

同步案例 2-4

千里送鹅毛

背景与情境： 唐朝时，西域有个小国，派遣了一个叫缅伯高的人到长安给唐朝皇帝送礼，礼物中有一只天鹅。一路风尘，当缅伯高走到沔阳湖时，因为天鹅身上脏了，就决定给它洗个澡。结果却让天鹅飞走了。送给天子的贡品弄丢了，岂非杀头之罪，缅伯高拿着天鹅飞走时掉下的几根羽毛，吓得号啕大哭。他越哭越伤心，同行的人都来劝解，其中一个还诌出一首打油诗："将要贡皇朝，山高路又遥。沔湖失天鹅，倒地哭号啕。上复唐天子，可饶缅伯高。礼轻情意重，千里送鹅毛。"后来，他真的把鹅毛呈献给了皇上，并哭诉了经过。皇上被他的真情感动了，不仅赦免了他，还给了他一些赏赐。

这个故事是"千里送鹅毛，礼轻情意重"的最早出处。后来苏轼写下"且同千里寄鹅毛，何用孜孜饮麋鹿"的名句，就是用这个典故向秦观表示深厚的挚友之情。

名贵的天鹅固然可以作为大臣向皇帝表忠的贡品，但在特定条件下，一根鹅毛却更能凸显送礼者的一片苦心。

资料来源　作者根据相关资料编写。

问题： 赠送礼品的真谛是什么？礼品是否越贵重越好？

分析提示： 赠送礼品的真谛在于表达真情实意，礼品不是越贵重越好。能表达情意的，哪怕是一个小物件，如一束花、一盒茶叶、一瓶酒、一本书，都能达到送礼的目的。本案例中缅伯高由于理解了赠送礼品的真谛，千里送鹅毛，不但使自己不辱使命，转危为安，而且留下了流传至今的"千里送鹅毛，礼轻情意重"的佳话。

同步业务2-5

（1）怎样正确使用名片

名片是一个人身份的象征，当前已成为人们社交活动的重要工具，因此，名片的递送、接受、存放也要讲究社交礼仪。

① 名片的递送。在社交场合，名片是自我介绍的简便方式。交换名片的顺序一般是：先客后主，先低后高。当与多人交换名片时，应依照职位高低的顺序，或是由近及远，依次进行，切勿跳跃式进行，以免对方认为你厚此薄彼。递送名片时，应将名片正面面向对方，双手奉上。眼睛应注视对方，面带微笑，并大方地说："这是我的名片，请多多关照。"名片的递送应在介绍之后，在尚未弄清对方身份时不应急于递送名片，更不要把名片视同传单随便散发。

② 名片的接受。接受名片时应起身，面带微笑地注视对方。接过名片时应说"谢谢"，随后有一个微笑阅读名片的过程，阅读时可将对方的姓名、职衔念出声来，并抬头看看对方的脸，使对方产生一种受重视的满足感。然后，回敬一张本人的名片，如身上未带名片，应向对方表示歉意。在对方离去之前或话题尚未结束时，不必急于将对方的名片收起来。

③ 名片的存放。接过他人的名片后切不可随意摆弄或扔在桌子上，也不要随便放在口袋里或丢在包里，应放在西服左胸的内衣袋或名片夹里，以示尊重。

资料来源　上海市精神文明建设委员会办公室. 文明礼貌100题［M］. 上海：复旦大学出版社，2000.

（2）交际的空间距离

在人们相互沟通、交流时，沟通主体间的距离对沟通具有重要影响。这里的"距离"有两层含义：一是指心理距离；二是指空间距离。心理距离和空间距离有着相应的关系，"亲则近，疏则远"。心理距离越近，交际时的空间距离也就越近；反之，心理距离越远，交际时的空间距离也就越远。美国的霍尔教授经过多年的研究发现，人们在交际中有四种空间距离：亲密距离、私人距离、社交距离、公众距离（见表2-1）。

表2-1　　　　　　　　　　　交际的空间距离

空间距离	距离	适合场合或人员
亲密距离	0～0.6m	父母、爱人、知心朋友
私人距离	0.6～1.5m	酒会交际（介于亲密距离与社交距离之间）
社交距离	1.5～4.0m	企业内上下级、同事
公众距离	4.0～8.0m及8.0m以上	开会、演戏或明显级别界线

本章概要

□ 内容提要

本章着重阐述了旅游接待人员最基本、最重要的礼仪：个人仪表礼仪、言谈举止和社会交往礼仪，并简要阐述了着装的 TPO 原则和社会交往的 3A 原则。只有具备了这些基本礼仪素养，才能树立良好的个人形象和企业形象。

仪表即人的外表，包括容貌、姿态、服饰三个方面。仪表美是对一个人外表的基本评价，是形体美、服饰美、发型美、仪容美的有机结合。良好的仪表是员工的一项基本素质，注重仪表是尊重客人和讲究礼仪的具体表现。

言谈是人际交往中最直接的一种沟通方式。旅游接待服务就是从问候宾客开始到告别宾客结束。语言是完成这一过程的重要手段。礼貌用语的主要方式有谦让式、委婉式、恳求式和商讨式四种。使用礼貌用语，不仅体现了旅游接待人员自身的人格，直接反映了服务的质量和管理水平，而且关系到企业、行业和国家的声誉。

举止即仪态，是指用微笑的表情、规范的站姿、优雅的坐姿、正确的步姿、恰当的手势表达对交往对象的尊敬。这些仪态既有规范要求，又有训练方法，可以使旅游接待人员将优美的体态和良好的气质展现在宾客面前。

旅游接待人员在社会交往中的礼仪主要有见面礼仪和日常交往礼仪两种。见面礼仪包括招呼、介绍、握手礼、鞠躬礼、拱手礼、合十礼、拥抱礼、亲吻礼、举手礼、点头礼等。日常交往礼仪涉及守时、尊重女士、拜访、奉茶、谈话、使用电话等通信工具。与宾客交谈时，思想要集中，表情应自然，语气要和气亲切，语言要得体。

舞会礼仪是指舞会的组织者举办舞会时，要做好时间选择、环境布置、选好舞伴、安排舞曲、准备好饮料和点心等工作。舞会参加者应注意自己的着装，注意舞厅的礼仪，以保持自己的高尚情操和优雅风度。

□ 主要概念和观念

▲ 主要概念

个人仪表　服饰　TPO 原则　礼貌用语　3A 原则

▲ 主要观念

旅游接待人员的仪表不仅是树立企业形象的手段，而且是企业管理水平和服务质量高低的重要标志，同时也反映了一个国家和民族的道德水准、文明程度和精神面貌。

旅游接待人员的着装要遵循 TPO 原则，穿着打扮要与季节、时间相适应，与地点相适应，与场合相适应。

旅游接待人员与人相处，特别是接待客人时，一定要注意使用礼貌用语，说话时态度要诚恳亲切，用语要谦逊、文雅，声音要优美、动听，表达要灵活、恰当。

旅游接待人员在人际交往中，特别是为客人提供服务时，一定要遵从 3A 原则，首先要接受对方，其次是重视对方，最后要赞美对方。这样才能拉近彼此间的距离，赢得对方的信任，为创建优质服务打下良好基础。

微笑是一个人精神状态的最佳写照，最能缩短人与人之间的距离。旅游接待人员无论何时何地，无论发生什么事，无论遇到什么样的客人，都要面带微笑。

□ 重点实务

正确着装的方法（TPO原则）　礼貌用语（3A原则）　服务站姿、坐姿、步姿

基本训练

□ 知识训练

▲ 复习题

(1) 什么是着装的TPO原则？

(2) 礼貌用语的基本要求有哪些？

(3) 微笑要做到哪四个结合？

▲ 自测题

△ 选择题

(1) 仪表包括（　　）三个方面。

A.容貌　　　　　　B.言谈　　　　　　C.姿态　　　　　　D.服饰

(2) 为他人介绍时，正确的顺序是（　　）。

A.把女士介绍给男士　　　　　　B.把年轻的介绍给年长的

C.把地位低的介绍给地位高的　　D.把主人介绍给客人

(3) 着装的TPO原则指人们的穿着打扮要兼顾（　　）并与之相适应。

A.时间　　　　　　B.地点　　　　　　C.场合　　　　　　D.目的

(4) 不符合西服穿着礼仪要求的有（　　）。

A.衬衣衣袖要稍长于西服上装衣袖1～2厘米

B.领夹一般夹在衬衣的第二、三粒纽扣之间为好

C.单排三粒扣西装习惯上系中间一粒或第一、第二粒扣；两粒扣的只系第一粒或"风度扣"，或全部不系

D.手帕可装入上衣外侧下方口袋

(5)（　　）站姿是只限女性使用的站立姿势。

A.侧放式　　　　　B.前腹式　　　　　C.后背式　　　　　D.丁字式

(6) 在服务出现差错时，旅游酒店员工用（　　）语言表示对客人的歉意，就容易获得客人的谅解。

A.谦让式　　　　　B.委婉式　　　　　C.商讨式　　　　　D.恳求式

△ 判断题

(1) 男子和女子的坐姿均应双膝紧靠。　　　　　　　　　　　　　（　　）

(2) 握手的先后顺序为：男女之间，男方先伸手；上下级之间，下级先伸

手；长幼之间，年幼的先伸手；宾主之间，客人向主人先伸手。　　（　　）

（3）鞠躬礼的一般标准为：表示感谢90度，悔过、谢罪60度，迎宾30度，送客15度。　　（　　）

（4）同样一种手势，在不同的国家、不同的地区可能有不同的含义，同时手势可增强感情的表达。与宾客交谈时，要尽量增加手势，加大动作幅度。　（　　）

（5）舞会上，男士应用心陪伴自己的舞伴跳舞，尽量避免和其他女士跳舞。
　　　　　　　　　　　　　　　　　　　　　　　　　　　　　　　　　（　　）

（6）与多人交换名片时，应依照职位高低的顺序，或是由近及远，依次进行。　　（　　）

▲ 讨论题

（1）个人的身高、胖瘦、长相是天生的，服务员是否应以本色示人，不用修饰妆容？

学习微平台
随堂测2-1

（2）个别客人提出不合理要求而且态度蛮横时，接待人员能不能据理反驳、严肃批评？

（3）要求旅游接待人员时时、事事、处处对客人微笑服务，是不是降低人格、低人一等的表现？

□ 能力训练

▲ 理解与评价

一天，黄先生与两位好友小聚，来到某知名酒店。接待他们的是一位五官清秀的服务员，接待工作做得很好，可是她面无血色，显得无精打采。黄先生一看到她就觉得心情欠佳，仔细留意才发现，这位服务员没有化工作淡妆，在餐厅昏黄的灯光下显得病态十足。上菜时，黄先生又突然看到传菜员涂的指甲油缺了一块儿，他的第一个反应就是"不知是不是掉到我的菜里去了"。但为了不惊扰其他客人用餐，黄先生没有将他的怀疑说出来。用餐结束后，黄先生招呼柜台内的服务员结账，服务员却一直对着反光玻璃墙面修饰自己的妆容，丝毫没注意到客人的需要。自此以后，黄先生再也没有去过这家酒店。

问题：

（1）这家酒店的几个服务员在个人仪表方面存在哪些问题？

（2）这家酒店的餐厅管理水平如何，会带来什么样的后果？

▲ 案例分析

【训练项目】

案例分析-Ⅱ。

【相关案例】

案例Ⅱ-1

衣着助成功

背景与情境： 美国商人希尔清楚地认识到，在商业社会，一般人是根据一个人的衣着来判断对方的实力的，因此，他首先去拜访裁缝。靠着往日的信用，希尔定做了7套昂贵的西服，共花费275美元，而当时他的口袋里仅有不到1美元的零钱。然后他又买了一整套最好的衬衫、领带及内衣裤，而这时他的债务已经达到了675美元。每天早上他都会身穿一套新衣服，在同一时间里与一位出版商"邂逅"，希尔每天都和他打招呼，并偶尔聊上一两分钟。

这种例行性会面大约持续了一个星期后，出版商开始主动与希尔搭话："您看起来混得相当不错。"接着出版商便想知道希尔从事哪一行业。因为希尔身上的衣着表现出来一种极有成就的气质，再加上每天一套不同的新衣服，已引起了出版商极大的好奇心，这正是希尔盼望发生的事情。于是希尔很轻松地告诉出版商："我正在筹备一份新杂志，打算在近期内出版，杂志的名称为《希尔的黄金定律》。"出版商说："我是从事杂志印刷和发行的，也许我们可以合作。"这正是希尔等候的那一刻，当他购买这些新衣服时，他心中已想到这一刻。这位出版商邀请希尔到他的俱乐部和他共进午餐，在咖啡和香烟送上桌前，出版商已说服了希尔和他签合约，由他负责印刷和发行希尔的杂志。发行《希尔的黄金定律》这本杂志所需要的资金至少为3万美元，都是希尔通过漂亮衣服所创造的"幌子"筹集来的。因此，我们要学会运用服饰这一武器来"武装"自己，以获得成功。

问题：

（1）希尔利用出版商凭衣着判断实力的心理，通过衣着获得了成功，他的经验在任何情况下都可以复制吗？

（2）他的做法是否涉嫌诈骗？

案例 II-2

用微笑沟通心灵

背景与情境： 孟昆玉同志是北京西城区和平门岗的一位普通交警，凡是从这个十字路口经过的人，几乎第一印象都是他的微笑。孟昆玉的微笑不仅是他的一张"名片"，而且成为他工作中与司机有效沟通的"秘密武器"。他每天都把笑容挂在脸上，用微笑化解矛盾，赢得理解，建立了非常和谐的警民关系，工作十多来年没有一起投诉，他不仅获得了"微笑北京交警之星""首都'五一'劳动奖章"等荣誉称号，而且被广大网友盛赞为"京城最帅交警"。

警察，在人们心目当中一般都是很严肃的。而孟昆玉，一个年轻的"80后"交警，何以有这样好的心态，能在工作中始终保持微笑服务？孟昆玉同志说："参加工作以来，我的口头语就是'您好'。无论是在路面上还是在单位见到同事，我觉得一个微笑、一个'您好'，就能够拉近人和人之间的距离，如果你给司机一个微笑、一个敬礼、一个'您好'，就有了沟通的基础。"

是啊，微笑是人类最美的表情，是人们心灵沟通的钥匙。当一个人对你微笑的时候，你能感觉到他心中的暖意，感受到他对你的善意和友好；反之，一个人若总是紧绷着脸，冷若冰霜，就会让人退避三舍，不愿接近。让我们都像孟昆玉同志一样，用微笑去沟通心灵，让文明成为一种行动，让我们居住的这座城市因你我而更加绚烂！

资料来源　作者根据相关资料编写。

问题：

（1）孟昆玉同志是交通警察，是交通的指挥者和执法者，他没有一脸严肃而是一脸微笑，而且十多年如一日，为什么？

（2）孟昆玉同志的事迹对你有何启示？

【训练要求】

同第1章"基本训练"中本题型的"训练要求"。

▲ 实训操练

实训 2-1

【实训项目】

"正确着装的方法（TPO 原则）"知识应用。

【实训要求】

将学生分成若干实训团队，以本章"重点实务"中的"正确着装的方法"（TPO 原则）为操练项目，模拟旅游企业服务人员，掌握旅游服务人员正确着装（含领带的几种系法）的方法。

【实训步骤】

（1）将班级学生分成若干实训团队，每团队确定1人负责。

（2）各团队学生参照本地酒店和旅行社的实际情况以及本章"同步案例"进行"情境设计"，并结合"情境设计"进行角色分工与协作。

（3）各团队以本章"实务教学"中"2.1.2　着装的原则"为业务规范，以"情境设计"中的"背景"为基本情节，模拟角色操练，体验本项目模拟实训的全过程。

（4）各团队学生交换角色，再次体验本项目模拟实训的全过程。

（5）各团队学生记录本次模拟实训的主要情节，总结实训操练的成功经验，找出存在的问题及解决方法，在此基础上撰写《"'正确着装的方法（TPO 原则）'知识应用"实训报告》（以下简称《实训报告》）。

（6）在班级讨论交流、相互点评与修订各团队的《实训报告》。

（7）在校园网的本课程平台上展出经过修订并附有教师点评的各团队《实训报告》，供学生相互借鉴。

实训 2-2

【实训项目】

"礼貌用语（3A 原则）"知识应用。

【实训要求】

将学生分成若干实训团队，以本章"重点业务"中的"礼貌用语"（3A 原则）服务为操练项目，模拟旅游服务人员和游客，体验旅游服务人员礼貌用语服务。

【实训步骤】

（1）将班级学生分成若干实训团队，每团队确定1人负责。

（2）各团队学生结合本地酒店前台、餐厅、客房服务人员接待游客的实际情况，参照本章"2.2.1 礼貌用语"的相关知识进行"情境设计"，并结合"情境设计"进行旅游服务人员的角色分工与协作。

（3）各组以本章"2.2.1 礼貌用语"中的3A原则知识为业务规范，以"情境设计"中的"背景"为基本情节，模拟角色操练，体验本项目模拟实训的全过程。

（4）各团队学生交换角色，再次体验本项目模拟实训的全过程。

（5）各团队学生记录本次模拟实训的主要情节，总结实训操练的成功经验，找出存在的问题及解决办法，在此基础上撰写《"礼貌用语（3A原则）"知识应用实训报告》（以下简称《实训报告》）。

（6）在班级讨论交流、相互点评与修订各团队的《实训报告》。

（7）在校园网的本课程平台上展出经过修订并附有教师点评的各团队《实训报告》，供学生相互借鉴。

实训2-3

【实训项目】

"站姿、坐姿、步姿"知识应用。

【实训要求】

学习微平台

实训2-3

将学生分成若干小组，以本章"重点实务"中的"站姿、坐姿、步姿"为操练项目，以二维码资源【实训2-3】为操作规范，模拟旅游服务人员，进行正确的站姿、坐姿、步姿操练。

【实训步骤】

（1）将班级学生分成若干实训团队，每团队确定1人负责。

（2）各团队学生以二维码【实训2-3】中的相关内容为操作规范，参照本章"2.2.2 文明举止"中规范的站姿、优雅的坐姿、正确的步姿知识，先指定1人操练，大家观摩评判。

（3）各团队要做到每个人都操练，不能遗漏，并互相检查、纠正，直到所有同学都正确掌握。

（4）各团队学生记录本次模拟实训的情况，总结操练的成功经验，找出存在问题的及解决办法，在此基础上撰写《"'站姿、坐姿、步姿'知识应用"实训报告》（以下简称《实训报告》）。

（5）在班级讨论交流、相互点评与修订各团队的《实训报告》。

（6）在校园网的本课程平台上展出经过修订并附有教师点评的各团队《实训报告》，供学生相互借鉴。

□ 课程思政

【训练项目】

课程思政-II。

【相关案例】

"小广告"害人不浅 大学生误入歧途

背景与情境：从1999年开业至今，"中华第一街"南京路步行街上，小广告一直是治理顽症。

从每天早上 7 时 30 分到次日凌晨 1 时，三班轮换，每班七八人，在 2 千米的"中华第一街"上不停巡视，阻止非法小广告——这是黄浦区城市行政管理执法局执法大队南京路步行街中队必须干的活儿。

要问小广告惹了哪些麻烦，别的先不说，单单就说社会秩序，经常在南京路步行街上散发小广告的有七八伙人，每伙百十人。为了争地盘抢生意，两年前发生过上百人参与的群殴。这样的无序是"中华第一街"不能容忍的。此外，小广告上多半是虚假信息，误导游客，使游客上当受骗，严重影响了南京路这"中华第一街"的形象和游客的权益。

汉口路 271 号，是南京路步行街管理办公室，有个房间专门用于堆放没收的小广告，每天都堆得满满当当。一捆小广告有 10 千克，约 1 万张，平均一天罚没的就有 20 捆，达 200 千克。

要抑制小广告蔓延，有一段时间采用的办法是："呼死你"。按照小广告上留的电话和联系人名字，城管要求联系人前来接受行政处罚，如果在法定期限内不来，电信部门就会不停呼叫小广告上的联系人。

起初，这个"呼死你"还是有点作用的。但是，问题很快来了。小广告上留的原来多为上海本地的电话号码，后来都纷纷变成了外地号码，而且，还出现了"400"开头的服务电话号码。依照法规，"400"开头的服务电话号码是不能被停机的，"呼死你"不管用。

更让人哭笑不得的是，散发小广告的人使用"呼叫转移"功能，把"呼死你"用在了行政执法部门身上，电信部门并不知晓那个号码是谁的，反正小广告只要在通信部门登记了呼叫转移，呼叫就很快被"转移"了。

19 年了，在南京路步行街上散发小广告的群体组成也在不断变化。

早先常常可以看到七八个十来岁的孩子聚在一起，手持卡片，拦住行人去路，把印着小广告的卡片塞到对方手上。当时，那些散发小广告的孩子被叫作"卡娃"。"卡娃"们通常的去处是"未成年人保护中心"——他们都是孩子，还不到就业年龄，雇主非法用工，"卡娃"们无论是受蒙骗还是自愿，按照《中华人民共和国未成年人保护法》，只能把他们送往"未成年人保护中心"接受教育。

如今，散发小广告的群体发生了变化。"卡娃"不见了，有年轻力壮的，也有老弱病残，还出现了一个新的群体——大学生。

假期里，一些大学生通过网站寻找打工机会，一些人就误入了小广告组织。到了某个地点，工头要求来打工的大学生交出身份证，然后，去散发定量小广告。完成任务，一天的收入是 100 元左右。当散发小广告的大学生们被带到城管办公室的时候，他们才知道自己已经触犯了行政法规。南京路步行街两头分别是外滩派出所和南京东路派出所，假期里每个派出所每天都有一些散发小广告的大学生接受教育。南京路步行街管理办公室非常希望教育主管部门和各个高校向大学生发出"假期学生勤工俭学警示",防范非法打工。

资料来源　作者根据相关资料编写。

问题:

(1)"小广告"有哪些危害,为什么屡禁不止?

(2)为什么大学生会误入小广告组织,如何防患于未然?

(3)为南京路步行街管理办公室出出主意,用什么办法根治小广告。

【训练要求】

同第1章"基本训练"中本题型的"训练要求"。

第3章　旅游行业主要岗位接待礼仪

● 学习目标

通过本章学习，应当达到以下目标：

职业知识：学习和把握旅游行业饭店前厅、总台、客房、餐厅、酒吧、康乐、商场和旅行社、旅游车队等主要岗位的接待礼仪，以及"同步业务"和二维码资源等理论与实务知识；能用其指导本章"同步思考"和"基本训练"中"知识训练"各题型的认知活动，规范相关技能活动。

职业能力：点评"入住超过10分钟酒店就不能退房费"的店方约定，训练专业评价力；运用本章知识研究"同步案例"和章后"案例分析-III"，训练对"旅游行业主要岗位接待礼仪"特定情境下当事者行为的"多元表征"专业能力和"与人交流"的通用能力；通过"实训3-1"和"实训3-2"的实践操作，训练相应专业技能和"团队协作""解决问题"的通用能力。

课程思政：结合"旅游行业主要岗位接待礼仪"的教学内容，依照相关规范或标准，对"课程思政-III"中的企业及其从业人员的行为进行思政研判，培养高尚的道德情操，树立社会主义核心价值观。

引例3-1：××酒店集团的个性化温馨服务

背景与情境： 随着改革开放的深入，我国旅游事业飞速发展，酒店业的竞争也更加激烈。如何才能吸引更多的顾客？各个酒店集团都想方设法在提高服务质量上下功夫。××酒店集团在一些细节上进行了个性化服务创新。比如，洗发水、沐浴露由原来的大瓶装产品换成了三小瓶，分别适用于干性、中性、油性皮肤的顾客。原来一大瓶用一次，剩下一半以上都浪费了，而且多数顾客认为不适合自己使用，对服务不周到有意见。一大瓶换成三小瓶，不但成本没有增加，还节约了资源，又提供了个性化的温馨服务，得到了顾客赞扬。

问题： 这个酒店集团的做法会带来什么样的结果？

分析提示： 这个酒店集团的服务让客人有"宾至如归"的温馨感觉。虽然增加了一些工作量和服务成本，但会有更多回头客，而且通过信息传播，还会带来更多顾客。这既是个性化服务，也是一种高明的营销手段。

引例3-2：小莉与小萍

背景与情境： 小莉今年从一所高职院校的形象设计专业毕业了，回到父母所在的海滨城市，一时找不到合适的工作。她的舅舅是该市一家酒店的经理，就让她到自己所在酒店的前台临时见习。

小莉第一天上班，穿着时髦的露脐衫和短裙，戴着墨镜和耳机，一边走一边跟着耳机里的音乐哼着。进了酒店，通报了姓名，她一屁股坐在大堂沙发上，跷起二郎腿，对前台领班小萍说："喂，姐们儿，安排我干啥呀？"小萍微笑着跟她打过招呼，拿出一套干净的西装套裙说："欢迎来见习，先换上本店的工作服吧！"小莉说："我又不是你们的正式员工，再说了，你们这工作服一点也不好看，老土！"小萍微笑着摇摇头，安排她坐在自己的后边。过了一会儿，小萍有事走开，对服务员小王说："经理让她来见习，有客人来你招呼一下。"小萍刚走，就进来一对中年夫妇，小莉不等小王开口立马跳起来招呼道："你们住宿吗？来这边登记！"小王赶忙补充说："欢迎光临！能为你们提供什么服务？"小莉指着沙发大声说："先坐那儿，等一下！"这对夫妇一愣，男士说："上班怎么这副打扮？"女士拉着男的就要走。小萍刚好回来，见此情景，赶上一步，对这对夫妇深深一鞠躬："实在对不起，我们失礼了！我是领班，请问二位需要什么服务？"这对夫妇看着小萍愧疚的面容、整洁庄重的打扮，立刻停下了脚步。小萍顺势伸出右手，柔声说道："二位一定走累了，请先在沙发上休息！"这时小王用托盘捧出了两杯茶，小萍蹲着给这对夫妇一一奉上。那位女士说："我们来这里旅游，想住两天。"小萍适时地说："我们酒店可代为安排，旅行社负责接送。"接着她又简要介绍了该地一日游、二日游、三日游的项目和价格，并双手呈上自己的名片，说："有什么要求请尽管吩咐！要不，二位先看看客房，然后再定旅游线路？"女士有点感动了，望着男士说："要不就住这儿吧！"男士笑着点了点头。

这时小莉不好意思地站在前台，连声说："对不起，先生！对不起，太太！"小王则很麻利地为这对夫妇办好了入住手续。

资料来源 根据学生实习的见闻编写。

问题：

（1）小莉的着装、语言、行为是否符合旅游酒店工作人员的个人仪表要求？

（2）小莉未经培训就到酒店见习，她的舅舅身为酒店经理，这样安排有无问题？

（3）小萍的服务赢得了客人的好感，她挽回的仅仅是两个客人的入住吗？

（4）从更高的标准要求看，小萍作为前台领班，在对待上下级关系上有没有值得改进的地方？

分析提示： 这个案例充分说明了酒店前台服务人员个人仪表、礼貌用语和服务礼仪、技巧的重要性，不经过严格培训是不行的。小莉的舅舅未对小莉进行培训就安排她到自己所在的酒店见习，是不严肃、不负责的行为。小萍机敏和周到的服务，既挽留了客人，又挽回了不良影响，维持了企业的良好形象。当然，如果她事先能坚持原则，让小莉接受培训后再来见习就更好了。

接待礼仪是旅游服务的"软件"，是衡量服务质量的最重要标志，是指在旅游服务工作中形成并得到共同认可的礼节和仪式。接待礼仪贯穿于旅客从旅游活动开始到结束的全过程。旅游行业所有岗位都应该礼貌服务，尊重、关心客人，做到宾客至上，讲究接待服务的方法和艺术，符合本国国情、民族文化和当代道德；尊重他国的风俗习惯和宗教仪式，尊重女士。只有做好岗位接待工作，才能使客人有宾至如归的感觉，从而更好地树立个人和企业的形象，赢得更多的回头客。

3.1　饭店前厅接待礼仪

饭店是旅游业的三大支柱之一，是旅游者在旅游目的地开展一切活动的基地，是旅游者的"家外之家"。它是创造旅游收入尤其是外汇收入的重要部门。

前厅服务是饭店服务的第一站。客人到达饭店后首先接受的是前厅内外的服务，他们对饭店的印象、对饭店服务质量的评价及最终满意程度，都是从这里开始的。对于四星及四星级以上的饭店，前厅岗位的服务人员包括大门迎宾员、大门保安员、行李员、梯口迎宾员、大堂清洁员、洗手间清洁员、饭店代表（机场代表）等。

3.1.1　大门迎宾员

大门迎宾员主要负责宾客进出大门的迎送工作，在服务中应做到：

服饰挺括、仪表整洁、仪容端庄大方，要精神饱满地站在正门前，恭候宾客的光临。

见到宾客乘车抵达时，要立即主动迎上，引导车辆停妥，接着一手拉开车门，一手挡住车门框的上沿，以免客人碰到头。如宾客是佛教界人士，则不能挡，因为他们认为用手一挡，"佛光"就被遮住了，是不尊重人的行为。

问候客人要面带微笑，热情地说"您好，欢迎光临"，并行15度鞠躬礼。对常住客人切勿忘记称呼他（她）的姓氏，如"史密斯先生""布朗小姐"等。

当客人较集中到达时，应不厌其烦地向客人微笑、点头致意，尽量使每一位客人都能得到亲切的问候。

如果遇到下雨天，要撑伞迎接，以防宾客被雨淋。若宾客带伞了，则将宾客的雨伞放在专设的伞架上，并代为保管。

如遇见老人、儿童、残疾客人，要主动伸手搀扶，关心照顾。

客人离店时，要引导车子开到客人容易上车的位置，并拉开车门请客人上车。在看清客人已坐好、衣裙不影响关门时，再轻关车门，向客人微笑道别："谢谢光临，欢迎下次再来，再见！"要向客人招手致意，目送其离去。

主动、热情、认真地做好日常执勤工作，要尽量当着客人的面主动引导出租车或打电话为其联系出租车；礼貌地按规定热情接待来访者，主动帮助他们寻人，礼貌回答客人的问询，绝不能置之不理、冷漠旁视。

同步案例3-1

女士不悦

背景与情境： 小高高职毕业后，应聘到一家豪华酒店工作，人事部经理要求他从基层服务岗位做起。第二天，他就穿着一身剪裁得体的新制服，走上了迎宾员的岗位。他牢记着学校老师教的，轿车后排靠右边门坐的是主要客人，应该先迎接。一辆白色高级轿车向饭店驶来，停靠在饭店豪华大转门的雨棚下。小高一步上前，先为后排客人打开了车门，做好护顶，关好车门后，又迅速走向前门，以同样的礼仪接待一位女外宾下车，但那位女外宾却明显不悦。

资料来源 根据学生反馈的情况编写。

问题： 这位女外宾为什么不悦？迎宾员小高错在哪里？

分析提示： 无论是在社交场合还是公共场所，都应该践行"女士优先"的原则。小高认为坐在前排副驾驶位置上的外国女宾级别低于后排的男宾，所以先为后排客人打开了车门，忘记了"女士优先"的原则，引起了那位女宾的不悦。

3.1.2 大门保安员

大门保安员主要负责做好大门和周围区域的安全保卫以及车辆指挥等工作，在服务中应做到：

服饰整洁，仪容端庄，举止稳重，仪态威武。

对待客人，礼貌迎送，答复问询，不厌其烦。

指挥车辆，文明礼貌，有条不紊，井然有序。

执行制度，一丝不苟，态度和蔼，方法灵活，反应敏捷，确保安全。

3.1.3 行李员

行李员主要负责客人的行李接送工作，在服务中应做到：

着装整洁，仪容端庄，站姿端正，礼貌值岗，精神饱满，思想集中。

客人抵达时，应热情相迎，微笑问候；主动帮助客人提携行李，但也要尊重客人的意愿，不可强行接过来；在推车装运时，要轻拿轻放，对贵重易碎的行李物品更不能乱拿或重压，以免引起客人的不快。

陪同客人乘电梯时，行李员按动电梯控制钮，然后一手挡住电梯门请客人先入电梯，随后携行李跟进。电梯到达指定楼层后，关照客人先出电梯，再将行李运出。如大件行李挡住了客人出路，行李员可先运出行李，然后挡住电梯门，请客人出电梯。

引领客人进房时，先放下行李，帮客人开门并先打开过道灯，然后退至房门一侧，请客人进房。

进入房间的行李员要将行李轻放在行李架上，箱子的正面朝上，箱把手朝外，便于客人取用。行李全部放好后要与客人核对清楚，确无差错后，可简单介绍房内设施。如客人无其他要求，应迅速礼貌告别，以免给客人留下等待索要小费的印象。

离房前应微笑地说："先生（或小姐、夫人等），请好好休息，再见。"面对客人，后退一步，再转身退出房间，将门轻轻拉上。

客人即将离开饭店，行李员在接到搬运行李的通知后，进入客房之前无论房门是关着还是开着，均要按门铃或敲门通报，听到"请进"声后，方可进入房间，并说："您好，我是来运送行李的，请吩咐。"双方共同点清行李件数后，即可提携行李，并负责运送到车上。如客人跟着行李一起走，客人离开房间时，行李员要将门轻轻关上，跟随客人到大门口。

安放好行李后，行李员要与大门迎宾员一起向客人热情告别。

3.1.4　梯口迎宾员

现代饭店均使用自动电梯，一般不需要专人看管，但很多酒店为了对客人显示礼遇的高规格，也会专派梯口迎宾员接待宾客。梯口迎宾员在服务中应做到：

身着华丽、挺括的识别服，站立在电梯厅的中央，面带笑容，目视前方，精神饱满，思想集中，恭候客人的光临。

见宾客到来，要主动热情地问候，并按动电梯控制钮，等候电梯的到来。

当电梯到来、自动门开启后，用手挡住梯门，敬请客人步入电梯。

客人乘电梯到达相应楼层，待电梯自动门打开，客人步出电梯时，应面带微笑礼貌道别。

3.1.5　大堂清洁员

大堂是饭店的"脸面"，又是客流密集的公共区域，清扫整理工作大部分在客人面前进行。大堂清洁员在操作时应做到：穿着的制服应保持整洁，讲究个人卫生。

在大堂清扫地面浮灰时，要随时留意周围走动的客人，要主动让道，不要妨碍客人的自由走动。

清理客人休息处的烟灰缸、废纸杂物，次数要勤，动作要轻、快，对客人要微笑点头，主动问候。

在高处擦拭玻璃幕墙、雨天擦拭大理石地面时，要注意客人的安全，安置示意牌。

清扫要认真细致，石面地板要光亮如镜，玻璃幕墙、玻璃门、栏杆、柱面、台面要明净无尘，使客人有舒适感。

3.1.6 洗手间清洁员

大堂的公共洗手间是客人经常出入之地，是饭店的"名片"。为此，洗手间清洁员在接待客人时应做到：

客人进入洗手间时，应热情问候，面带微笑，躬身致意。

用自然的目光留意客人的需求，服务意识要强，及时为客人提供服务。

待客人方便完毕，应迅速示意何处洗手，并立即打开冷热水龙头，调节好水温；同时，拧开消毒皂液的开关，供客人使用。

客人洗手后，用夹子递上干净的小方巾或纸巾，让客人擦手。客人要用干手机时，应示意请便。

根据客人不同的需求，可适当递上木梳、指甲刀等供其使用，还可用小毛刷为客人刷去衣裤上的灰尘或头屑，礼貌周到地提供相关服务。

客人离去时，主动拉门，礼貌送别。

3.1.7 饭店代表（机场代表）

饭店代表是专门在机场提供店外接送服务的人员，争取客源、提高服务质量是其一项重要工作，其礼貌礼节尤为重要。饭店代表在服务中应做到：

服饰鲜明、整洁、挺括，手持独具特色、有店徽（饭店名称）的欢迎牌，恭候客人的光临。

客人抵达时，要主动迎候并做自我介绍，可以说："欢迎您光临！我是××饭店代表。您有托运行李吗？请将行李牌给我，我们帮您领取。"如果客人要自领行李，应尊重客人的意愿。

礼貌地引领客人到车上就座，清点、放好行李后，轻关车门，陪同客人到饭店。

送客的礼貌礼节基本上与接客相同，主要是了解客人离店情况，事先向车队订车。送客路上，应礼貌地征求客人对饭店的意见，欢迎他们再次光临并祝旅途愉快。

3.2 饭店总台接待礼仪

饭店的总服务台是饭店的"窗口"，也可以称为饭店的"神经中枢"，是客人进店和离店的必经之地。饭店能否给客人以来时"宾至如归"之感或离别时"宾去思归"之念，在很大程度上取决于总服务台的服务质量。总服务台岗位的服务人员包括接待员、问讯员、订房员、结账员、外币兑换员、商务中心文员和话务员等。

3.2.1 接待员

宾客来饭店住宿时，给客人以深刻的第一印象的主要是总台接待员。接待员应做到：

着装整齐，仪容端庄，礼貌站立，精神饱满地恭候宾客的光临。

客人来到总台时，应面带微笑，热情问候："您好！欢迎光临！""请问，您预订过吗？""我能为您做些什么？"

遇到多名客人抵达工作繁忙时，要按顺序依次办理入住手续，做到办理一个，接待另一个，招呼后一个，务必使客人不受冷落。

请客人填写住宿登记单后，应尽可能按客人要求（楼层、朝向等）安排好房间，提供满意的服务。

验看、核对客人的证件与登记单要有礼貌，确认无误后，要迅速交还证件，并表示感谢。当知道客人的姓氏后，以尽早称呼为好，这是尊重客人的一种表现。

把房间钥匙或磁卡交给客人时，可以礼貌地说："××小姐（先生），我们已为您准备好一间朝南的房间，舒适安静，房号××，这是房间的钥匙（磁卡），祝您愉快！"

如客房已客满，要耐心解释，并请客人稍等。如客人不要求帮助，可以说："下次光临请先预订，我们一定为您保留房间。"

重要客人进房后，为体现对客人的尊重，要及时用电话询问客人："××小姐（先生），您对这个房间满意吗？如还有什么事情，请您吩咐，我们随时为您服务！"

客人对饭店有意见来总台陈述时，要面带微笑，以真诚的态度表示欢迎，应凝神倾听，绝不要与客人争辩或做出反驳，要以真诚的态度妥善处理。

及时做好客人资料的存档工作，以便在下次接待时，能有针对性地提供服务。

同步思考3-1

背景资料：王先生住进一家五星级酒店后，晚上11点钟突然接到公司总经理的电话，要他第二天上午赶到北京去参加下午1点召开的一个重要会议，并说公司已为他订了上午9点的机票。王先生打电话给总台值班员小李，要求其第二天早上6点半叫醒他。第二天早上6点半小李与小张交接班时，忘记叫醒王先生了。王先生醒来时已经8点钟了，因此错过了航班。

资料来源　根据学生实习的见闻编写。

问题：这家酒店应该如何处理这件事？

理解要点：这件事虽然发生在总台值夜班的小李身上，但酒店的管理也存在问题，应由大堂经理出面向王先生诚恳道歉，尽快为王先生改签下一个航班，赔偿王先生的损失，并派人送王先生去机场办理相关手续；对小李应按规定进行批评处罚，并在全店开展一次服务质量检查，接受教训，引以为戒。

3.2.2　问讯员

问讯处是为客人提供咨询等服务的专门机构，以体现饭店"宾客至上，便利客人"的服务宗旨。问讯员在服务中应做到：

穿着整齐，仪态大方，站立服务，精神集中，随时接受宾客的问询。

客人来到问讯处，问讯员应主动打招呼，热情问候。同时有多位客人到来时，应一视同仁，依次接待，务必使客人感觉你是乐于助人的。

接待客人时，应目视对方脸部眼鼻三角区，倾听要专心，以示尊重与诚意。对于有急事而词不达意的客人，应劝其稳定情绪后再说；对于长话慢讲、细述详问的宾客，要耐心、细心；对于语言难懂的客人，要仔细听清楚后再回答，绝不能敷衍了事或拒绝回答。

答复客人的问询，要做到百问不厌、有问必答、用词得当、简洁明了，不能用"大概""也许""可能"之类没有把握或含糊不清的词语来敷衍搪塞。自己能回答的要随时回答；不能回答时，也不可轻率地说"我不知道"一推了事；经过努力，确实无法回答时，应表示歉意，待了解清楚后再告诉对方。

如多人同时问询，应先问先答、急问快答，使所有客人都能得到适当的接待和满意的答复。

问讯员还应当好客人的参谋，做他们的"隐性向导"，及时向他们提供游览往返路线、交通工具、购物和娱乐场所、风味小吃等有关信息。

问讯员要把信件、邮件、快递迅速交给住店客人，递送时要微笑招呼、敬语当先。对于离店客人的信件、快递，要及时按客人留下的新地址寄出或退回原处，时时处处体现对客人认真负责的精神。

问讯员兼票务工作的，要细致周到，以满足不同客人的要求（机、车、船票和座次等），不要自作主张。如有困难，要耐心解释，求得客人的谅解。

接受来电查询时，应热情帮助解决，件件都要有结果、有回音。如不能马上回答，对来电客人应讲明等候时间，以免对方久等而引起误会。若确实查无此人，要用婉转的语气做出明确的答复。对住店客人的来电，要认真负责地接听，并帮助处理有关事务。如对方要求预约车辆外出，应随时做好书面记录，并把房号、姓名、时间告知车队。交班时尚未落实的事，要与接班人交代清楚。

遇到过分挑剔、有意为难的客人，仍应坚持以诚相待、微笑服务，要耐心、热情、周到，对客人晓之以理、动之以情。

3.2.3　订房员

订房员在服务中应做到：

客人来店预订房间，要主动热情接待，及时予以答复。如有房间，当即填写订房单，并对客人表示感谢；如因客满而无法接受预订，应表示歉意，可以说"请您稍等，我仔细给您查一下"，然后再说"对不起，已经满了，谢谢您，请您以后光临"，并热心为客人介绍其他饭店。

如客人用电话订房，要按接电话的礼节，敬语当先，礼貌接待。订房的内容必须认真记录，并向客人复述一遍，以免有遗漏和差错。如因客满无法接受预订，应表示歉意，不能直截了当地说"没有"，以免引起客人的不快和误解，影响饭店的声誉。

订房后应信守契约，待客人到来时，切实做到按预订要求安排客房；事先必须做好客人来店前的核对工作。

如因各种原因出现订房纠纷，要特别注意礼貌，对客人耐心解释，切忌争吵。

遇到问题要冷静分析，查找原因，区别对待，灵活处理。凡属饭店的责任，要主动承担，并深表歉意；如属宾客的责任，要牢记"客人是上帝，得理也得让人"的原则，妥善处理，以提高饭店的声誉，争取更多的客源。

3.2.4 结账员

结账员在服务中应做到：

服饰整洁、仪容端庄、精神饱满地恭候客人的到来。

客人来总台付款结账时，要笑脸相迎，热情问候，服务迅速、准确，切忌漫不经心，出现客人久等的难堪场面。

客人住店日期要当场核实，收款项目当面说清，不能有丝毫含糊，以免客人有被多收费的猜疑。

如客人提出一些饭店无法接受的要求，应耐心地予以解释，以求得客人的谅解。

当结账客人比较集中时，要礼貌示意客人依次等候，以免引起结算的差错。

结账完毕，应向客人礼貌告别："谢谢，欢迎您再次光临，再见！"

3.2.5 外币兑换员

外币兑换员在服务中应做到：

宾客到来时，礼貌问候，主动招呼。当客人兑换外币时，应当面填写兑换单，经认真复核后，兑换员必须对外币数目两次当面点清，并唱收唱付，给客人以认真负责、准确周到之感。

客人对兑换的外币如怀疑真假，应由识别机鉴别，并立即与同事或主管商讨，妥善解决，切勿武断处置或与客人争吵。

外币兑换员应坚持原则，执行国家外汇政策，讲究职业道德；不利用工作之便谋取私利；不得与客人私下交易，暗中套汇，做出有损国格、人格的事来。

客人离去时，要热情告别。

3.2.6 商务中心文员

商务中心文员在服务中应做到：

服饰整齐，仪态大方，坚守岗位。

宾客到来时，微笑问候，主动招呼。

按照客人要求，提供高效、准确、优质的传真、打字、快递、翻译等服务。

本着"宾客至上，信誉第一"的宗旨，对客人高度负责，绝对尊重客人的意愿，不外泄文件的内容。

3.2.7 话务员

话务员是饭店"看不见的服务员"。他们虽然不和客人直接见面，但通过声音传播，也能从另一个侧面反映饭店服务的水平和质量。因此，话务员在服务中应做到：

　　坚守岗位，集中精神。话务服务应坚持使用礼貌用语，如"您好""请讲"。接外线电话，应立即问候并报出饭店的英文、中文名称，如"早上好！××饭店"。

　　为客人接线，动作要快而准，务必不出差错。

　　话务员的发音要准确、清晰，语速快慢要适中，保证客人听得懂、听得清，声音要甜润、轻柔，语调要委婉、亲切，语气要友好、诚恳。接线中语言要简练，用词要得当，切忌粗暴无礼，更要避免使用"我不知道""我现在很忙""听不到""什么"等不耐烦的语句，应常用"请稍候""我立即为您查询""对不起，他不在，请稍候再拨"等。

　　话务服务必须热心、耐心、细心。如果接听电话的客人不在，应问清对方是否要留言。如需代客留言，一定要认真听清，并做好记录，复述认可，以避免差错。

　　讲究职业道德，不偷听他人电话；若操作时偶尔听到一些内容，应严守秘密。

　　通话结束后，应热情道谢告别。待对方挂断电话后，方可关掉电键。

同步业务 3-1

饭店总台服务礼貌用语应用举例

How do you do?　您好。

Welcome to our hotel. 欢迎您到我们饭店来。

Reception，can I help you?　这里是接待处，可以为您效劳吗？

What kind of room would you like，sir?　先生，您喜欢什么样的房间？

Could I have your name，please?　先生，请问您尊姓大名？

One moment please，sir. 先生，请稍等一下。

Excuse me sir，could you spell your name?　对不起，先生，请问您的名字怎么拼写？

Are you satisfied with the room?　您对这间房满意吗？

I'll be glad to help you to do anything you want. 我很愿意帮助您办理您需要办的事。

We could not find you anywhere in the hotel at 3：30 PM. 下午3：30我们找遍整个饭店，但没有找到您。

Please give us your forwarding address so that we can send you mail. 为了转寄您的邮件，请留下您的通信地址。

Mr.×× is out，may I ask your name?　××先生已外出，请问您贵姓？

This is ×× hotel，can I help you?　这里是××饭店，可以为您效劳吗？

Which room do you want?　您要几号房间？

Sorry，please speak slowly. 对不起，请讲慢一点。

Please repeat. 请再说一遍。

Please wait a minute. 请稍等一下。

Sorry，the line is busy now. 对不起，现在占线。

Sorry，no answer. 对不起，没有人接。

Sorry to keep you waiting. 对不起，让您久等了。

Sorry，the line was cut short just now. 对不起，刚才电话断了。

Thank you very kindly，Mr.××. 衷心感谢您，××先生。

We're very glad to have you with us，Mr.××. ××先生，我们很高兴能和您在一起。

Are you satisfied with our service，Mr.××？ ××先生，您对我们的服务感到满意吗？

Good luck to you，Mr.××. ××先生，祝您好运！

Hope that we will have you with us again on your next trip. 下次您旅行时，希望您再到这里来。

同步思考3-2

背景资料：客人满意度是指客人对所购买的饭店商品和服务的满意程度，以及他们以后继续购买（即再次光临）的可能性。客人满意度的测定，一般以客人购买饭店商品和服务的事前期待与客人实际从饭店获得的商品和服务的比值来表示：事前期待与实际获得之比大于1时，他就会认为获得了超值享受，感到满意，以后会再次光临；事前期待与实际获得之比小于1时，他就会认为获得的是低值享受，感到不满意，以后就不再光临；事前期待与实际获得之比等于1时，他会认为获得了等值享受，比较满意，在没有竞争对手的情况下，他会再次光临。

问题：如何提高客人满意度？

理解要点：在硬件同等的条件下，提高客人满意度的主要途径是提高服务质量，即提供个性化服务，因为酒店商品特别是硬件要改变比较困难。个性化服务主要体现在以下四个方面：（1）提供更灵活的服务，因人而异，不墨守成规。（2）做好意外服务工作。在客人意外遭遇急、难、愁的情况下，及时向客人提供服务，帮助其解决问题，更能获得客人的满意与感激。（3）与时俱进，及时提供上网和有益身心的娱乐活动。（4）提供心理咨询服务。

3.3　饭店客房接待礼仪

饭店的客房是客人的"临时之家"，是客人逗留时间最长的地方，也是客人主要的休息场所。客房服务员在服务中务必讲究礼仪，为客人营造一个温馨、舒适、幽静、安全的居住氛围。

3.3.1　楼层接待员

楼层接待员在服务中应做到：

接到来客通知后，要礼貌地站在梯口旁，恭候宾客的到来。

宾客一到，要立即亲切问候"××小姐（先生），您好，欢迎光临"，并行15度鞠躬礼。

如酒店不设行李员，对客人手中的行李或物品要主动帮助提携。

对老、弱、病、残客人要主动搀扶，给予热情的关心和帮助。

引领客人时要在客人左前方约1.5米，按客人步速轻步前行，直到预订的客房门口。

开房门时，轻轻地转动钥匙，打开后立即侧身一旁，敬请客人进房。

客人进房后，针对客人不同的身份与需求，灵活地递上茶水或冰水和香巾，并说"请用茶"和"请用香巾"。

待客人坐下休息后，根据客人的实际情况，有礼貌地介绍房间设备及其使用方法。同时，简要介绍酒店的各种设施，帮助客人熟悉环境，便于客人使用。

在问清客人没有其他需求后，应立即离开，向客人礼貌告别。退出房间时，应先后退一步，再转身走出，同时把门轻轻拉上，让客人安心休息。

有的客人到达楼层后，如因长途旅行疲劳或已是深夜，急于休息，那么接待员要随机应变，简化某些服务环节，以使客人及时休息。

客人离开酒店时，应事先主动询问是否提前用餐、要不要联系出租车等。客人离开房间时，有礼貌地送客人到电梯旁，并祝客人"旅途愉快，一路顺风"。

3.3.2　客房服务员

客房服务员在服务中应做到：

进门前，先要看清门外把手上是否挂有"请勿打扰"的牌子，或者锁中是否露出红色标志（露出，表示已上双锁），以避免冒失唐突之举。

进房时，必须讲礼貌，先按门铃两下，未见动静，再用中指骨节有节奏地轻敲房门三下，同时自报"house keeping"。如客人来开门，则有礼貌地说："对不起，打扰了，我是客房服务员，现在可以打扫房间吗？"如客人听到敲门声后说"请进"，应轻轻将门推开，并问"现在可以打扫房间吗"，得到客人允许后再清扫。如果仍不见动静，可再继续敲门三下，再不见回答，可用钥匙开门。若发现客人正在睡觉，则应马上退出，轻轻将门关上。如房内无人，则开始打扫，但必须把门全开着。

在打扫客房时，不得擅自翻阅客人的文件，移动客人的物品，更不得向客人索取任何物品。在服务过程中，不得在客房内看电视、听音乐、翻阅报刊或使用电话，更不能接听客人的电话。

不得向客人打听私事。如宾客在交谈，不要插话，更不能趋前旁听。

清扫时，如宾客挡道，要礼貌地打招呼，请求协助。

整理房间时，应尽量避免干扰客人的休息与工作，最好是在客人外出时进行。

打扫完毕，不要在房间内逗留。如客人在房内，离开时要说声"对不起，打扰了，谢谢"，然后有礼貌地后退一步，再转身走出房间，将门轻轻关上。

　　工作时，不要与他人闲聊或大声说话。夜晚讲话要轻声细语，不能影响客人休息。在走廊内行走，不要并行。遇急事不要奔跑，以免造成紧张气氛。

　　遇到客人外出或回房间，要点头微笑问候，切勿视而不见、不予理睬，一走了之。

　　遇到宾客过生日，要主动上门祝贺。

　　如客人要熨衣服，要及时取送，不能延误弄错。

　　满足客人提出的一切正当要求。宾客接待来访者时，要按客人要求备足茶杯，供应茶水，勤添毛巾、香皂等。

　　如发现客人身体不适，要主动关心，询问是否需要送医院诊治。

　　不要先伸手与客人握手，不要逗弄或抱客人的小孩，与客人不要过分亲热；与客人接触时，应以礼相待，不得有粗俗之举。

　　同步业务 3-2

饭店客房服务礼貌用语应用举例

How do you do?　您好。

Welcome to our hotel.　欢迎您到我们饭店。

Good morning, Mr.××.　××先生，早上好。

Good afternoon, Miss.××.　××小姐，下午好。

Good evening, Madam.　太太，晚上好。

Good night, Mr.××.　××先生，晚安。

May I help you with your luggage?　您的行李请让我来拿吧。

This way, please.　请这边走。

This is your room.Please go in.　这是您的房间，请进。

I'm your room boy.I'll be glad to help you.Anything you want?　我是这个房间的服务员，很高兴为您服务，您有什么事需要我办吗？

Did you have a nice trip?　旅途愉快吗？

How long will you stay here?　您要在这里住多久？

Please ring up the Service Counter when you need our service.Our number is...　有事情请打电话到服务台，号码是……

I'm glad to serve you.　我非常高兴为您服务。

Have a good rest.Goodbye.　请好好休息，再见。

Wish you a happy festival.　祝您节日愉快。

Merry Christmas.　圣诞快乐。

Happy New Year.　新年快乐。

I'm an attendant on this floor.　我是楼层服务员。

What can I do for you?　我能为您做什么事吗？

Ok.I'll do it immediately.　好，我马上就去办。

I'll check for you right away.　我马上给您查一下。

We'll send it to your room right now. 我们马上给您送到房间。

Wait a moment, please.I'll ask the Engineering Department to send someone to repair it. 请稍等，我马上通知工程部派人来修理。

Sorry to have kept you waiting so long. 对不起，让您久等了。

Sorry, I'll call you when I am sure. 对不起，等我弄清楚了再答复您。

Sorry, we can't do it for you ourselves.But we'll contact the department concerned. 实在对不起，这个我们办不到，不过我们可以与有关部门联系一下。

We apologize to you for having troubled you so much. 抱歉，我们给您添了许多麻烦。

Sorry, I still don't understand what you said. 对不起，我没有听懂您所讲的。

Will you please speak more slowly? 请您讲慢一点好吗？

I'm sorry to disturb you.May I clean your room now? 对不起，打扰您了，我可以现在打扫房间吗？

Mr.××, we're sorry to hear that you are not well. ××先生，听说您不舒服，我们感到很不安。

Are you feeling better now? 您现在好一些了吗？

Shall we send for a doctor? 需不需要请医生看看？

Shall I accompany you? 我陪您去好吗？

Please have a good rest. 请好好休息。

Hope you'll be all right soon. 希望您早日恢复健康。

If you want to have your shoes polished, please put them outside the door. 如果您希望我们帮助您擦皮鞋，请将鞋放在门外。

Do you have anything to be cleaned? 您有东西要洗吗？

Sorry, your shirt was damaged in the wash.In such a case, the indemnity shall not exceed ten times the laundry charge. 对不起，洗衣房把您的衬衣洗坏了。像这种情况，我们通常的最高赔偿是洗衣费的10倍。

Good evening, sir.Are you leaving tomorrow? 晚上好，先生，请问您是不是明天走？

Would you please tell me what time you will leave tomorrow morning? 请告诉我您明早大概什么时候走？

You can pay in the lobby on the ground floor, please. 请您到一楼大厅付账。

Welcome to come here again.Goodbye. 欢迎您下次再来，再见。

同步案例3-2

周到的服务

背景与情境： ××商学院组织一批老师到欧洲旅游，从罗马乘大巴去佛罗伦萨时，一位老师忘拿了挂在衣柜里的西装，发现时车已在高速公路上。导游立刻帮助联系了所住宾馆。宾馆总台说，收拾房间的服务员已把西装交到了总台，会让下一班车驾驶员带到佛罗伦萨。第二天，一位中年驾驶员把西装送到了这位老师手上，而且已经熨烫过，外面还套着衣袋。同行人看了都非常感动。

问题：这家宾馆这样做值得吗？

分析提示：表面上看，这家宾馆这样做增加了服务成本，给自身带来了麻烦，但它收获了最宝贵的东西——信誉口碑，赢得了中国客人的好感。他们一传十、十传百，会给宾馆带来更多的客人。

3.4　饭店餐厅接待礼仪

餐厅是宾客用膳的主要场所，是旅游业的重要服务部门。其服务特点是：服务员直接向客人提供面对面的服务，面广、量大、时间长、需求多。餐厅岗位的服务人员有迎宾员、引位员、值台员和走菜员。

3.4.1　迎宾员

迎宾员在服务中应做到：

着装华丽、整洁、挺括，仪容端庄、大方，站姿优美、规范。开餐前 5 分钟，迎宾员应恭候在餐厅大门两侧，做好拉门迎客的准备。

神情专注、反应敏捷，注视过往宾客。当客人离餐厅约 1.5 米处时，应面带笑容，热情问候："小姐（先生），您好，欢迎光临！"客人离开餐厅时，应礼貌道别："谢谢您的光临，请慢走，再见！"

如遇雨天，应主动收放客人的雨具，客人离开时把雨具及时递上，再帮助客人打开雨伞、穿好雨衣。

迎宾要积极主动，答问要热情亲切，使客人一进门就感觉到他们是最受欢迎的尊贵客人，从而留下美好的第一印象，使客人进餐厅用餐变成一种美的享受。

3.4.2　引位员

引位员在服务中应做到：

客人进门后，立即迎候，面带微笑地说"小姐（先生），您好"或"晚上好""请问，预订过吗""请问，一共几位"。如果是男女宾客一起进来，按先女后男的礼仪规范问。

引位时，应说"请跟我来""这边请""里边请"，并用手示意，把客人引领到适当的位置入座或进入包房；不同的客人可引领到不同的位置。

遇重要宾客光临，可引领到餐厅最好的靠窗靠里的位置或雅座，以示恭敬与尊重。

遇夫妇或情侣到来，可引领到餐厅一角安静的餐桌就座，便于其小声交谈。

遇到服饰华丽、打扮时髦和容貌漂亮的女士，要引领到众多客人均可看到的中心位置就座，这样既可满足这部分客人的心理需求，又能为餐厅增添华贵的气氛。

遇到全家或众多的亲朋好友来聚餐时，要引领到餐厅靠里的一侧或包房，既便于其安心进餐，又不干扰其他客人用餐，以示礼貌。

对于年老、体弱的客人，要尽可能安排在离入口较近的位置，以便于其出入，并帮助他们就座，以示服务的周到细致。

对于有明显生理缺陷的客人，要注意安排在适当的位置就座，遮掩其生理缺陷，以显示体贴和关怀。

如客人要求指定位置，要尽量满足其要求；其他客人已占用时，应礼貌地说明："小姐（先生），对不起！请跟我来，这边请！"

靠近厨房出入口处的位置，是最不受客人欢迎的位置，用餐高峰时，应对安排在这里的客人多说几句礼貌话："小姐（先生），十分抱歉。今天客人太多，委屈您了，下次光临，一定为您安排个好座位。"以示关心与热情。

客人就餐完毕结账离开时，应礼貌送客，主动道别"再见，欢迎下次再来"，并微笑目送。

3.4.3 值台员

值台员在服务中应做到：

1）热情迎宾

当客人走近餐桌时，要微笑问候，按先主宾后主人、先女宾后男宾的顺序拉椅让座。拉椅的动作要用力适度，顺应客人入座的节奏进行，用双手和右脚尖轻捷地将椅子稍向后撤，客人即将入座时将椅子向前轻推，使客人坐好坐稳。

主动协助客人脱衣摘帽，并按顺序挂好或用布套套上。注意勿将衣服倒提，以防衣袋内的物品掉落。贵重衣服要用衣架挂好，以防衣服折皱走样。

客人就座后，应及时递香巾、茶水。递送时按顺时针方向从右到左进行。递送香巾要用毛巾夹，并招呼客人："小姐（先生），请！"端茶时，切忌手指接触杯口。使用玻璃水杯要尽量套上杯套，以免烫着客人。使用有盖、有把的茶杯时，要用手握住杯把轻拿轻放，杯盖的启、盖要缓而轻，避免发出碰撞声，也不要把杯盖朝下放在桌面上，这样容易沾染灰尘，引起客人不快。

2）恭请点菜

客人坐下后，应不失时机地将菜单递上，切不可随意地把菜单扔在餐桌上，这是极不礼貌的行为。

请客人点菜，必须耐心等待，不要催促，让客人有充分的时间选择决定。

接受客人点菜时，应微笑地站在客人一侧，上身稍向前倾，手持点菜本，认真听取客人选定的菜肴，并做好记录，复述一遍，杜绝差错。

当客人一时不能决定点什么菜时，要当好参谋，热情推荐本餐厅的名菜、特色菜、创新菜及时令菜。但要讲究说话方式和语气，察言观色，注意客人的反应，要充分尊重客人的意愿。

如客人点的菜肴已售完，不可简单地回答"卖完了"，而应礼貌地致歉解释，求得客人的谅解，并婉转地向客人推荐其他类似菜肴。

如客人点的菜在菜单上没有列出来，应尽量设法满足，不可一口回绝"没有"，可以说："请您稍等，我马上和厨师商量一下，尽量满足您的要求"。如确有困难，应向客人致歉说明，敬请下次光临或预约。

当客人点餐完毕，还应主动征询客人需要什么酒水，全部记好后，再礼貌地复述一遍，得到客人确认后，迅速将菜单送至厨房，尽量减少客人等候的时间。

3）周到服务

取出口布（即餐巾），礼貌地将一角压在客人的骨碟下或腿部。如有外宾用餐，需加放刀、叉、匙等西餐用具。

如有儿童用餐，应放一把儿童用的高椅子。

斟酒、上菜要严格按操作规程进行，切忌越过客人头顶上菜。新上的每一道菜，应简介菜名及特色，并将菜肴的最佳部位对向主宾和主人。如宴会上菜，应按主桌在前、陪桌在后的顺序进行。

宴会的斟酒，要按先主宾后主人、先女宾后男宾的次序进行。宾主祝酒时，应退立一旁，不可随意走动，并保持场面安静。

开拉酒水瓶盖时，应在客人的侧后方朝外拉开，倒香槟或其他冰镇酒时，要用餐巾包好酒瓶再倒，以免酒水喷洒或滴落在客人身上。

要掌握上菜的时机和间隔，不要出现桌面上盘叠盘的零乱现象。台面上无空位时，应拿走剩菜最少的餐盘，或换盛小盘端上，但要征求客人意见，以免引起客人的不满。部分菜肴如鸡、鸭、鱼等需先分好，再给每一位客人用小碟送上。汤羹或带汤的点心，如酒酿圆子等也应用小碗分好端给客人。

如客人不慎将餐具、口布等物品掉落在地上，要迅速上前取走更换。

菜上齐后，应告诉客人"菜已上齐，请慢用"，以示尊重。

如有电话找客人，应走到客人身旁，轻声告知接听，绝不能在远处高声呼喊。

当为一张餐桌上的客人服务时，还要兼顾其他餐桌客人的需求，用眼睛、手势语言等示意，及时上前照应，以免顾此失彼。

如客人对某一道菜特别喜爱，想再买一份带走时，应主动为其提供食品袋（盒），并妥善包装，方便客人携带。

当客人问及菜肴的原料、品种时，应热情介绍；如一时回答不上来，应说："实在抱歉，我不清楚，让我去问清楚后再告诉您。"接待服务一定要有问必答，百问不厌。

对已有醉意的客人，当其还在继续喝酒又不听劝阻或有粗鲁行为时，要尽量忍让，并请示餐厅主管协助处理。

值台时，一定要神情专注，用目光巡视四周，随时应答客人的招呼，做到忙而不乱、有条不紊。

客人用餐没有结束，即使营业时间已过，亦不能催促客人，或忙于收盘、打扫、关灯等不礼貌的逐客之举。整个餐厅的清扫，应在所有客人离开后进行。

4）结账送客

客人餐毕，应把账单放在垫有小方巾的托盘上或放在账单夹内从左侧递上，或放在客人的餐桌边，不要直接交到客人手里。当客人付款后，要表示感谢。

客人结完账起身离座时，应及时拉椅让路，方便客人离开，同时提醒不要遗忘随身物品，并礼貌道别"欢迎您下次再来"，目送客人离去。

同步业务3-3

鱼头要对着主宾

鱼是筵席上必不可少的一道菜。在我国大部分地区的餐馆，服务员上菜时都会把鱼头对着主宾，同席的人也会劝主宾先吃鱼腹的肉，这是为什么呢？服务员上菜把鱼头对着主宾，是对主宾表示尊重，就像斟酒要先从主宾开始一样。同桌的人让主宾先吃鱼腹肉，既表示尊敬，又因为鱼腹肉肥美少刺。这样才符合吃鱼的礼仪。

3.4.4　走菜员

走菜员在服务中应做到：

配合值台员的工作，并随时与厨房互通情况，彼此协作，及时上菜。

要做到冷菜先上，热菜及时上，火候菜随做随上，以保证色、香、味、形不走样。

摆放餐具及上菜等一律用托盘，不应用手直接端拿，以免手指触及碗碟、菜肴，影响食品卫生。

走菜繁忙时，天再热也不得挽袖、卷裤，以示对客人的尊重。

走菜途中，切忌私自品尝，这是最不文明的行为。

走菜时，要注意步姿的端正和自然，遇到客人要主动礼让。

同步业务3-4

餐厅服务礼貌用语应用举例

How do you do?　您好。

Glad to meet you. 见到您很高兴。

You are welcome to dine in our restaurant. 欢迎您到我们餐厅来。

How many people，please?　请问一共几位？

Please come this way. 请往这边走。

Please follow me. 请跟我来。

Sit down，please. 请坐。

Please wait a minute，I'll arrange it for you. 请等一等，我马上给您安排。

Please wait a moment，your table will be ready right away.Please look at the menu first. 请等一等，您的桌子马上就准备好。请先看看菜单。

Would you like to sit here?　您喜欢坐这里吗？

Excuse me，would you like to share the table with that lady?　对不起，您跟那位女士合用一台好吗？

Excuse me，is there any vacant seat?　对不起，这里有空位吗？

Excuse me，may I take your order now?　对不起，现在可以点菜吗？

What wine would you like to have? We have... 您喜欢喝什么酒？我们有……

Would you like...?　您喜欢……吗？

Would you like to try today's special?　请尝尝今天的特色菜好吗？

Would you like some dessert?　饭后您喜欢吃点甜品吗？

What else would you like?　请问还需要什么？

Sorry，it takes some time for this dish. 真对不起，这个菜需要一点时间。

Could you wait a little bit longer?　您能多等一会儿吗？

I'm very sorry，that dish is not available now. 真对不起，这个品种刚卖完。

All right，I'll contact the cook and see to it that you are satisfied.我跟厨师联系一下，会使您满意的。

Sorry，this wine is only sold by glass. 对不起，这种酒只论杯卖。

How about a bigger one?　您看杯大一点好吗？

Can I arrange a snack for you if time is pressing for you?　如果您赶时间的话，我给您安排一些快餐饭菜好吗？

Would you mind serving now?　现在上菜好吗？

I'm sorry to make you wait for such a long time. 真抱歉，耽误了您很长时间。

Excuse me，is it yours?　对不起，这是您的菜吗？

I'm really sorry.I'll do it again for you at once. 实在对不起，我马上为您重做。

Pardon me，I've made a mistake about your dish.I'm awfully sorry，please wait a few more minutes. 请原谅，我把您的菜搞错了。真抱歉，请再多等几分钟。

Sorry，I'll let you know when I make sure of it. 对不起，我问清楚马上就告诉您。

Would you like some more rice?　给您再添点饭好吗？

Anything else would you like?　您想再要点别的吗？

Would you like to have some fruit?　您想要吃点水果吗？

Is it enough?　您的菜够吗？

Did you enjoy your meal?　您吃得满意吗？

May I take away this dish?　我可以撤掉这个盘子吗？

Sorry to disturb you. 对不起，打扰您了。

Thank you for your help. 谢谢您的帮忙。

May I clear this table?　我可以清理桌子吗？

May I make out the bill for you now? 现在可以为您结账吗？

Please sign it. 请您签字。

Could you show me your room key，please?　请您出示房间钥匙。

Sign your name and room number on the bill，please.请您在账单上写上您的名字和房间号码。

Sorry，you can't sign the bill here.Cash only，if you please. 对不起，我们这里不可以签单，请付现款好吗？

×× Yuan in all，please.Thank you. 一共××元。谢谢。

This is your change. 这是找给您的钱。

I hope you enjoyed your dinner. 希望您吃得满意。

Thank you.Welcome to come back again. 谢谢，欢迎再来。

同步案例3-3

不能用"笑"解决问题

背景与情境：××路水产批发市场里开着10多家海鲜餐馆，每当华灯初上，家家都会宾客盈门，生意兴隆。幸福餐厅的张老板前两天进了不少海鲜，由于天气炎热，其中有些海瓜子不太新鲜了。当晚预订的熟客有王经理，张老板想着王经理好说话，又是老熟人，就让厨师把不太新鲜的海瓜子做了送上王经理的餐桌。王经理吃了皱皱眉头，没说什么。他请的广东客人却不答应了，大声要求退换。张老板赶来哈哈一笑，说："天气热，路上时间长了点，不太新鲜。但吃了不会有问题的，都是朋友，请多包涵！"广东客人大声斥责道："东西不新鲜，你还笑得出来？天气热，吃坏肚子怎么办？不换我们就不吃了！"王经理脸上挂不住了，站起来就要走，张老板这才紧张了，一边拉着王经理，一边道歉，让服务员立刻换一盘海瓜子上桌。

问题：张老板用打哈哈的办法处理问题行吗？你认为如何处理更为妥当？

分析提示：张老板此时的笑声给客人的感觉是：对出现的问题想蒙混过关，对客人不尊重，所以使广东客人大为恼火。首先，张老板应杜绝"杀熟"行为。其次，应向客人诚挚道歉，做出相应的赔偿，而且要引以为戒，加强餐厅的食品卫生安全管理，避免类似情况的发生。

3.5　饭店酒吧接待礼仪

酒吧是宾客休闲、娱乐、交际的场所。酒吧环境幽静、格调雅致，并伴有轻松的音乐，为宾客提供了一个优美的休憩环境。为了烘托酒吧的高雅氛围，酒吧服务员和调酒师必须提供高标准的服务。

3.5.1　酒吧服务员

酒吧服务员在服务中应做到：

营业前5分钟就要以良好的仪表、仪容恭候客人的光临。

客人到来后，笑脸相迎，热情问候，并礼貌地引领客人到满意的座位就座。

恭敬地用双手递上酒单，站立一旁，听候客人的吩咐。点单时，上身略前倾，神情专注地按照客人的要求做好记录，并复述一遍，以防出错。

上酒水、饮料、食品时，一律使用托盘从客人的右侧上，以方便客人饮（食）用。

放酒杯时，不宜拿得过高，要从低处慢慢地送到客人面前。对背向坐的客人，上酒水时要提醒客人注意，以免碰翻酒水。

客人需用瓶酒时，在开瓶前应以左手托瓶底，右手扶瓶口，酒标面向客人，经客人查验确认后，方可当面打开瓶盖斟酒，使客人放心饮用。

斟酒时，要按先宾后主、先女后男、先老后少的次序进行，以示尊重与礼貌。

招呼客人接听电话时，要快步走到客人右侧轻声告知，并留心照看客人放在座位上的物品。

客人有事招呼时，应迅速上前服务，不得漫不经心。

客人示意结账时，尽快用托盘递上账单，请客人核查。客人付款时，要视情况小声唱收。如付款的客人醉了，则要当着他的同伴或邻座的面"唱票"，以免发生纠纷和误会。

客人在酒吧逗留时间较长，无意离去时，只要不超过营业时间，切不可催促客人立即结账，也不可因客人点酒太少或喝酒时间太长而流露出不耐烦的情绪。

喝酒过多的醉客和已有醉意的客人往往有失常和情绪激动的言行，对他们应耐心提醒，以礼相待。如发生意外情况，要保持冷静，及时向部门经理或有关部门反映，以便妥善处理。

客人离开时，要热情道别，提醒其查看有无遗忘之物，并致谢意，欢迎客人再次光临。

3.5.2　调酒师

调酒师在服务中应做到：

客人到吧台前时，要主动微笑问候："小姐（先生），晚上好！"

尊重客人的选择，按要求、标准严格操作。

讲究卫生，文明操作，摇晃调酒壶的动作要适度。

态度认真，不敷衍随便。

坚持站立服务，不背向客人，拿取背后的酒瓶时，应侧身进行，以示对客人的尊重。

对常来的客人要记住其姓名、爱好，热情地为他们提供其喜爱的饮品。对熟客、女宾，不要显得过分亲热，以免引起其他客人的不满和反感，应本着来者都是客的精神，做到一视同仁，真诚服务。

对孤单客人，为了不使他感到寂寞，可适当地陪他聊天，但要顺着客人的意思讲，以示尊重，不可喧宾夺主。

客人之间谈话时不可侧耳旁听，更不能打断插话。客人低声交谈时，应主动回避。

调酒时，不能将胳膊支撑在柜台上，不能双手交叉相抱或斜倚酒柜，更不能在吧台饮酒、吃东西，与同事聊天或看手机、看书、看报也是失礼之举。

宾客离去时，要热情道别，欢迎其再次光临。

同步思考3-3

背景资料： 一组"网络拼酒"的视频近日成了大家饭桌上的新谈资。从"一斤哥""二斤哥"到"五斤姐""八斤哥"，这些拼酒之人喝酒如喝水般一饮而尽，再加上微信等自媒体的传播，挑战者不断增加，拼酒成了继"冰桶挑战"之后的又一场网络狂欢。

这些拼酒之人不顾个人健康奋力而战。这些人要么是为了证明自己能喝，是"真英雄"；要么是出于地域主义，为家乡"争光"，证明家乡人能喝。

"网络拼酒"之所以迅速传播，除了互联网和社交平台普及，为"隔空拼酒"提供了可能之外，更在于根深蒂固的酒文化。在中国传统文化中，能武能饮是英雄豪杰的象征，酒量也成为衡量一个男人是否具备男子汉气概的标准之一。另外，无酒不成席，更让人们把酒当成了饭桌上的交际工具，喝酒多少成了友情忠诚度和感情深浅的考验标准。

资料来源　高博．"网络拼酒"当被叫停［N］．新华每日电讯，2015-01-05.

问题：如何看待"网络拼酒"？

理解要点：与之前的"冰桶挑战"不同，"冰桶挑战"是为慈善公益，"网络拼酒"是为"捍卫个人尊严"，是饮酒人的"面子"之争。这种自残式的"网络拼酒"不仅损害健康，而且证明不了自尊和勇气。同时，那些在酒桌旁煽风、鼓噪的劝酒之人也应该被批评。这种"拼酒游戏"应该立即叫停。

3.6　饭店康乐接待礼仪

康乐部是为宾客提供健身、娱乐、美发美容等服务的部门。其特点是服务项目多，设施设备好，岗位分工细，人员相对分散，独立操作性强。为此，康乐部要全面提供高标准的服务。

3.6.1　游泳池服务员

游泳池服务员在服务中应做到：

端庄地站在服务台旁，恭候客人的到来。

礼貌地递送衣柜钥匙和毛巾，引领客人到更衣室，并提醒客人妥善保管好自己的贵重物品。

加大巡视力度，时刻注意游泳者的动态，特别是老人和小孩儿，以免发生事故，这是对客人最大的尊重。

热情地为客人提供软包装饮料，不得使用玻璃瓶装饮料，以确保客人的安全。

客人离开时，主动收回衣柜钥匙，并礼貌地提醒客人不要遗忘衣物。

礼貌送客，并向客人表示谢意，欢迎其再次光临。

3.6.2　保龄球服务员

保龄球服务员在服务中应做到：

客人到来时，要表示欢迎，并把干净完好的保龄球鞋用双手递给客人。

帮助客人选择适当重量的保龄球，分配好球道，并送上记分单，主动征询是否需要协助记分。对于初次来的客人，一定要根据他们的性别、年龄、体重等，帮助其选择重量适当的保龄球，并详细介绍活动的步骤与方法，提醒客人注意不要造成扭伤等意外事故。

适时有礼貌地询问客人需要什么饮料，提供热情周到的服务。

活动结束后，要礼貌地收回保龄球鞋，恭请客人结账；道谢，礼貌告别，欢迎其再次光临。

3.6.3 健身房服务员

健身房服务员在服务中应做到：

笑脸迎客，礼貌问候。

主动热情地介绍器材、设备的性能和操作方法。如客人要求指导，应立即示范，耐心讲解。

有的项目（如网球、壁球、桌球、乒乓球等）客人需要陪练时，服务员可按有关规定，请客人在办理付费手续后陪练；客人如需协助记分，也要相助，不可无故推托。

当客人在活动时，应特别注意客人的安全，随时准备保护，以防意外发生。

客人健身完毕，要礼貌送客，热情告别。

3.6.4 桑拿浴服务员

桑拿浴服务员在服务中应做到：

客人来到桑拿浴服务台时，要热情欢迎。

对新来的客人要主动介绍桑拿浴的方法与注意事项。

主动征询客人的要求，把温度控制盘转到客人所需要的温度上。

密切关注客人的动静，每隔几分钟从玻璃窗口观察一次，注意客人浴疗是否适宜，防止发生意外。

做好清洁工作，不时喷洒香水，提供干净浴具，以示尊重。

客人离开时，要提醒客人不要遗忘物品，并热情道别，欢迎其下次光临。

3.6.5 卡拉OK舞厅服务员

卡拉OK舞厅服务员在服务中应做到：

客人来到舞厅时，要热情接待，礼貌问候，并引领客人到厅房内适当的位置上。

迅速将酒水、食品从右侧送到客人的桌上，以示礼貌。

细心观察客人的动态，以便提供所需服务，如添加饮料或热情回答客人的询问。

结束后，全体服务员到门口送别："女士们，先生们，谢谢你们的光临，再见！"或在扩音器里用温柔的语调表示感谢："欢迎各位再次光临，再见！"

3.6.6 美容员

美容员在服务中应做到：

客人到来时应热情问候，帮助接挂衣帽，并将客人引领到座位上；如已客满，应将客人引领到休息室，用托盘递上香巾让客人擦手，再送上当天的报纸或杂志，并向客人致歉："对不起，请稍等！"

严格按客人要求，神情专注地提供美发美容服务，操作时要尊重客人的意愿，切勿强加于人，以免引起客人的不安与反感。

美发美容完毕，要用镜子从后面、侧面帮客人验照发型，并礼貌地征询意见，或作必要的修饰，直至客人满意为止。

用托盘收款找钱，做到迅速、准确，并向客人致谢。

送客时，取递衣帽，礼貌告别，目送客人离去。

3.7 饭店商场接待礼仪

饭店商场是为宾客提供购物服务的场所。它具有其他旅游购物商场所不具备的方便条件，客人既可以充分利用空闲时间，就近在下榻的饭店商场内精心挑选称心如意的商品，又能在购物的过程中再一次领略到高品质的接待服务。它与社会上的商场是有所不同的。

3.7.1 商场外部环境的营造

1）招牌和门面

饭店商场一般设于饭店的公共区域内，位置往往引人注目，因此首先应做好招牌和门面工作。

招牌就是商场的名字，好的招牌是饭店的一面旗帜。它不仅是饭店信誉的象征，而且可以作为无形资产进行投资。一个好的招牌可以起到如下作用：反映经营特色，激发客人兴趣，引导与方便消费者。

门面是购物环境的重要组成部分，是商场经营风格和经营特色的体现。它包括商场招牌是否醒目，灯光是否明亮，色彩是否鲜明，门灯是否清洁等。如果商场所处的公共区域装潢、设计都非常讲究，商场的门面设计也不应例外。

2）橱窗布置

橱窗是对外宣传的重要窗口。橱窗商品不仅能加深客人的印象，而且能起到引导消费的作用。橱窗布置是一门综合性的装潢艺术，它既要与饭店公共区域的装潢风格协调，又要有鲜明的特点，应在真实、美观、经济的原则下，以商品为主体，配合文字、图案和各式各样的陈列道具，布置出一个烘托整体风格的场景，做到构思新颖、主题鲜明。要根据季节、经营和产品推销所需来布置橱窗，以便客人有一种新鲜的感觉。

3.7.2 商场内部环境的营造

1）灯光、声音、色彩和温度

商场内部的灯光、声音、色彩和温度等因素，可直接作用于消费者的感官，刺激消费者的购买欲望，影响消费者对饭店的印象；同时，也能改善商场员工的工作环境，使他们精神饱满地为客人提供服务。

（1）灯光

商场照明的基本要求是明亮、柔和、均匀。照明一般分为基本照明、特别照明、装饰照明三大类。基本照明，主要是在天花板上配置荧光灯，其光度视商场经营品种而定；特别照明，是商场的附加照明，是为提高柜台光度配置的，作用是充分显示商品的外观光彩；装饰照明，是为点缀商场环境、渲染营业气氛而设置的。

（2）声音

商场地处饭店公共区域，人流量较大，且进出商场的人员较杂，容易使消费者和商场员工心情烦闷、注意力分散，从而降低经营效果。因此，商场应安置必要的设备，降低各种噪声，保持饭店宁静、舒适的整体气氛。

（3）色彩

商场的色彩不仅要与饭店公共区域的色彩相配，而且要与出售的商品相协调。一般来说，商场的色彩应以淡雅明快为主，但也要因地制宜，要充分利用不同的色彩对人视觉产生的不同效果，改变客人的视觉印象。

（4）温度

商场的温度和饭店的整体温度要一致，使夏季购物凉爽宜人，冬季购物温暖如春。

2）柜台的布置

柜台是营业员的服务天地。精心布置柜台，创造一个良好的购物环境，可以使客人以愉快的心情从容选购。这就需要事先做好接待客人的各种准备。

（1）保持柜台的清洁

每天营业之前，要做好清洁卫生工作，把柜台和货架擦拭一遍，给人以窗明几净的印象。

（2）精心陈列商品

柜台陈列、商品陈列既要符合审美原则，具有整体感，又要考虑商品货架的合理设置，让营业员在工作时能得心应手，同时便于客人观看和选择。

货架的布置一般有两种形式：一是直线型布局，货架呈"一"字形摆开，给人以整齐划一的感觉；二是曲线型布局，货架有横有竖，有正有斜，错落有致，曲折迂回，营造一种活跃的气氛，使商品显得丰富多彩。

货架定位后，要认真做好商品摆台。各种商品摆台要考虑客人的购买心理，要易于其观望环视，便于其寻找选购。例如，日用品应摆放在明显、最易选购的位置上，一般安排在底层和出入口处。

商品摆台应考虑客人的观看习惯。一般来说，客人进入商场后，目光会不由自主地首先看向左侧，然后转向右侧，因此要将引人注目的商品摆放在左侧，以吸引客人的目光，促使他们购买。商品摆台还要适应消费者逛商场的行走习惯。外国人习惯于顺时针行走，中国人则习惯于逆时针行走。为此，可把一些购买频率较高的商品摆放在顺时针或逆时针的入口位置上，以适应不同客人的购买行为和心理需求，提高商品的展示效果。

商品摆台还要根据季节和节日的不同及时调整摆放的位置与格局，从而激起客人的购买欲望。

（3）商品要标明价格、产地、规格、型号

商品要明码标价，货牌上应写明产地、规格或型号。有些新产品还应采用其他宣传手段，让客人了解其性能和特色，为客人提供方便。

3.7.3 柜台销售的接待礼仪

1）主动迎客

主动迎客是指营业员站在柜台里要眼观四面，耳听八方，面带微笑，站立服务。一旦客人走近柜台，应微笑点头问候，目光亲切，鼓励客人放心挑选，在客人做出表示前一般不要轻易发问，留给客人的感觉必须是"我随时愿意为您提供服务"。一个称职的营业员还能从客人的眼神中预测到客人的购买意图，从而有针对性地做好接待工作。只有这样，才能真正称得上"主动"。

2）热情服务

（1）礼貌答问

客人在购物时，由于对商品不熟悉，必然要向营业员询问各种问题，这是商业活动中的正常现象。为此，营业员应做到：

要有热情，在回答客人的询问时，一般应面对客人，声音要轻柔，答复要具体。

要有礼貌，客人提出的各类问题，有些在营业员看来也许是多余的，但仍应礼貌回答，而不要顶撞客人。

百问不厌，客人的提问有时很复杂，对于同样的问题，客人可能会一问再问，有时几位客人会同时发问。而对于营业员的回答，客人有时也会听不懂或听不清。这时要多做解释，要有足够的耐心，沉得住气，这是商业工作者应有的礼貌。

实事求是，无论是介绍商品还是充当客人的参谋，都应以诚为本，绝不夸大其词或弄虚作假，要严格遵守商业道德。

（2）一视同仁

这是商业活动的基本道德准则和基本原则，营业员要做到：

不以年龄取人，不以服饰取人，不以性别取人，不以职业取人，不以地域取人，不以国别取人。

（3）文明接待

在营业高峰时，应接不暇是难免的。营业员除要引导客人排队购买、维持正常的营业秩序外，还应注意以下三点：

注意接待顺序，辨别先来后到，服务细致周到。

掌握好时间差，按照"接一顾二招呼三"的接待方式行事，使在场观看、待购的客人都能感受到营业员的亲切和对他们的尊重。

做好"安抚工作"，即维护购物秩序，安抚购物客人的情绪。

（4）当好参谋

客人的购物行为因人而异，会显现出不同的性格特点。营业员要充分了解客人的一般心理，另外还要当好客人的参谋，主动介绍商品的性能、特点，比较同类商品的特色，解答客人的疑问，帮助客人做出判断。

（5）得理让人

在接待工作中，营业员有时会碰到过分挑剔、提出无理要求甚至胡搅蛮缠的客人。遇到这类客人，营业员应做到：

① 态度冷静。越是在素质较差的客人面前，越要沉得住气，既要坚持提供优质服务，又不要因生气而降低服务质量。营业员的模范服务行为其实是对客人无理要求的最好批评。

② 理直气和。即使客人情绪激动，营业员仍要说话和气，礼让三分，绝不可"以牙还牙"。营业员要学会以理服人，而且要善于说理，使客人感到温暖如春。

3）礼貌送客

客人离开柜台时，要致谢道别，目送客人离去。

对于提拿大件物品的客人，应关切帮助。

对于老、弱、病、残、幼客人，要倍加照顾，在其提拿物品离开柜台时，要特别提醒关照，以示体贴。

总之，一位讲究礼仪的商场服务员应该做到：主动微笑迎客，给人以亲切感；使用敬语待客，给人以温暖感；实事求是地介绍商品，给人以诚实感；热心为客人当好参谋，给人以信任感；热情礼貌地送别客人，给人以留恋感。只有这样，才能真正做到文明接待、优质服务。

同步业务 3-5

饭店商场服务礼貌用语应用举例

Welcome sir.　欢迎您，先生。

What can I show you?　您要买点什么？

Please wait a moment.　请您稍等一下。

Sorry to have kept you waiting.　对不起，让您久等了。

Is there anything else you'd like to buy?　您还需要别的东西吗？

Please come again.　欢迎您再来。

3.8　旅行社接待礼仪

旅行社是指以营利为目的从事旅游业务的企业。它不仅是旅游者与旅游对象之间的中介，而且在不同旅游企业之间起着联络和协调作用。旅行社服务岗位主要有导游员、门市部业务员、旅游景点讲解员等。

3.8.1　导游员

导游员在接待工作中应做到：

① 仪态举止应自然大方、稳重高雅、充满活力，给人以亲切感和可信任感。

②仪容应保持端庄整洁,女性导游员不宜浓妆艳抹。

③在工作中应穿制服或比较正式的服装,佩戴导游证。女性导游员不宜穿过短或过长的衣裙。

④在与游客交谈时,态度应热情、庄重,表情应大方、自然,目光应坦率、诚实,话语应文雅、得体。

⑤要尊重不同国家、地区和少数民族游客的风俗习惯,尊重他们的宗教、民族信仰。

⑥应提前到达接团地点或集合地点,并将导游旗或其他标志向游客展示。

⑦见到游客应主动、热情地打招呼。游客上下车时,应站在车门前迎候;对上下车不方便的游客,应主动相助。

⑧在清点游客人数时,切忌用手指点游客。应热情、友好地向游客致欢迎词。游览活动结束后,应对游客的合作表示感谢,礼貌道别。

⑨在车上和景点作讲解时,应面对游客,语言清楚、准确,声音柔和、适中,语调轻松自然、富有情感,忌用命令式口吻。讲解词一定要准确,不能开政治玩笑,不能胡吹乱扯,更不能为了哗众取宠说一些"黄段子"。

⑩当游客对导游员的工作提出意见或要求时,应做到认真倾听,耐心解释,以理服人,尽量满足游客的合理要求。

⑪陪同客人观看文娱节目时,要做好节目介绍;文娱活动结束后,应将客人送至宾馆休息。

⑫送团时,要提醒游客带好证件及贵重物品,并有礼貌地致欢送词,感谢游客的合作,表达友好惜别之情,欢迎其再次光临。

3.8.2 门市部业务员

门市部业务员在工作中应做到:

①在岗位上必须按规定着装,佩戴胸牌;要保持个人清洁卫生,保持仪表仪容端庄。

②接待客人要讲文明礼貌,做到不敷衍、不推诿、不顶撞、不争吵。与客人说话时,目光应看向对方脸部,提供微笑服务。

③对客人提出的旅游和机票等问题,必须立即做出正确回答,并伴以介绍和报价,帮助客人挑选合适的旅游产品。如果在接待客人的过程中需接听电话,应该先向客人打招呼;电话结束后,再向客人表示歉意。

④对于客人提出的需求,无论营业部有无能力解决,销售人员都需从帮助客人的角度予以答复,并伴以行动上的表示。

⑤客人随意浏览旅游宣传品时,销售人员应注意观察,揣摩其需要,寻找接近的时机和方式,以便进入交谈过程。

⑥电话铃响,应立即接听。对于客人的电话咨询,要耐心解答,不厌其烦。

⑦客人较多时,要招呼其他客人先坐下,或将有关资料先呈上让他们查阅,然后按先后顺序予以接待,务必使客人不受冷落。

⑧在确定客人的行程计划时，要尽可能按客人的要求提供服务。对特殊要求可再重复一下，以示确认。对需填写出国（境）旅游申请表的客人要详细告知注意事项，以免增加客人不必要的往返。

⑨客人挑选旅游产品后，销售人员需按种类和价格迅速结算，让客人付款。当客人支付现金时，要当面点清，并辨别钱币的真伪，防止假钞流入。收款后应将机票、零钱、身份证件等交给客人清点，并当面向客人交代清楚。

⑩当客人道别时，应起立并致谢和祝愿。

⑪当接到客人投诉时，应耐心倾听，并详细记录客人的要求，告诉客人会尽快与有关部门联系解决；事后及时把投诉处理结果告知客人，要以真诚的态度赢得客人的信任。

3.8.3　旅游景点讲解员

旅游景点讲解员要做到：

①着装整齐规范，佩戴胸牌，保持仪容仪表端庄，女性略施淡妆，接待始终精神饱满。

②客人到来时应面带微笑，热情问候："小姐（先生）您好，欢迎光临……"

③按客人逗留时间的长短安排参观路线，对客人的合理要求，应尽可能予以满足；同时，妥善处理旅游过程中出现的各种问题。

④讲解符合参观者的要求，内容准确、生动、简练，口头表达清晰，普通话标准。一定要注意：讲解不能东拉西扯、胡乱联系；对景点的介绍不夸张、不贬抑，更不能为了引起游客的兴趣而瞎编乱造。如果自己的讲解词中出现与历史年代或人名不符的情况，经游客纠正后，要虚心接受，诚恳道谢。

⑤不冷落客人，耐心回答客人提出的问题。

⑥参观结束后，请参观者提出宝贵意见，并欢迎他们有机会再来。

3.9　旅游车队接待礼仪

3.9.1　站点调度员

站点调度员应该做到：

①仪表整洁，着公司识别服，佩戴调度胸卡。

②车辆按序秉公调派，不徇私情。

③对老、弱、病、残、孕等特殊乘客优先供车。

④文明礼貌，扶老携幼，开关车门。

⑤遇到乘客携带大件、多件行李时，要主动协助其提拿、安放。

⑥做好调派记录及乘客失物的登记。

⑦保持站点环境整洁，维持站点候车秩序，制止营运驾驶员违反客运规定的行为。

⑧不在车内与驾驶员闲聊，不脱岗，上岗时不吸烟。

⑨按规定办理出市境用车登记手续。

⑩不得索要小费。

⑪做好交接班、台账记录和职责范围内的其他工作。

3.9.2　驾驶员

驾驶员应做到：

①车辆整洁、人精神。车况良好，设施、技术性能完好；车容整洁，符合营运规范要求。

驾驶员（包括旅游线导游员）要仪表端庄整洁、精神饱满。营运时应统一穿着公司识别服，不佩戴首饰。男士头发不过耳，不留胡须；女士头发不披肩，不染彩发。在岗位上尤其是在客人面前避免打呵欠、打喷嚏、撩头发、挖耳鼻等不文明动作；站立服务、不倚不靠，行走保持轻快节奏。

②微笑迎客。与客人相遇时，面带微笑；目光接触时点头示意，说话亲切，音量适中，问答规范，简洁明确。

大客车及接团车驾驶员在客人上车时，要坚持在车门旁站立迎接，身体挺直，双手自然下垂或交握在前。

③对老、弱、病、残、孕客人要热情、细心、周到；客人上下车时，应主动搀扶。

④遇初次服务的客人，应主动介绍情况，自报姓名、工号和单位，并说"欢迎乘坐××汽车，我们将竭诚为您服务"。与客人对话要保持一定距离（1米左右），姿势自然，称呼得当，语调热情，态度大方，使用"您好""请""谢谢"等敬语。

⑤旅客上下车时（或迎送客时），应主动为客人提携行李包。

⑥每辆车按车型配备公司统一制作的服务伞。逢雨天客人上下车时，要为客人遮雨或提供借伞服务。

⑦客人下车离去时要做好提醒服务，关照客人勿忘随带物品，并说"请走好，再见"。

◆ 本章概要

□ 内容提要

本章简要阐述了旅游行业主要岗位接待礼仪的概念。旅游接待礼仪是旅游服务的"软件"，是衡量服务质量的最重要标志，是指在旅游行业服务工作中形成并得到共同认可和理解的仪式。

本章还详细描述了饭店前厅、总台、客房、餐厅、酒吧、康乐、商场与旅行社、旅游车队等岗位的礼仪规范和中英文礼貌用语，并通过各项专栏使其形象具体、好学好记。

□ 主要概念和观念

▲ 主要概念

接待礼仪

▲ 主要观念

旅游行业所有岗位的接待都应该礼貌服务，尊重、关心客人，做到宾客至上，讲究接待的方法和艺术，符合本国国情、民族文化和当代道德，尊重客人所在国的风俗习惯和宗教仪式，尊重女性。只有这样，才能使客人有宾至如归的感觉，从而更好地树立个人和企业的形象，赢得更多的回头客。

□ 重点实务

饭店大门迎接礼仪　总台接待礼仪

基本训练

□ 知识训练

▲ 复习题

(1) 为什么说总台是旅游饭店的"神经中枢"？

(2) 餐厅服务有哪些特点？

(3) 旅游饭店的大厅迎接员应如何迎接客人？

(4) 旅游饭店的行李员应如何送别客人？

(5) 旅游饭店的商场服务员应如何做到文明接待、优质服务？

▲ 自测题

△ 选择题

(1) 行李员在服务中，正确的做法有（　　）。

A.主动帮助客人提携行李，但也要尊重客人的意愿，不可强行接过来

B.陪同客人乘电梯时，请客人先入电梯，电梯到达指定楼层后，行李员先出电梯

C.离开房间时应面对客人，后退一步，再转身退出房间

D.行李员在进入客房之前，如果房门是开着的，则无须按门铃或敲门通报即可进入

(2) 饭店的（　　）是饭店的"窗口"，也可以称为饭店的"神经中枢"。

A.总服务台　　　　B.客房　　　　　C.餐厅　　　　　D.商场

(3) 问讯员在服务中，正确的做法有（　　）。

A.针对客人提出的问题，当答案不确定时，不能随意回答，不能用"大概""也许""可能"之类的词语

B.如多人同时问询，问讯员应先问先答，急问快答，使所有客人都能得到适当的接待和满意的答复

C.应当好客人的参谋，及时向他们提供游览往返路线、交通工具、购物和娱乐场所、风味小吃等有关信息

D.对于离店客人的信件、快递，要及时按客人留下的新地址寄出或退回原处

(4) 楼层接待员在服务中，正确的做法有（　　）。

A.如酒店不设行李员，对客人手中的行李或物品要主动帮助提携

B.引领客人时要在客人右前方约1.5米处

C.退出房间时，应先后退一步，再转身走出

（5）客房服务员在服务中，正确的做法有（　　　）。

A.客房服务员进房后，若发现客人正在睡觉，打扫时要尽量不发出声音

B.如房内无人，客房服务员可以进行打扫，但必须把门全开着

C.在打扫客房时，如客人不在，需协助接听客人的电话

D.整理房间时，应尽量避免干扰客人的休息与工作，最好是在客人外出时进行

（6）在接待工作中，营业员有时会碰到过分挑剔、提出无理要求甚至胡搅蛮缠的客人。遇到这类客人，营业员应做到（　　　）。

A.态度冷静　　　　B.理直气壮　　　　C.理直气和　　　　D.据理力争

△ 判断题

（1）佛教界人士乘车抵达时，大门迎宾员要立即主动迎上，引导车辆停妥，接着一手拉开车门，一手挡住车门框的上沿，以免客人碰到头。（　　　）

（2）客人来店预订房间，如因客满而无法接受预订，订房员应表示歉意，但不需要为客人介绍其他饭店。（　　　）

（3）客房服务员打扫房间遇到客人时，需要先伸手与客人握手，以示对客人入住的欢迎。（　　　）

（4）值台员应按先主宾后主人、先女宾后男宾的顺序拉椅让座，客人就座后，应及时递香巾、茶水。递送时按顺时针方向从右到左进行。（　　　）

（5）商场内部的灯光、声音、色彩和温度等因素，可直接作用于消费者的感官，刺激消费者的购买欲望，影响消费者对饭店的印象。（　　　）

（6）当客人较多时，柜台销售员应专心接待好离自己最近的客人，而不要"接一顾二招呼三"，影响服务水准。（　　　）

学习微平台

随堂测3-1

▲ 讨论题

（1）饭店一般规定客人必须在中午12点前退房，超时要加收半天房费，多数客人对此有意见，你怎么看？

（2）客人投诉菜里有一根头发，此事应如何处理？

（3）客房服务员打扫房间时发现少了一条毛巾，后在垃圾袋中发现，但已被客人当作擦鞋布使用，沾染了黑鞋油，客房服务员应该怎么办？

（4）客车离开休息区，已经开上了高速公路，导游发现少了一位旅客，如果你是导游，应该采取哪些措施？

□ 能力训练

▲ 理解与评价

2021年11月14日傍晚，李先生在××酒店的金桥店办了入住手续，房费302元/天。拿着房卡进电梯时，刷了几次无响应。到前台换了一张卡，仍然无效。几番周折后，服务员给李先生换了一间房，才解决了这个问题。进入房间，李先生打开电视机，发现画面模糊，打电话给前台，回答是"每个房间都这样，这儿

信号不好"。接着，李先生又发现手机无法连接 Wi-Fi，于是到前台要求退房并退回预付款。前台服务员说，李先生进房已经超过10分钟，不能退房费。李先生很气愤，进行了投诉。

　　资料来源　作者根据相关资料编写。

　　问题：入住超过10分钟酒店就不退房费合理吗？这件事如何解决比较好？

　　▲ 案例分析

【训练项目】

案例分析–Ⅲ。

【相关案例】

小凌的客房服务

　　背景与情境：某五星级酒店客房楼层服务员小凌第一天上班，经过一个月的培训，她对做好这项工作充满信心，一个上午的接待工作也很顺利。

　　午后，从楼层电梯里走出两位衣着光鲜的客人，小凌立刻迎上前去，微笑着说："两位先生，你们好！"并第一时间接过他们的行李，一边说"欢迎入住本酒店，请随我来"，一边引领客人走进房间。进入房间后，她先是摆放好行李，泡了两杯欢迎茶放在茶几上，说"两位先生，请用茶"，接着开始一一介绍客房的设施设备，"这是音控柜，这是空调开关……"这时其中一位客人打断了她的话，说"这些我们都知道"。

　　但是小凌仍然继续说："这是电冰箱，桌上文件夹内有服务指南和电话指南……"未等她说完，另一位客人从钱包中拿出一张10元钱不耐烦地递给她，小凌顿时愣住了，一片好意被拒绝甚至被误解，使她感到既沮丧又委屈。她涨红着脸对客人说："对不起，先生，我们不收小费，谢谢您，如果没有别的事，那我先走了。"此刻，小凌心里乱极了，她实在想不通这是为什么。

　　问题：为什么小凌规范、热情的服务完全不受客人的欢迎？

　　【训练要求】

　　同第1章"基本训练"中本题型的"训练要求"。

　　▲ 实训操练

实训 3-1

　　【实训项目】"饭店大门迎接礼仪"知识应用。

　　【实训要求】将班级学生分成若干实训团队，以本章"重点实务"中的"'饭店大门迎接礼仪'知识应用"为操练项目，模拟旅客和饭店服务人员，体验大门迎宾员的礼仪和接待方法。

　　【实训步骤】

　　（1）将班级学生分为若干实训团队，每团队确定1人负责。

　　（2）各团队学生参照"3.1.1 大门迎宾员"的礼仪规范进行情境设计，并结合情境设计进行旅客和迎宾员的角色分工与协作。

　　（3）各团队以本章实务教学中"3.1.1 大门迎宾员"的礼仪规范为接待方法，以"情境设计"中的"背景"为基本情节，模拟角色操作，体验本项目模拟实训的全过程。

（4）各团队学生交换分工，再次体验本项目模拟实训过程。

（5）各团队学生记录本次模拟实训的主要情节，总结实训操练的成功经验，找出存在的问题及解决办法，在此基础上撰写《酒店迎宾员实训报告》（以下简称《实训报告》）。

（6）在班级讨论交流、相互点评与修订各团队的《实训报告》。

（7）在校园网的本课程平台上展出经过修订并附有教师点评的各团队《实训报告》，供学生相互借鉴。

实训 3-2

【实训项目】"总台接待礼仪"知识应用。

【实训要求】将班级学生分成若干实训团队，以本章"3.2 饭店总台接待礼仪"中服务员接待宾客入住、问讯、订房、结账等"'总台接待礼仪'知识应用"为操练项目，模拟饭店总台服务人员和旅客，体验总台服务人员的礼仪和接待方法。

【实训步骤】

（1）同"实训 3-1"的"实训步骤（1）"。

（2）各团队学生参照"3.2.1—3.2.7"接待员、问讯员、订房员、结账员、外币兑换员、商务中心文员、话务员的接待礼仪规范进行情境设计，并结合情境设计进行旅客和各类服务员的角色分工与协作。

（3）各团队以本章实务教学中"3.2.1—3.2.7"接待员、问讯员、订房员、结账员、外币兑换员、商务中心文员、话务员的礼仪规范为接待方法，以"情境设计"中的"背景"为基本情节，模拟角色操练，体验本项目模拟实训的全过程。

（4）同"实训 3-1"的"实训步骤（4）"。

（5）同"实训 3-1"的"实训步骤（5）"。

（6）同"实训 3-1"的"实训步骤（6）"。

（7）同"实训 3-1"的"实训步骤（7）"

□ 课程思政

【训练项目】

课程思政—Ⅲ。

【相关案例】

有毒的火锅

背景与情境：上海淮海路著名的女士用品商店附近有一条小马路，长不过百米，是一条与吴江路齐名的休闲小吃街。不光老字号乔家栅糕团店、鲜得来排骨年糕店、宁波汤团店在此扎营，深受青年人喜爱的麻辣烫、四川火锅也有好几家。2013 年 12 月，其中一家生意兴隆的豆捞坊爆出长期使用地沟油和罂粟壳，还把客人吃剩下的食材重复使用，该店因此受到查处。但网上也有人为其打抱不平，说该店的汤料鲜美，菜肴价格便宜，吃了还想吃，甚至有网友发出奇谈怪论："汤都一再沸腾了，有细菌早杀死了！""不干不净，吃了没病，我常去吃，没事！"

资料来源　作者根据《解放日报》《新民晚报》及网上相关资料编写。

问题：

（1）火锅店为了追求利润，使用地沟油、罂粟壳，重复使用剩菜，这样的经营能容忍吗？

（2）你对网上的言论怎么看？

【训练要求】

同第1章"基本训练"中本题型的"训练要求"。

第4章　会展服务礼仪

● 学习目标

通过本章学习，应当达到以下目标：

职业知识： 学习和把握会展的概念、特点，会展服务礼仪的含义，会展场所布置和装饰礼仪的原则、方法，会展服务的礼仪和方法，以及"同步业务"、"同步资料"和二维码资源等理论和实务知识；能用其指导本章"同步思考"和"基本训练"中"知识训练"各题型的认知活动，规范相关技能活动。

职业能力： 点评会展场所"遵守规定，不超标准"原则，训练专业评价力；运用本章知识研究"同步案例"和章后"案例分析-IV"，训练对"会展服务礼仪"特定情境下当事者行为的"多元表征"专业能力和"与人交流"的通用能力；通过"'大型集会主席台的布置和服务'知识应用"实训操练，训练相应专业技能和"团队协作""解决问题"的通用能力。

课程思政： 结合"会展服务礼仪"的教学内容，依照相关规范或标准，对相关案例"课程思政4-1"和章后"课程思政-IV"中企业及其从业人员的行为进行思政研判，培养高尚的道德情操，树立社会主义核心价值观。

引例：首届中国国际进口博览会在上海举办

学习微平台

思维导图 4-01

背景与情境：世界上第一个以"进口"为主题的国家级展会——首届中国国际进口博览会于 2018 年 11 月 5 日至 10 日在国家会展中心（上海）举行。来自五大洲 172 个国家、地区和国际组织的 3 600 多家企业参与展示国家形象和发展成就，参加论坛，洽谈贸易，展销商品。超过 40 万名国内外人员参与洽谈采购，入场人数达到 80 万人次。

在 5 日上午的开幕式上，国家主席习近平发表了主旨讲话，强调中国将进一步开放，深化国际贸易合作，推进共建"一带一路"，为促进经济全球化搭建新的平台，为增进各国人民福祉、推动构建人类命运共同体做出积极贡献。捷克总统泽曼等 5 位国家元首、俄罗斯总理梅德韦杰夫等 9 位政府首脑、英国王子安德鲁和国际货币基金组织总裁拉加德、世界银行行长金墉、世界贸易组织总干事阿泽维多出席了开幕式。

除国家展区外，此次博览会的场地有 30 万平方米，分为 7 大展区：消费电子及家电、服装服饰及日用消费品、汽车、智能及高端装备、食品及农产品、医疗器械及医药保健、服务贸易。在这些展品中，有体积最大、吨位最重、精度最高的"金牛座"龙门铣，也有最小的心脏起搏器、最薄的血压仪、检测最快的免疫分析仪、最新会飞的汽车、最贵的直升机、最灵活的仿人五指机械手、最新一代AR 镜子、能在千分之一秒内控制击球速度和方向的第 5 代乒乓球陪练机器人等，在中国市场上第一次亮相的产品就超过 5 000 种。各国嘉宾盛赞：中国这个"世界工厂"即将成为"世界市场"。

全国各省（自治区、直辖市）、中央企业、相关部委组建的 40 个交易团，数十万采购商，在博览会期间采购高新技术工业机器人、氢燃料电池汽车、医疗器械、抗癌新药、各种绿色食品……采购总金额达到 578.3 亿美元，为提高我国技术水平、医疗水平和生活消费水平做出了巨大贡献。

展会期间，还举办了虹桥国际经济论坛、国际财经媒体和智库论坛、贸易与创新平行论坛、保护知识产权论坛等。比尔·盖茨、马云等也参加了部分论坛，充分肯定了中国改革开放和进口博览会对拉动世界经济的重大作用。

资料来源 作者根据《解放日报》《环球时报》等的相关报道编写。

问题：这次博览会有哪些特点？

分析提示：第一，这次博览会是世界上首次以"进口"为主题的博览会；第二，这次博览会是我国举办的规模最大、规格最高、参与的国家（地区）和国际组织最多的博览会；第三，这次博览会展销的智能产品、医疗器械、抗癌药品、绿色食品、服装服饰品种多、技术含量高，对提高我国生产科技水平和人民消费水平贡献巨大。

随着改革开放的深入，我国的经济实力迅速增强，越来越多的国际化、专业化、品牌化会议和展览在我国举行，不但上海、北京、深圳、广州等特大城市的国际会议和大型展览不断，大中城市也常常承接大型会议和展览。加上国家级、省市级各种各样的专业会议和展览，会展业已成为我国现代服务业中欣欣向荣的朝阳产业。20多年来，会展业在我国获得了巨大发展。从1999年世界500强《财富》论坛在上海成功举行，2001年上海承办APEC会议，2008年北京承办奥运会，到2010年上海承办世博会，2014年北京又承办APEC会议，2018年又在上海举办规模空前的首届中国国际进口博览会，一次次重大国际会议的成功举办，吸引了众多国际政要和商务、学界的知名人士参加，既助推了中国经济的腾飞，也彰显了我国的国家新形象。

目前，会展业已由传统的商品展示向立体式、多方位创立品牌转变，开始倡导体验会展布置，线上线下相结合，让国际、国内企业更好地相互交流，让参观者能得到视觉、听觉、触觉的全方位体验。

4.1 会展服务概述

会展服务虽然与其他服务产品在性质上是相同的，但它提供的是更高品位、更高档次的服务。会展服务的特殊性决定了这种产品具有综合性、情感性、不可储存性、生产与消费的同步性、差异性及保密性等特点。

4.1.1 会展服务的概念

"会展"是一个复合词语，一般来说，包括会议和展览两大部分。

会展服务的概念有狭义和广义之分：狭义的会展服务，专指为各类会议、展览提供一系列相关的服务并从中获取一定的收益；广义的会展服务，是指为各类会议、展览和各种活动提供全方位的服务并从中获取一定的收益。

同步案例4-1

会展业的繁荣带动了相关产业的发展

背景与情境：从2001年1月至2007年7月，上海先后举办了595个展览会，并以每年20%以上的速度递增。会展业的繁荣带动了一系列相关产业的发展，欣欣向荣的会展业加快了上海国际化大都市的建设进程。会展经济为上海酒店、旅游业带来了更多商机。2001年上海国际会议中心的会议、客房、餐饮营业收入比2000年增加了39%。2001年上海会展交易额达550亿元，会展直接收入为18亿元，占全国的45%，直接从事会展工作的人员超过4 000人。以浦东为例，2001年上半年，在浦东召开的各类会议有407次，其中包括IBM年会、APEC部长级会议等国际会议30余次。同期，浦东旅游收入超过15亿元，同比增加3成；接待游客734万人次，同比增长62%。2010年上海举办了世博会，在5个多月的展期中，全世界200多个国家（地区）和机构参展，7 000多万人次参观，为上海的经济和相关产业的大发展提供了动力，也为上海赢得了国际会议中心的赞誉。现在，上海每年举办的国际会展数已接近德国。2015年3月，总建筑面积150万平方米、共16个展馆的国家会展中心（上海）建成使用，第23届上海国际广告技术设备展览会和上海新国际博览会也相继开幕。浦东浦西会展"两翼齐飞"，人气爆棚，盛况空前。上海已成为名副其实的国际会展中心之一。

资料来源　作者根据相关资料编写。

问题：上海会展业为什么会如此繁荣？

分析提示：上海会展业的蓬勃发展反映出鲜明的时代特征：一是上海经济活跃，吸引着中外工商机构以"会展"探路，纷纷开拓商机；二是上海会展业已形成五大场馆格局，做大、做强了上海展览会规模，改变了许多年来因场馆小而散限制上海会展业发展的局面；三是与高新技术产业、都市产业和支柱产业相关的展览会应运而生，采取了展会结合、展中有会、会中有展、以展带会、以会促展的做法；四是一些与市民生活贴近的展览会，如房地产展、建材展、国际家具展、食品博览会与卡通画展等，也显示出了巨大的活力。

4.1.2　会展服务的特点和内容

1）会展服务的特点

（1）综合性

首先，构成会展服务产品的因素具有多样性，由硬件（设施、设备）与软件（服务）等诸因素构成。软件的服务部分包含了服务项目、服务态度、清洁卫生、安全保密、仪表仪容、言行举止、服务人员的知识及技术素质、沟通能力与应变能力等内容。

其次，客人所购买的是一次完整的情感经历，这就要求生产和提供产品的每一个企业、每一个部门、每一个岗位以及生产过程中的每一个时刻，都要提供优质服务。

（2）情感性

会展服务主要是客人目不见耳不闻的"情感经历"，而情感具有强烈的主观色彩，正所谓"一千个观众就有一千个哈姆雷特"。因此，会展服务产品缺乏客观的细化与量化标准。

（3）不可储存性

会展服务产品基本上不以具体的实物来表现，"使用"时才能显示出来。会展服务产品不可能像有形产品一样被储存起来以便未来出售。会展服务的时间性很强，少则几个小时，多则几天，很快消失。如李先生预订了 2022 年 5 月 10 日上午的中心会场，但因故未能使用，事先也未打电话取消预订，那么他虽未使用，但预付的中心会场定金却不予退还。所以说会展服务产品的效用和价值不仅固定在空间上，而且固定在时间上。

（4）生产与消费的同步性

对于会展服务产品，生产者与消费者直接发生联系，服务者和被服务者两者在时空上是同步的。会展服务人员向客人提供服务时，也正是客人消费此项服务的时段。

（5）差异性

不同的会展服务人员为不同的客人提供同一种服务，很难采用统一标准。同一个服务人员提供的同类服务也会在不同时间、不同场合因服务人员的个人情绪以及处理人际关系的技巧不同而产生服务质量差异。对于同一服务，不同的客人也会因为阅历、性别、情绪的差异有不同的感受与评价。

（6）保密性

会展服务的保密性要求比其他服务更高，因为会展服务人员在工作中会接触大量机要事务，如会议的机密文件、电文资料、技术参数等，因此，会展服务人员不该看的不看，不该问的不问，知道的不能向他人泄密。

2）会展服务的内容

会展服务贯穿于会展活动的整个过程，主要包含会展服务与会展接待两个方面。一般来说，接待工作在两头，服务工作在中间，它们是一个整体，环环相扣，不能脱节。

当前，我国的一些企业集团或综合性行政部门根据实际需要、参照国外的先进经验，已成立了专门的会展服务机构，如"会务服务公司""会议代理"等。会展服务的主要内容有：

（1）会前准备

如会议通知、会场布置、会议编组、证件制发、交通、食宿安排、安全保障等。

（2）会间工作

如人员签到、迎宾入座、文件印发、会议记录、参观引导、执行会场制度、现场指挥、生活服务等。

（3）会后收尾

如票务安排、文件清退、财务结算、会场清理等。

总之，现代的会展服务已不再是迎来送往、泡茶倒水等事务性工作，而是涵盖了与会展服务工作相关的全部内容，包括会展的接洽、接待、引导、提供咨询、安排休息、引宾入座、会间服务、餐饮招待、环境介绍、设备使用、参观游览、票务安排以及其他特殊需要的服务。因此，会展服务是全方位、立体化的服务。

4.1.3 会展服务礼仪的含义

会展服务礼仪，是指会展工作人员在参加或组织会展活动的过程中，用以维护国家、民族、企业和个人的良好形象，对交往对象、参观者表示尊重和友好的行为准则和仪式。

会展服务礼仪与一般礼仪相比，除相同的个人仪表、礼貌语言、言谈举止等人际交往的规范外，重要的是一定场合中的仪式程序和特殊规则，如会场的布置、席次的排列、发言的先后、就餐的座次、礼品的筛选等，都有严格的规定和习惯，不能失礼、失仪。

> 同步业务 4-1

"三声""三到"

"三声"和"三到"是会展服务中对接待对象热情友好的具体表现。

"三声"："来有迎声"，无论在哪一工作区域，对来访的陌生人要热情地招呼；"问有答声"，无论来访者所提出的问题是否与你有关，你都要做出相应的回答，即有问有答；"去有送声"，当来访者离去时应主动与其道别。

"三到"："眼到"，在与人交谈时要注视对方，给对方一种认真倾听的感觉，一般应注视对方的头部，强调重点时要看对方的眼睛；"口到"，是指讲普通话，对外宾要讲外语，至少能用外语问候对方并进行简单交流；"意到"，即用适当的表情来待人接物，最常见的是自然大方的微笑，以表示对宾客的热情友好。

4.2 会展场所布置和装饰礼仪

4.2.1 会展场所布置和装饰的原则

1）安全、方便

会展一般都具有场地相对狭窄、人流相对集中的特点，所以场所布置和装饰首先要考虑人员的安全、展品的安全。场所一定要尽可能宽敞一些，使人流活动比较方便，保证出入畅通。建筑和布展的材料一定要坚固、防火，电路一定要保证安全。参观线路要单向顺畅，不致在人流集中时发生对冲、拥挤。展台的布置要封闭与半封闭相结合，大型展品的摆放要稳固，不能阻碍通道，电视机、摄像机不能正对门道，以免引起参观者滞留，阻塞通道。

2）实用、美观

由于一般会展的时间都不长，所用场馆常需临时搭建，即使使用大型固定场馆办展或开会，也要临时加以装饰和布置，以适应会展主题的要求，因此，会展场所的布置和装饰既要适当美化，更要讲求实用，不能贪大求洋、讲究唯美，从而提高成本，造成浪费。展台的布置亦应贯彻突出主题、简洁朴素的原则，做到标志鲜明、色彩亮丽。

3）彰显特色

会展场所的布置和装饰一定要符合会展内容和主客体的要求。从主办方来说，要尽可能彰显民族特色、地方特色。会议接待场所如能在布置和装饰方面使用具有民族特色和地方特色的物品、艺术品，既可以为本国、本地区、本民族的民族、民间工艺品的推广提供平台，也能使外地或境外的宾客感到新鲜、亲切。例如，2018年国家在上海举办了首届中国国际进口博览会，根据需求，有"四叶草"之称的国家会展中心西厅被改建为国家会议中心（上海），4.2号馆被改建为平行论坛场馆。场馆内采用了不少中国元素，体现了"大国风范、海派韵味"。主会场空间架构借鉴了中国古代建筑形态。墙面和顶部用浅色铝板，层层叠叠，用铜条、灯带勾勒，以近似"白描"的手法展出"庑殿顶"的轮廓，从而展现出了气势恢宏的大国风范。国家会议中心的迎宾大厅取意"绽放"。吊顶造型展现出了鲜花盛开的形态，中心的铜艺花灯灯光呈现出了"天圆地方"的效果，有和谐圆融之意。迎宾大厅的地面地毯，以金色线条勾勒出"祥云"的图案，以欢迎的姿态，迎接八方来客，齐赴盛会。"祥云"是经典的中国文化符号，也代表了"渊源共生"和"和谐共融"。场馆中还采用了许多传统花卉图案。西厅的主入口金色外墙光影变幻、熠熠生辉，造型灵感源自绽放的玉兰花，和国家会展中心的"四叶草"理念一脉相承，寓意和谐、生长、欢迎、开放。"进博会"平行论坛四个会议厅的地毯分别选用"梅兰竹菊"四种植物，以"水墨中国"的写意手法展现江南素雅之风，又不失庄重。平行论坛前厅的吊灯，由一根百米长的"飘带"弯曲折叠成一团而构成，展现出"绣球花"的造型，寓意"一带一路"，团聚美满。施工中，上海还首次将机器人应用到装饰材料拼装中，营造了大气磅礴的效果。

同步案例 4-2

朴实隆重，承载大国风范

背景与情境： 2014 年 APEC 北京峰会会场与国宴布置总策划师赵春阳说，APEC 北京峰会的基调是朴实隆重，要把这次峰会当成一个载体，用以唤醒中国传统文化和民间工艺的老字号、老品牌，布置和装饰必须体现大国风范，让大师和企业的作品成为大国之礼。参与相关工作的有西泠印社篆刻名家费名瑶、紫砂大师吕尧臣、苏绣大师卢福英、福建红木大师黄福华等。从递送给领导人的请柬、签署各项文件的签字笔、国宴会场的屏风、插花、晚宴的菜单、领导人休息室里的台灯到领导人穿的"新中装"，一件件精美朴实的物品都承载着中国传统文化的精华元素，由 10 多位艺术大师、40 多家企业组成的团队共同完成。比如，请柬用的是中国传统的册页形式，封皮是米黄锦缎配以云锦图案，行楷体"请柬"二字由 93 岁的书画大师陈佩秋书写，内页的画出自国画大师谢稚柳，与雁栖湖的景色相得益彰；请柬内页的纸张用传统手工制作的五层宣纸经反复裱制而成；签字笔是我国著名品牌 18k 金英雄笔；台灯的样式是仿"汉唐宫灯"，由 0.3 毫米厚的骨磁薄片制成，磁片上还烧制着陈佩秋先生的画竹……APEC 北京峰会的布置和装饰不仅展示了中国的传统文化与传统工艺，还开创了一个政府、企业、艺术家协力合作，打造中国元素、中国品牌的先例。

资料来源　张懿. 大国之礼海纳百川——上海团队揭秘 APEC 北京峰会会场布置幕后事[N]. 文汇报，2015-02-06. 有改动.

问题： 该案例对会展布置与装饰有何启发？

分析提示： 第一，APEC 北京峰会是我国成为第二大经济体后承办的第一次大型国际会议，有十几个国家的元首、政府首脑、经济体领导人和他们的配偶参加，中国必须当好东道主，所以布置和装饰的物件都力求体现中国民族特色、大国风范，大到会场地址（雁栖湖、"鸟巢"），小到签名笔、请柬、台灯，无不与传统文化和著名民间工艺相关。第二，无论是地方举行会议还是单位举行会议，都应充分发掘本地区、本单位的文化元素，充分运用现成资源，体现地方和单位特色。只有这样，才能把会展当成一个载体，为本地区、本单位的产品服务，体现本地区、本单位特色，宣传自己、愉悦客人。

4）优化环境，杜绝污染

举办会展，不论是国际的、大型的，还是国内的、中小型的，往往都要进行或多或少的场所建设和布置、装饰，对周围的交通、绿化、声音、光电等必然会造成一定的影响。不能因为会展对经济有利就不顾环境，要尽一切可能优化环境，杜绝污染。首先，要力求旧物利用，力避大拆大建，要优化周边环境，如改善交通、增加绿化；其次，要避免大功率空调、强光对周边居民的影响，建筑垃圾、生活垃圾要及时清运。

5）遵守规定，不超标准

进入 21 世纪后，我国的法制建设成绩显著，过去很少有法律约束的建筑、建材、会议室、办公室、食宿标准都有了相当具体的规定，会展场所的布置、装饰以及会议室用具等都应遵守相关规定，不能超出标准。地方性的会展不能跟国家的攀比，单位举办的不能跟省、自治区、直辖市级别的攀比，小到签名簿、签名笔，大到会议用车、休息室的布置，都应简单朴素，厉行节约，不超标准。那种为接待一次外宾或领导就进口一辆高级轿车，就对会议室、接待所进行豪华装修的做法必须坚决避免。

4.2.2　会展场所布置和装饰的方法

1）门厅、入口大厅、过厅的布置和装饰

①门厅是重要的"交通枢纽"，人流频繁，来去匆匆，所以空间要大。门厅内适宜采用体型较大、观赏性较强的绿化或艺术品陈设。

②入口大厅要给人以亲切、温暖、美好的感觉，不论采用什么格调，都应保证空间明亮。入口大厅的家具主要是沙发，应排列组合放置于中心或一侧，它们的形式和体量以不妨碍通行为前提，并与门厅的大空间相协调。

③过厅是客人在通行中驻足的场所，空间应采用流畅的处理手法，布置也应力求简洁，墙角可适当布置盆栽，略作点缀，以减弱平淡感。

2）餐厅、宴会厅、酒吧的布置和装饰

①餐厅要求安静、舒适。餐桌的造型、结构要符合人体工程学的要求。在餐厅入口处，可布置画屏，在四周墙角可适当布置盆栽，并注意花木选材，要有季节、民族特色。

②宴会厅是会展活动最主要的宴饮场所，往往同时兼作多功能大厅，是重点装饰对象。除了举行大型宴会外，它还有举办国际会议、展览、放映电影、举办舞会、表演等多种用途。宴会厅的装饰要求较高，为了营造宏伟壮丽的空间气氛，宴会厅装饰常常借助厅内的照明艺术，以控制整个室内空间氛围。宴会厅的照明常选择艺术性强的花饰吊灯，习惯采用中心式布置，以显示它的高贵气派。

中餐宴会厅多数用大圆桌。餐桌排列要突出主桌位置，主桌的铺设规格应高于其他餐桌。隆重宴会要铺设鲜花组成的花环，环绕转台一圈，并铺设民族传统图案，以烘托宴会的气氛。桌次和每桌座次的安排都很有讲究，也是中餐宴会的重要礼仪，不能有差错。

中餐宴请的餐具十分重要，考究的餐具是对客人的尊重。依据宴会人数和酒类、菜品的道数准备足够的餐具，是宴会的基本礼仪之一。餐桌上的一切物品都应讲究卫生，桌布、餐巾都应浆洗洁白并熨平。酒杯、筷子、刀叉、碗碟等餐具在宴会之前都必须洗净擦亮。

西餐宴会一般使用长台，根据人数和宴会厅的形状，将餐台居中排成"一"字形、"T"字形或"门"字形等。主宾席位置在长台的中间，可铺上长条形鲜花、摆瓶花或花篮进行重点装饰。

冷餐会没有固定的坐席，而采取"立食"形式，比较活泼。餐台的摆法自由，一只大餐台，可放在宴会厅中央；两只大餐台，可并列竖放或横放于大厅两边；三只大餐台，可排成"品"字形。大餐台周围还可穿插放一些小餐台，用以摆放酒水、杯盘、刀叉等。

③酒吧是为客人提供娱乐和休息不可缺少的场所，专售冷饮和各种酒类。通常将其布置在门厅或客厅附近，可以是一个专用的房间，也可以占据门厅的一角。室内环境要求幽静雅致，要有音响设备，灯光适当暗淡、柔和一些，座位间距要适宜相互交谈。

3）客房的装饰与陈设

客房是供客人休息的场所，是应该重点装饰与布置的地方。

客房内的装饰原则是安全、健康与舒适。客房的安全主要表现为防火和保证私密性。要重视客房隔音、亮度与室内温湿度的调节，以保证客人的健康。

客房一般采用分散的局部照明方式。通常，除了可调节亮度的案头木台灯和沙发旁立式阅读灯外，客房的亮度值应低于其他公共区，以利于客人休息。

4）商场的布置和陈设

商场是会展最重要的场所，也是会展经济收入的重要来源之一，应精心布置。商场布置和陈设的基本原则是最大限度地突出商品的形象，以吸引客人。通过敞开的格架和透明的橱窗，直接向客人展示各种商品，给人以琳琅满目、丰富多彩的感觉。在这里，商场的照明艺术应起主要作用。为了烘托商品的色彩、形象，商场的室内墙面、天顶、地面等不宜太亮，天顶甚至可以不设照明灯具而采用吊顶灯配反射灯泡，把明亮的光束投照到商品上，以显示其五彩缤纷、五光十色的风姿。

5）台面花卉装饰

鲜花是美好的象征、友谊的信物，也是一种深受欢迎的礼物。台面花卉装饰对社交场所来讲是必需的。自然界的花草树木与人的关系十分密切，它们不但能美化环境，而且能作用于人的视觉感官，影响人的情绪、心理。因此，如能针对开会、宴饮的主题，配备适当的台面花卉装饰，一定会起到增强社交效果的作用。

学习微平台
图文4-1

学习微平台
视频4-1
安云酒店
早餐厅

学习微平台
视频4-2
翡翠阁宴会厅

同步资料4-1

会场装饰的作用

会场装饰是指运用文字、图案、色彩和实物等装饰物烘托会场气氛。会场装饰的效果是通过人的视觉的直观感受体现的，具有身临其境的感染力，在很大程度上会影响与会者的情绪，因此，同整个会议的效果有着密切的关系。具体来说，会场装饰的作用主要包括以下几个方面：

①昭示会议的主题。文字性装饰直接揭示会议的主题，图案性装饰则形象地说明会议主题。

②渲染会议的气氛。会议的气氛分为主观气氛和客观气氛。主观气氛是指与会者相互之间的情绪影响，如合作、友好、缓和、热烈等；客观气氛是指会场内的装饰物构成的特定环境。

③调动与会者的情绪。会场装饰是一种客观气氛的渲染，通过视觉形象的感受，直接影响与会者的情绪，进而影响会议的主观气氛。

④强化会议的功能。有效的会场装饰在增强会议功能方面作用十分显著，如举行一次庆祝表彰会，红色的会标、奖状、红旗、鲜花等装饰物会体现会议的热烈和隆重，给人留下深刻难忘的印象。

4.2.3 会议厅室布置的方法

1）会见厅的席次安排

会见厅的席次安排是非常严肃、非常重要的问题，主要表现为是以左为尊还是以右为尊。我国古代的不同时期，既有过以左为尊，也有过以右为尊。现在，如果是国内或家庭亲属之间，习惯上还是以左为尊。例如，中央领导接见香港、澳门特别行政区领导时，中央领导都坐在左边，是以左为尊。中央领导与外国元首会见时，外宾坐在右边，此时才是以右为尊。

下面的几种席次安排，一定要首先分清内外，才不会出错。

应根据参加会见人数的多少、规格的高低、厅室的形状和面积大小对会见厅进行布置，一般有马蹄形、凹字形、正方形、长方形等。选择什么样的布置形式，要因人、因地而异。一般较多地采用马蹄形，正中迎门处摆四个或两个沙发，两边留有出入口，每两个沙发之间放一张小茶几（或一个茶几、一个沙发），如图4-1、图4-2和图4-3所示。

图4-1 会见图（1）

注：左方为其他客人，右方为主方陪见人。

会见厅的布置应注意以下几点：

①布局要合理实用、美观庄重，位置要紧凑，各种家具之间的距离要协调一致。内圈沙发应根据人数来安排中间的空距，一般以两脚半为宜。

图4-2　会见图（2）

图4-3　会见图（3）

②座位要比会见的总人数多几个，以备会见时临时增加的人员使用。

③内圈沙发之间的茶几，要根据不同的服务对象选择适当的位置，并根据领导的不同习惯适当放置需要的物品。

④准备好会见所需物品，数量要有一定的富余，做到有备无患。会见用的毛巾、茶具、冷饮具、牛奶咖啡具、餐具等要严格进行消毒、烫洗，达到安全卫生标准，然后封存起来，由专人负责。

⑤搞好清洁卫生。在以上工作完成后，要对全场进行全面、彻底的卫生清洁和安全检查。

2）会谈厅的席次安排

双边会谈通常布置长条形或椭圆形会谈桌和扶手椅，宾主相对就座。布置会谈厅时，要根据会谈人数的多少将会谈桌呈横"一"字形或竖"一"字形排列，桌子的中线要与正门的中心相对，桌面上匀称地铺上台呢，在桌子的两边对称地摆上扶手椅。主宾和主人的座位要居中摆放，座位两侧的空档应比其他座位略宽。如果双方人数不相等，则双方主要领导人在座椅中间对齐，其他两边匀称摆放。

如果会谈桌呈横"一"字形排列，主人在背向正门的一侧就座，客人在面向正门的一侧就座。如会谈桌呈竖"一"字形排列，以进门的方向为准，客人居右方，主人居左方。译员的座位安排在主持会谈的主宾和主人的左侧，其他人按礼宾顺序左右排列。记录员一般是在会谈桌的后侧另行安排桌椅就座，如参加会谈的人数较少，也可以安排在会谈桌边就座。双边会谈图如图4-4、图4-5所示。

		译员	主宾			
6	4	2	1	3	5	7
7	5	3	1	2	4	6

主人　　译员

——　|　↑　|　——

正门

图4-4　双边会谈图（1）

主
方　　　　客
　　　　　方

——|↑|——
正门

图4-5　双边会谈图（2）

多边会谈时会谈桌可摆成圆形、方形等，如图4-6所示。

小范围的会谈一般不用会谈桌，只设沙发，双方座位按会见图（1）的座位安排。

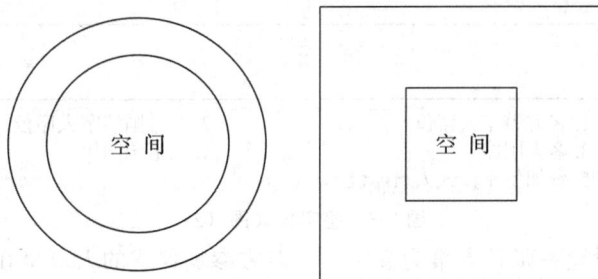

空　间　　　　　空　间

图4-6　多边会谈图

3）签字厅的席次安排

签字仪式应根据出席双方领导的身份、出席人数，选择在宽敞的大厅或以高大的屏风、大型挂画、壁画作为背景的厅室进行。

签字厅的布置方式是：在厅室正面、大型屏风或壁画的前面，将两张长条桌（签字桌）并拢呈横向排列，在桌面上铺墨绿色台呢。台呢要铺正，中心线拉直，下垂部分两端要均等；如有里外两层，则要求外边长里边短。在签字台的后面摆两把高靠背扶手椅（左为主方签字座位，右为客方签字座位）。两把椅子之间相距1.5～2米。在两个座位前的桌面上放置文件及签字时使用的文具，如签字笔、吸墨器等。如果是国事活动，桌面前方还要摆放挂有两面国旗的旗架。签字厅的两侧可布置少量沙发，供休息用，如图4-7所示。这里要注意，现在常有政府与企业之间的合作项目签字仪式，应遵照以左为尊的礼仪。

各国举行的签字仪式的安排不尽相同。有的国家设置两张方桌为签字桌，双方签字人员各坐一桌，双方的小国旗分别摆放在各自的签字桌上，参加仪式的人员坐在签字桌的对面，如图4-8所示。

1. 签字桌　　　　　　　　　2. 双方国旗
3. 客方签字人　　　　　　　4. 东道国签字人
5. 客方助签人　　　　　　　6. 东道国助签人
7. 客方参加签字仪式人员　　8. 东道国参加签字仪式人员

图4-7　签字仪式图（1）

1. 客方签字人席位　　　　　2. 东道国签字人席位
3. 客方国旗　　　　　　　　4. 东道国国旗
5. 参加签字仪式人员席位

图4-8　签字仪式图（2）

有的国家设置一张长方桌为签字桌，双方参加仪式的人员坐在签字桌前方两旁，双方国旗挂在签字桌的后面，如图4-9所示。

1.客方签字人席位　　　　2.东道国签字人席位　　3.签字桌
4/5.参加签字仪式人员席位　6.客方国旗　　7.东道国国旗

图4-9　签字仪式图（3）

4) 国际会议会场的席次安排

国际会议是指由国际性组织出面或者由一国或几国发起、多国代表出席，就共同关心的国际问题而召开的会议。国际会议一般都具有规模大、规格高、与会国家多、议题专一、活动内容广泛的特点。

国际会议会场布置的形式多种多样，具体采取何种形式，应根据会议的性质、内容、规格、人数和主办方的要求等情况来确定。

同步思考4-1

问题： 会见厅的布置大多采用马蹄形，为什么？

理解要点： 会见厅的布置大多采用马蹄形，有以下两个原因：（1）主次分明，主宾交谈方便，译员工作也较方便，媒体在正面采访、摄影，不会有遮挡，也不会有任何一方背对镜头；（2）格局庄严。

同步案例4-3

生日宴会的随机应变

背景与情境： 餐饮、旅游行业从事服务工作的人员，常常会在工作中遇到一些突发事件，考验其随机应变的能力。2018年国庆节，某大型民营企业老总包下了市里一家饭店的自助餐厅，为公司30岁、40岁、50岁的员工举办集体生日庆祝活动。总经理讲话之后，大家一边吃饭，一边欣赏文艺节目，气氛非常热烈、温馨。突然，灯一下子全灭了，大家十分惊愕，总经理高声责问餐厅负责人："这是怎么回事？"餐厅负责人高声命令："所有服务员，上蜡烛！"一会儿，几十支蜡烛照亮了餐厅。这位餐厅负责人对总经理说："对不起，总经理，想给大家一个惊喜，事先没给您汇报。一会儿还会有漂亮的裱花大蛋糕供大家品尝。"大家听了高兴不已，齐声称赞餐厅负责人想得周到，会做生意。

其实，这是一次突发事故，电工在检查饭店的电路时，不小心拉错了闸。餐厅负责人当时能冷静处理，得益于平时处理类似事件的演练。

问题： 读了这个案例，你有什么启示？

分析提示： 集体庆生是企业的大喜事，遇上突然停电，一定会影响饭店的知名度、美誉度。该餐厅负责人的随机应变，增添了喜庆的气氛，收到了意想不到的效果。这一举动也很好地体现了该餐厅负责人的组织能力、社交水平及文化素养。

4.3 会展服务礼仪综述

4.3.1 大型会议服务礼仪

大型会议的特点一般是：规格高、场面隆重，政治性、保密性强，与会人数多，代表性广泛，会场使用范围广，持续时间较长。为此，首先要做好以下准备工作：

1）接受任务和会前准备事项

（1）制订切实可行的实施方案

针对大型会议的服务工作，必须先制订科学的、可行的实施方案。制订实施方案时应注意以下问题：第一，要借鉴以前的业务资料和那些已被实践证明是可行的经验。第二，在借鉴已有经验的基础上，不断了解新情况，根据新的要求和变化，研究新问题，制定相应的对策和措施，以便在服务工作中争取主动。第三，要充分调研会议需要的人力和物力，对短缺的人力和物力要及时向有关方面申请增补。

（2）进行思想动员

各级领导要有组织、分层次地进行会前动员：第一，反复宣传做好大会服务工作和安全保卫工作的重要性，重申会议服务工作的礼仪和要求，具体介绍会议的各种情况，明确交代相关任务，并组织员工进行充分讨论。第二，充分发挥党团组织的作用，保证每个现场工作人员都能充分发挥自己的积极性。

（3）进行物质准备和人员分工

对沙发、椅子、桌子、茶几、地毯、茶具、暖水瓶、毛巾等物品进行全面检查，按计划、用量增添用品以满足会议需要。对现场工作人员要事先进行挑选、组织、分工，统筹调整，合理分配，实行定岗位、定人员、定任务的"三定"岗位责任制。

（4）开展清洁卫生和安全检查工作

大会使用的场地、涉及的行走路线、周围环境等，均要进行全面细致的清洁，有疫情时要进行严格的消毒。对与会议有关的场所、设备、建筑、陈设等，要进行全面的安全检查，清除易燃、易爆物品，排除一切不安全的因素，确保大会的安全。

（5）进行严格的业务培训

会议开始前，所有现场工作人员都要按分工提前进入工作岗位，参加本岗位业务训练，熟悉岗位环境，了解工作职责和岗位服务礼仪。结合岗位情况进行着装仪表、举止言谈、服务操作等方面的专门训练；按一流服务水平的要求，在会前进行一次业务和礼仪的演习。

2）服务规程

（1）茶座服务规程

茶座，顾名思义，即落座饮茶，形式不拘，与会者可以随便走动、自由畅谈，场面活泼、轻松、自然。做好茶座服务工作，要严格执行下列程序和规范：

① 搞好场所桌椅、沙发、茶几、厅廊地面和卫生间的卫生，铺设地毯，清理垃圾、果皮箱，创造一个文明、卫生的环境。

② 根据茶座招待服务的需要，领取棉织品、茶具和招待用品。

③ 烫洗茶具要坚持用清洁剂冲洗、"氯氨T"消毒、开水煮烫和净布擦拭四道工序，严格把关，保证达到安全、卫生标准。

④ 着装统一，仪表整洁，在与会者入场前1小时上岗，布置茶座：铺设台布

时，"十"字折纹应与礼堂的方向取直、对正，周围垂下的桌布长短均匀；茶壶置于桌中，花式图案向着主座，壶嘴向左，壶把向右；茶碗在茶壶周围摆成圆形，把手朝外；壶、碗下均加垫盘；毛巾盘放在茶壶右侧。整个场面摆设整齐划一。

⑤ 与会者入场前半小时，服务员就应备好热茶、温茶和凉开水。

⑥ 开会前15分钟开始沏茶。

⑦ 与会者入场时，服务员站立两旁，面带笑容，一字排开，躬身表示欢迎。与会者入座后，给每位与会者斟第一杯茶。对于行动不便的与会者，更要服务热情，照顾周到，必要时送入会场，并向场内服务员交代清楚。

⑧ 与会者饮茶、交谈时，服务员应仔细观察各桌的用水情况，并及时续水。续水时统一使用暖瓶，随手带小毛巾。为了礼貌和不影响与会者的谈话，要站在不交谈的两个座位之间，左脚在前，右脚在后，或呈"丁"字形，上身自然前倾，左手将茶壶盖揭开翻放在台布上，再拿起茶壶撤离座位约20厘米处斟开水，以防开水溅到与会者身上；斟水以八分满为宜，然后将茶壶轻轻放回原处，轻轻盖上壶盖，并用小毛巾抹净壶外的水迹。

⑨ 与会者离开座位时，要主动向后拉椅，进行照顾，并迅速检查桌面、桌下有无与会者遗忘的物品。

（2）会场内服务规程

会场内服务是指在礼堂内为与会者指路引座的服务。其服务规程包括：

① 搞好场内卫生，保证温度适宜、空气新鲜。

② 按要求摆好指路牌和带有各种标志的牌号。

③ 入场前1小时统一着装，仪表整洁地入岗、站位。站位时一般站在各走道口的一侧，面向与会者。

④ 指路时右手抬起，四指并拢，拇指与其余四指自然分开，手心向着客人，示意所指方向时说"请走这边"或"请那边走"。

⑤ 熟悉场内区域座号，主动为与会者引座，做到准确无误；主动搀扶、照顾年老体弱者入场、站立、投票、上厕所等。

⑥ 大会开始时站到工作岗位上，站姿端庄、大方，集中精力，认真观察场内动静，如有行动不便的与会者站起，要迅速前往照顾。

⑦ 会间休息或休会时，要及时打开门窗。按规范要求站到自己的岗位上，照顾与会者出入或退场。

⑧ 与会者退场后，按划分的责任区域认真细致地进行检查，擦拭桌面，整理抽屉，如发现与会者遗忘的东西，要记清座位号码，及时上交或汇报。

（3）厅室服务规程

厅室服务规程与茶座服务规程相同。

（4）主席台服务规程

① 搞好主席台上的卫生，擦拭桌面、椅子、地板，保持清洁。

② 明确主席台总人数和各排人数、主要领导的座位和生活习惯、招待标准、

工作要求。

③ 按人数配齐茶具、席卡、文具等；认真烫洗茶具，严格消毒，达到安全、卫生标准。

④ 着装统一，仪表整洁，入场前1小时上岗，检查桌椅，摆放垫盘、茶杯（加好茶叶）、毛巾盘、便笺、铅笔等，要求距离一致、整齐划一。

⑤ 垫盘、茶杯的花纹图案要对正，茶杯把手向里，略有斜度（一般不大于90度和不小于45度）。

⑥ 摆放毛巾。毛巾的叠法一致，摆放整齐。

⑦ 会前30分钟，服务员进入场内开始为参会者倒水。倒水时要步态平稳、动作协调，左手先把杯盖翻放在桌上，然后将茶杯端至腹前，右手提暖瓶将水徐徐斟入杯中八分满处再将杯子放到垫盘上，盖上杯盖。

⑧ 会前10分钟，按各自分工各就各位，照顾与会者入场、就座，会议用耳机时，要帮助行动不便的与会者戴好耳机。

⑨ 奏国歌时，听指挥统一上台，搀扶需要照顾的领导起立、落座。

⑩ 第一次隔30分钟续一次水，以后每40分钟续水一次。对领导和报告人要根据情况及时续水。主席台上人少时，一两个服务员上台按领导级别先后续水；主席台上人多时，服务员续水时按顺序排队统一上台。

⑪ 会议进行中，舞台两侧各设一人观察台上情况，处理应急事务。

⑫ 收尾工作按顺序进行，撤杯盖，倒剩茶水，收茶杯，擦收垫盘，收回毛巾、席卡，并做好下次大会的准备工作。

3）主席台座位安排

较为大型的会议通常应安排席卡，颜色、规格、字体要统一。国内会议主席台上的座位一般是尊者坐正中间，其左手为次尊者，右手再其次，依此类推（国际活动则以右为尊）。如果发言人席设在主席台上，一般位于台上最右侧，主持人席在发言人席的左侧（如图4-10所示）；如在主席台外另设发言人席，则主持人席设在主席台的最右侧（如图4-11所示）；有时主持人席也设在主席台的中央。

发言人席　　9（主持人席）7　5　3　1　2　4　6　8　10

图4-10　主席台座位安排（1）

发言人席　　9（主持人席）　7　5　3　1　2　4　6　8　10

图4-11　主席台座位安排（2）

4.3.2 中、小型会议服务

中、小型会议在机关、企事业单位召开最为普遍和频繁，因参加会议的人数、会议的内容、时间的长短不同，会议的组织方法、礼仪要求也各不相同。

1) 会议筹备工作

(1) 根据会议规模确定接待规格

会议规模一般由主持单位确定。如果请上级领导到场，出于对上级领导的尊重和对外宣传的需要，可将形式搞得隆重些。上级单位主持的会议，因邀请各单位的代表参加，所以会议的接待工作要求比较规范。为了完成上级布置的任务，通常由本单位的一位主要领导直接抓会议准备工作，成立会务组，专题研究、布置会议接待的有关工作，明确各部门的职责。

(2) 及时发出会议通知

会议通知必须写明开会时间、开会地点、会议主题及会议参加者等内容。为了使会议参加者能安排好自己的工作，还应写明闭会的时间。会议通知要提前发出，以便会议参加者有所准备。根据会议的内容和参加者的范围，会议通知可采用张贴、邮寄、电传、电话通知和E-mail等方式。对于外地的会议参加者，应在通知上写明住宿的宾馆、到达的路线、应带的材料、会务费和是否接站等。

(3) 布置会场

会场的布置包括会场四周的装饰和坐席的安排。较重要的会议，根据需要可在场内悬挂横幅，门口张贴欢迎和庆祝标语。会场内可摆放适量的盆景、盆花。桌面上的茶杯、饮料瓶等应擦洗干净，摆放整齐。

坐席的布置要适合会议的风格和气氛，讲究礼宾次序，主要有以下三种布置方法：

①圆桌形，即使用圆桌或椭圆形桌子（如图4-12所示）。这种布置使与会者同领导一起围桌而坐。另外，与会者能清楚地看到其他人的面容，因而有利于互相交换意见。这种形式适用于10～20人的会议。座次安排应注意来宾或上级领导与本单位领导及陪同面对面坐，来宾的最高领导应坐在朝南或朝门的正中位置，本单位最高领导与上级领导相对而坐。

②口字形，即用长形方桌围成一个很大的口字形。这种形式适用于较多人数的会议，这时来宾与本单位领导坐在一起，如座谈会、联欢会（如图4-13所示）等。

图 4-12 圆桌形会场布置

图 4-13 口字形会场布置（1）

比较严肃正规的会议，为突出与会者的等级、体现最高领导者的权威，也可采用口字形安排，但重心应在一头（如图4-14所示）。

有些重要的会议，为体现东道主与来宾平等相处和对来宾的尊重，虽然也采用口字形配置，但重心在两侧（如图4-15所示）。

图4-14　口字形会场布置（2）　　　　图4-15　口字形会场布置（3）

③教室形，适用于与会者人数比较多，而且与会者之间不需要讨论、交流意见，以传达指示等为目的的会议。主席台与听众席相对，主席台的座次按人员的职务、社会地位排列。座位以第一排正中间的席位为上，其余按左上右下的原则依次排列（如图4-16所示）。

图4-16　教室形会场布置

（4）准备会议资料

有关会议议题的必要资料应由会务组准备。文件资料应装订整齐。如果需要与会者在会上讨论，应提前将资料发给与会者，方便与会者阅读和做好发言准备。如果文件较多，则用文件袋装好。

2）会务接待礼仪

（1）会前检查

会议开始前，要对准备工作进行一次全面、详细的检查，考虑不周或未落实的要及时补救，以保证准备工作万无一失。

（2）提前进入接待岗位

会务接待人员必须在与会者到来前30分钟到达各自的岗位并进入工作状态。一般会议接待工作包括：

① 签到。设一签字台，配1~2名工作人员，如果接待档次比较高，可派礼仪小姐承担相关工作。签字台上要备有毛笔和钢笔及签到本。向客人递钢笔时，应脱下笔套，笔尖对着自己，将笔双手递上。如果是毛笔，则应蘸好墨汁后再递上。如需要发放资料，应礼貌地双手递上。

② 引座。签到后，会议接待人员应有礼貌地将与会者引入会场就座。重要领导应先引入休息室，由本单位领导亲自作陪，会议开始前几分钟再到主席台就座。

③ 接待。与会者坐下后，接待人员应递茶、递毛巾，热情地为与会者解答各种问题，提供全面周到的服务。

④ 倒茶。会务接待人员要注意观察每位与会者，以便及时为其添茶。倒水时应动作轻盈、快捷、规范。杯盖的内口不能接触桌面，手指不能摁在杯口上，不能发出杯盖碰撞的声音，注意不要让茶水溅到桌面上或与会者的身上。如操作不慎，出了差错，不要慌张，应不动声色地妥善处理。

⑤ 会后服务。会议结束后，会务接待人员应按分工做好善后处理工作。如清理会议文件，送别与会代表，安排好交通工具，使其愉快、及时地踏上归程。

同步资料4-2

视频会议

视频会议是运用现代通信技术和计算机技术召集相距遥远的不同地点的单位和人员举行的线上会议，一般也叫作现代化远程会议。2020年新冠肺炎疫情暴发以来，很多国际、国内的重要会议都是通过视频在线上举行的。其主要特点包括三个方面：其一，科技含量高；其二，超越传统会议的时间和空间限制；其三，实现会议的无纸化。视频会议的作用是：节省时间资源、提高工作效率和降低成本。

学习微平台

视频4-4
金砖国家领导人第九次会晤

学习微平台

视频4-5
习近平在金砖国家领导人第八次会晤上的讲话

4.3.3　大型集会服务

1）大型集会的概念

大型集会是指规模大、人数多的会议，如庆祝大会、纪念大会、表彰大会、劳模大会、报告会等。这类会议属群众性活动，一般议程都比较简单，安排紧凑。大型集会的主席台服务规程与中小型会议的主席台服务规程相同。大型集会由于参会人员多，要配备数量足够的服务人员。参会人数太多时，要临时扩容，大会开始前1小时一切工作就应准备就绪，迎接与会人员入场。饮水处要备有充足的茶水等（根据招待标准），茶水随用随添，保证卫生安全。会议开始后，休息厅的饮水台仍要保留，以保证与会人员随时用水。在群众性活动中，卫生间的使用频率很高，要设专人管理，经常进行清扫，保证清洁无味。

2）大型集会服务工作要点

①有些规格高的庆祝会、表彰会，主办方会邀请鼓乐团演奏或由少年儿童献花并夹道欢迎。在这种情况下，一是要认真检查与会人员行走的路线，保证地毯的平整和维护现场秩序；二是要提供良好的休息场所，保证他们的饮水。

②有些大会，由于日程安排紧凑，主办单位一般采取中午在大会现场发放盒饭的办法解决午餐问题。遇到这种情况，现场的工作人员要积极配合。发放食品处尽量选择比较宽敞的地方，避免拥挤。休息厅的茶水要保证充足，温度要适当，不能太凉。休息厅周围应多摆放一些口径大的果皮箱，做到随时清理，不积压成堆。食品盒随时收走，及时送到垃圾站，要特别注意防火。

③在报告会上，要特别注意观察报告人的用水情况，以保证供应。每次换报告人时，要换一杯水。在给报告人续水时，动作要轻稳，防止因声响过大，通过麦克风传入会场影响报告的效果。

④有的庆祝会会后要演出文艺节目，在这种情况下，现场负责人要事先组织人员，迅速撤掉主席台上的桌椅和台呢。在撤台前，要有明确的分工，操作要有程序和条理，避免工作秩序混乱，要保证按时演出。

⑤在群众性活动场所，要特别注意服务态度和服务质量，强调服务一视同仁，全心全意为与会人员服务。

4.3.4 座谈会服务

座谈会是人们为了交换意见及看法或为了纪念某一特殊的日子及事件而举行的一种会议。一般会议规模不大，与会者人数也不多。其服务规程与茶座服务规程相同。

同步资料4-3

远程计算机网络会议

远程计算机网络会议是利用计算机和通信网络召集的远程会议。在突破传统会议的时空限制方面，它比电视电话会议更为彻底。会议主席可随时将自己的意见通过计算机和通信网络传送到各方的网络终端，各方的网络终端会自动记录、存储。与会者可在任何时候查阅记录并以同样的方式向会议主席以及其他各方反馈自己的意见。

这种会议没有时间和地点上的限制，可以同时在一个时间节点上进行，也可以举行异时会议，一次会议可以短至几小时，也可以延长至几个星期，与会者有足够的时间深思熟虑。

4.3.5 新闻发布会服务

新闻发布会又称记者招待会，党政机关、企业、社会团体都可以公开举行新闻发布会，邀请各新闻媒体的记者参加。

1）厅室布置

新闻发布会应选择一个良好的环境：室内温度、灯光要适宜，要有比较舒适的座椅，要安静而无噪声，一般不设电话分机。

在厅室正中上方设主席台，主席台由会议桌、扶手椅组成。面对主席台摆设椅子、茶几，供与会者使用。椅子要根据出席的记者人数确定，4~5个椅子一组摆成若干排，留出走道。厅室两侧各摆一张长条桌，铺上台布。把冷饮容器擦净摆上桌，并用一个玻璃杯放置吸管，供客人自取。

2）服务要点

记者入场后，会议服务人员应热情照顾记者饮水，注意续添桌上的冷饮，及时收回空瓶。会前10分钟，把茶杯、冷饮、毛巾端上摆好。引领主席台人员入座，所有服务人员退到厅内两侧。新闻发布会一般时间较短，服务程序也较简单。需要注意的是，当主持人入场时，会议服务人员要协助主办单位人员疏通走道，同时要防止记者因抢拍镜头而碰倒厅内陈设和用具。

有些单位为了开好新闻发布会，事先会准备一些图表、图片、放大的照片、录音带、录像带等，会议服务人员应给予协助，以便记者在现场观看。

4.3.6　展览会服务

展览会是采用集中陈列实物、文字、图表、影像资料等方式展示成果、产品、技术等而组织的大型宣传活动。主办单位可通过实物、图片、现场讲解来加深参观者的印象，强化宣传效果；还可以借助多种媒介的宣传，提高自己的知名度和影响力。另外，主办单位通过与参观者面对面的接触，听取参观者的意见，也能达到和目标公众进行双向沟通、交流的目的。因此，很多单位对展览会的组织工作以及参加展览会应遵循的礼仪规范都十分重视。

1）展览会的组织工作

（1）明确展览会的主题

任何展览会都应有一个鲜明的主题，明确展览会的对象、规模和形式等内容，并以此来进行策划、准备和实施，使展览会的宗旨和意图更加突出。

（2）确定时间、地点

在确定展览会举办的时间、地点时，要综合考虑展览会的目的、对象、形式以及效果等多种因素。地点可根据参展单位的地理区域不同，选择在本地、外地或国外。另外，还应注意交通、住宿是否方便，辅助设施是否齐全等问题。

（3）确定参展单位

当展览会的主题、时间、地点确定后，就要对拟参展的单位发出正式邀请或向社会发布招商广告。邀请函或广告中应明确展览会的宗旨、举办展览会的时间和地点、报名参展的具体时间和地点、咨询有关问题的联络方法、参展单位要负担的基本费用等，以便对方决定参展与否。在确定参展单位时，要注意不能以任何方式强迫对方参加，要做到两相情愿。

课程思政 4-1

靠什么赢得合同

背景与情境：由于市场竞争激烈，蓝天和创想这两家会展策划公司都想与即将举行大型车展的某机电公司签订合同。蓝天公司的李总约了机电公司的王总在金都酒店三楼包房吃午饭，并准备了一份厚礼。王总本来就认识李总，知道李总刚成立策划公司，也想支持一下，所以爽快地答应了。

李总和秘书小刘刚到包房，王总也应约到了。双方问候后，李总请王总坐在他的左侧，小刘坐在他的右侧。服务员上茶后，小刘开始与李总商量点菜。10多分钟后，小刘点了鱼翅、鲍鱼、龙虾等高档菜，然后对王总说："王总，我们不知道这些菜合不合您的口味，您看还要再点些其他的吗？"王总说："不必了。"

吃饭过程中，小刘为了表示热情，不停地用自己的筷子给王总夹菜。两位老总谈合作事项时，小刘给两位老总添加饮料，王总还做着手势，小刘一不留神，饮料瓶被王总的右手碰倒了，差点将饮料洒在王总的西服上。饭后，李总送的厚礼王总也没有收。

第二天，李总收到了王总发来的邮件，很委婉地谢绝了蓝天公司的合作请求。

资料来源　佚名. 餐饮服务礼仪培训［EB/OL］.［2019-01-02］. http://www.kuaihou.com/ppt/2016031922411.html.经过改写。

问题：王总原想与李总合作，李总用请吃高档海鲜、送厚礼的方式，王总反而谢绝了，为什么？

研判提示：一家新成立的企业要赢得合同，想靠请吃高档海鲜、送厚礼来达到目的，说明其企业伦理存在问题。而且小刘和李总在客人到了之后才点菜，把客人冷落在一旁10多分钟；吃饭时，小刘用自己的筷子给客人夹菜，又差点把饮料洒在客人身上。一系列不合礼仪的行为使对方不敢与蓝天公司合作。正确的做法是靠礼貌的语言、诚恳的态度、正确的礼仪和自己的实力打动对方。

（4）展览内容的宣传

展览会举办前，主办单位应设计好展览会的会徽、会标及相关的宣传标语，并针对展览会的主题、内容、时间、地点进行广泛的宣传，吸引各界人士的注意。此外，主办单位还应成立一个新闻发布机构，负责与新闻界联系，提供有关的新闻资料，以扩大影响范围，增强展览会的效果。

（5）展览现场的规划与布置

展览现场的规划与布置是非常重要的，具体包括展位的合理分配，文字、图表、模型与实物的拼接组装，灯光、音响、饰件的安装，展板、展台、展厅的设计与装潢等。布展应达到展出的物品搭配合理、互相衬托、相得益彰的效果，以烘托展览会的主题，给人一种浑然一体、井然有序的感觉。

（6）其他组织工作

展览会的组织者除做好以上具体工作外，还应为大会提供相关服务，如展品的运输、安装与保险，车、船、机票的预订，通信设备的提供，展览会的安全保卫以及公关、服务人员的招聘与培训等。

2）展览会的礼仪规范

展览会上，主办单位人员和服务人员应时刻用符合礼仪规范的言行为参展方人员、参观人群提供热情周到的服务，使展览会在友好、热烈的气氛中举行。

（1）主办单位人员的礼仪

主办单位的工作人员要注意自己的形象，穿着要庄重，仪容要整洁，举止要文雅。除此之外，还应搞好与各参展单位的关系，做好各项服务工作，如主动介绍展品、答复客户的咨询、分发展品的有关资料及纪念品，齐心协力，共同把展览会办好。

（2）服务人员的礼仪

首先，展览会的服务人员要统一着装，胸前佩戴标明姓名的胸卡。礼仪小姐应身穿色彩鲜艳的单色旗袍，披红色绶带。

其次，热情、诚恳地接待每一位参观者。当参观者进入展位时，要主动与其打招呼，以示欢迎。对观众提出的问题要做到百问不烦、耐心回答。当观众离开时，应主动与其道别。

再次，展览会期间要坚守岗位、各司其职，不得东游西逛、扎堆聊天。

最后，在向观众作讲解时，要注意语言流畅、语调清晰。对于介绍的内容，要实事求是，不可任意夸大。讲解完毕，应向观众表示谢意。

同步资料4-4

东道主

东道主，即会议活动举办地的主人。东道主可以是一个国家、一个地区、一个组织，也可以是某个人。其任务主要是提供会议活动场所和设施，负责会议活动的接待。会议活动如果是在主办者所在地举行，则主办者同时又是东道主。会议活动除了主办者外，还有承办者的，则承办者为东道主。如2018年11月举行的"中国国际进口博览会"为中国主办、上海承办，上海就是东道主。

同步资料4-5

什么是"世博会"？

世博会是世界性的、有众多国家参加的综合产品展览交易会。世博会的宗旨是促进世界各国经济、文化、科学技术的交流与发展，被誉为世界贸易界的"奥林匹克"盛会，是会议展览活动的最高组织形式。

▷ 本章概要

□ 内容提要

本章简要阐述了会展服务的概念、特点、内容，会展服务礼仪的含义；会展场所布置和装饰的原则、方法；会展服务中大型会议、中小型会议、大型集会、座谈会、新闻发布会、展览会的服务规范和礼仪。

□ 主要概念和观念

▲ 主要概念

会展服务　会展服务礼仪　国际会议　座谈会　展览会

▲ 主要观念

会展服务的特点：综合性、情感性、不可储存性、生产与消费的同步性、差异性和保密性。

会展场所布置和装饰的原则：安全、方便，实用、美观，彰显特色，优化环境、杜绝污染，遵守规定、不超标准。

☐ 重点实务

中小型会议会场布置（圆桌形、口字形、教室形） 大型集会主席台布置和服务规程 展览会服务

基本训练

☐ 知识训练

▲ 复习题

（1）会展服务的概念是什么？

（2）会展服务有哪些特点？

（3）会展服务礼仪的含义是什么？

（4）会展场所布置和装饰的原则有哪些？

▲ 自测题

△ 选择题

（1）不同的会展服务人员为不同的客人提供同一种服务，很难采用统一标准，这一点体现了会展服务的（　　　）。

A.综合性　　　　　B.情感性　　　　　C.不可储存性　　　D.差异性

（2）会展场所布置和装饰的原则包括（　　　）。

A.安全、方便　　　　B.实用、美观　　　　C.彰显特色

D.优化环境，杜绝污染　　　　　　　E.遵守规定，不超标准

（3）会谈厅的席次安排，做法正确的有（　　　）。

A.双边会谈宾主相对就座

B.桌子的中线要与正门的中心相对

C.如果会谈桌呈横"一"字形排列，主人在面向正门的一侧就座，客人在背向正门的一侧就座

D.如果会谈桌呈竖"一"字形排列，以进门的方向为准，客人居右方，主人居左方

（4）茶座服务规程，做法正确的有（　　　）。

A.烫洗茶具要坚持用清洁剂冲洗、"氯氨T"消毒、开水煮烫和净布擦拭四道工序

B.与会者入场前半小时，服务员就应备好热茶、温茶和凉开水

C.开会前30分钟开始沏茶

（5）主席台服务规程，做法正确的有（　　　）。

A.与会者入场前1小时服务人员上岗

B.会前30分钟，服务员进入场内开始为参会者倒水

C.第一次隔30分钟续一次水，以后每40分钟续水一次。对领导和报告人要根据情况及时续水

（6）国内会议主席台座位安排，做法正确的有（　　　）。

A.尊者坐正中间，其左手为次尊者，右手再其次，依此类推

B.发言人席设在主席台上，一般位于台上最右侧，主持人席在发言人席的左侧

C.如在主席台外另设发言人席，则主持人席设在主席台的最右侧

△ 判断题

（1）会展服务产品和其他服务产品一样具备客观的细化与量化标准。（　　　）

（2）现代的会展服务已不再是迎来送往、泡茶倒水等事务性工作，而是涵盖了与会展服务工作相关的全部内容，是全方位、立体化的服务。（　　　）

（3）会展服务主要是会间工作，包括人员签到、迎宾入座、文件印发、会议记录、参观引导、执行会场制度、现场指挥、生活服务等。（　　　）

（4）会展场所布置和装饰首先要考虑的是美观。（　　　）

（5）在我国，会见厅的席次安排是以左为尊，布置大多采用马蹄形。（　　　）

（6）会议坐席，来宾的最高领导应坐在朝南或对门的正中位置，本单位最高领导与上级领导相对而坐。（　　　）

▲ 讨论题

（1）农副产品展销会是否属于会展的范畴？试根据会展的特点加以阐述。

（2）办会展怎样才能彰显特色？

（3）展台服务员在无人前来咨询时、会议厅服务员在会议厅服务时，都不能互相交谈或窃窃私语，为什么？

□ 能力训练

▲ 理解与评价

点评会展场所"遵守规定、不超标准"原则。

▲ 案例分析

【训练项目】

案例分析-Ⅳ。

【相关案例】

案例Ⅳ-1

狼狈不堪的签约仪式

背景与情境：今年1月，宏发公司与美国某著名IT公司经过多轮磋商，达成了合作意向。双方决定16日上午10点在市中心的海仑宾馆举行正式的签约仪式，准备工作由宏发公司总经理秘书小芳负责。小芳最近工作比较忙，所以准备签约仪式的时候比较紧张。16日，她提前半小时到了现场，突然发现合同文本忘在办公室了。她急忙打电话让办公室文员小李把合同送到签约现场。幸好当天交通状况比较好，没有塞车，合同在会议开始前5分钟送到了。可在主持人宣布签约仪式开始时，小芳却发现她忘记安排助签人了，她只好临时充当助签人，而

她的着装与签约仪式的气氛不是很协调，显得十分狼狈。

　　问题：这次签约仪式哪些准备工作不到位？有什么不合礼仪的地方？

　　分析要求：同第1章"基本训练"中本题型的"分析要求"。

　　案例Ⅳ-2

学习微平台

随堂测4-1

2021年世界互联网大会乌镇峰会

　　背景与情境：9月26日，以"迈向数字文明新时代——携手构建网络空间命运共同体"为主题的互联网大会峰会在千年水乡古镇、浙江省桐乡市乌镇召开。中共中央政治局委员、国务院副总理刘鹤以视频方式出席，宣读习近平主席的贺信并致辞。来自96个国家的近2 000名嘉宾出席。

　　大会发布了《世界互联网发展报告2021》蓝皮书，对48个国家和地区的互联网新技术、新应用、新发展进行了评估，美国、中国、英国、德国、加拿大名列前5名；《中国互联网发展报告2021》蓝皮书对国内前10名的排名是：北京、广东、上海、山东、江苏、浙江、四川、福建、天津、湖北。

　　会议期间，"2021'直通乌镇'全球互联网大赛总决赛"开赛。此外，还举行了集成电路、人工智能、5G应用、工业互联网等专题赛，共有19个国家的1 012个项目参加。

　　会议期间，举办了2021"世界互联网领先科技成果发布活动"和"互联网之光"博览会，"跨国工作组共同制定域名根服务器中文字符生成规则""全球博物馆珍藏展示在线接力""航空出行一站式信息服务平台"等精品案例有不俗表现，"隐身衣"、各种机器人、"小蛮驴"等新科技成果也十分酷炫吸睛。

　　会议期间还举办了"全球数字经济发展与合作研讨会"、"网络文学的世界意义"国际论坛和"网络数据治理""全球抗疫与国际传播""数据与算法""网络语言共治"等20个分论坛；举办了"2021中国国际网络文学周"。

　　会议期间，我国首个"互联网医院"进一步完善，首个智能计算产业基地"乌镇算力小镇"正式投入建设。

　　大会虽然是在疫情期间召开的，但实行开放式，整个乌镇景区也不闭园，游客可以预约入园，显示了我国防疫抗疫的高标准和后勤服务的高水平。

　　9月25日，大会组委会在上海虹桥机场、虹桥火车站、杭州萧山机场、杭州火车站、桐乡高铁站都设立了接站点，每隔30分钟，就有专人专车接送国内外参会嘉宾到会场注册报到，进行疫情安检，然后安排接驳车或大巴送嘉宾到会场或酒店。

　　大会组委会要求所有接待人员"要用最温柔的笑容"接待参会嘉宾，并为此组织了最专业的服务团队，涉及会展、咨询、行程、酒店、餐饮、旅游、购物，为每一位嘉宾提供细心、周到的优质服务。东道主还从浙江省内各高校招聘了700名被称为"小梧桐"的志愿者，为大会提供相关服务。组委会按照不同的岗位职责和会场礼仪，针对嘉宾联络、酒店餐饮、医疗卫生、景区引导等对这些志愿者进行了严格的培训。志愿者都统一着装，服饰主题为"诗画东方"，突出水乡特色；以淡蓝色为主色，缀有溪水流淌的美丽曲线，套装全由本地企业纯手工制作。

由于疫情影响，很多进口食材无法使用，每份菜单都经过酒店厨师团队反复调整，确保健康、美味、安全。

资料来源　作者根据相关报道编写。

问题：

（1）2021 年世界互联网大会乌镇峰会有哪些重要活动？

（2）大会组委会做了哪些礼仪安排？

【训练要求】

同第 1 章"基本训练"中本题型的"训练要求"。

▲ 实训操练

【实训项目】"大型集会主席台的布置和服务"知识应用。

【实训要求】将班级学生分成若干实训团队，以本章"重点实务"中的"大型集会主席台的布置和服务"为操练项目，先模拟服务员进行主席台的布置（铺台布，放置鲜花、席卡、茶具），然后模拟主席台领导，体验相关服务方法和礼仪等。

【实训步骤】

（1）将班级学生分为若干实训团队，每团队确定 1 人负责。

（2）各团队学生结合本地大型集会主席台布置和服务的实际情况，参照"4.3.1 大型会议服务礼仪"的相关要求进行情境设计，并结合情境设计进行服务员与主席台领导的角色分工与协作。

（3）各组以本章实务教学"4.3.1 大型会议服务礼仪"中的"1）接受任务和会前准备事项""2）服务规程""3）主席台座位安排"等规范为操作依据和方法，以"情境设计"中的"背景"为基本情节，模拟角色操练，体验本项目模拟实训的全过程。

（4）各团队学生交换分工，再次体验本项目模拟实训过程。

（5）各团队学生记录本次模拟实训的主要情节，总结实训操练的成功经验，找出存在的问题及解决办法，在此基础上撰写《"'大型集会主席台的布置和服务'知识应用"实训报告》（以下简称《实训报告》）。

（6）在班级讨论交流、相互点评与修订各团队的《实训报告》。

（7）在校园网的本课程平台上展出经过修订并附有教师点评的各团队《实训报告》，供学生相互借鉴。

□ 课程思政

【训练项目】

课程思政-IV。

【相关案例】

"野鸡大学"坑人不浅

背景与情境：每年各地都会举办海外大学推荐会，参加活动的不乏英、美、澳等国的知名高等学府，但也有一些不具资质的"野鸡大学"混杂其中。它们雇一些华裔帮助宣传，以"价格低廉、服务周到"吸引我国部分富有但学习成绩不佳的学生入学。学生到了那里一看，既无正规的校舍，又没有所谓的名牌教授。即使混到毕业，其所发证书也不被该国政府承认，这些学生方知上当受骗，后悔不已。

资料来源　作者根据一些留学生的见闻编写。

问题：

（1）这些留学生为什么会上当受骗？

（2）此类推介会主办方有没有责任？

【训练要求】

同第1章"基本训练"中本题型的"训练要求"。

第5章　　国际交往礼仪

● 学习目标

通过本章学习，应当达到以下目标：

职业知识：学习和把握国际交往的基本原则，迎送礼仪，会见、会谈、签字礼仪，宴请礼仪，文艺晚会与参观游览礼仪，以及"同步业务""同步资料"和二维码资源等理论与实务知识；能用其指导本章"同步思考"和"基本训练"中"知识训练"各题型的认知活动，规范相关技能活动。

职业能力：点评中国旅客出境游中的不文明行为及将其纳入"黑名单"的做法，训练专业评价力；运用本章知识研究"同步案例"和章后"案例分析-V"，训练对"国际交往礼仪"特定情境下当事者行为的"多元表征"专业能力和"与人交流"的通用能力；通过"'会谈服务规范'知识应用"的实训操练，训练相应专业技能和"团队协作""解决问题"的通用能力。

课程思政：结合"国际交往礼仪"教学内容，依照相关规范或标准，对"课程思政5-1"和章后"课程思政-V"中企业及其从业人员的行为进行思政研判，培养高尚的道德情操，树立社会主义核心价值观。

引例：一次特殊的礼宾次序安排

背景与情境： 1995年3月在丹麦哥本哈根召开了联合国社会发展世界首脑会议，出席会议的有近百位国家元首和政府首脑。3月11日，与会的各国元首与政府首脑合影。按照常规，应该按礼宾次序名单安排好每位元首、政府首脑的位置。首先，这个名单怎么排，究竟根据什么原则排列？哪位元首、政府首脑排在最前？哪位元首、政府首脑排在最后？这实际上很难安排。于是，丹麦和联合国的礼宾官员只好把丹麦首脑（东道国主人）、联合国秘书长、法国总统以及中国、德国总理等安排在第一排，而其他国家领导人就任其自便了。

资料来源　马保奉. 外交礼仪漫谈 [M]. 北京：中国铁道出版社，1996.

问题： 这样安排是否合乎礼仪？

分析提示： 国际交往的礼宾次序非常重要，如果安排不当，或不符合国际惯例，就会招致非议，甚至会引起争议和交涉，影响国与国之间的关系。在安排礼宾次序时，既要做到使所有客人大体上平等，又要考虑到国家关系；同时，也要考虑到活动的性质、内容，参加活动人员的威望、资历、年龄甚至其宗教信仰、所从事的专业以及当地风俗等。

但礼宾次序的安排也不可太教条，不能生搬硬套，要灵活运用、见机行事。该案例中参会的有近百位国家元首、政府首脑，一时无法从容安排，只能照顾主要人员。这是灵活应用礼宾次序的典型案例。

国际交往，即国与国之间的交往，既包括各国政府、议会、政党、民族、城市之间的往来，也包括各国民间的商贸、文化等机构及人员之间的往来。在所有的交往中，都必须遵从一般的、通行的礼仪原则，这样才能使交往顺利、友谊增进、事业成功。因此，应了解并践行国际交往的基本原则。

5.1　国际交往的基本原则

1）尊重对方，诚信守约

尊重别人，是一切礼仪的基础。外事无小事，国际交往尤其要尊重对方，包括尊重对方的习俗、宗教信仰、生活习惯、爱好和禁忌。尊重别人，要时时处处事事做到，哪怕是一个称呼、一句赞美、一次握手，在每一件小事上都不能疏忽。比如，一位厂长正在车间里检查工作，听说外宾来访，匆忙之间，未换衣服就去接待外宾，这被认为是不尊重对方、不礼貌的行为。又如，在我国，领导与司机同桌吃饭意味着联系群众、没有架子；若司机与外宾同桌吃饭，则会被认为是对宾客的蔑视。再如，1983年6月，美国总统里根出访欧洲四国，在出席一次晚宴时，他未穿黑色晚礼服而穿了一套格子西服，这引起了一场轩然大波，招致部分人向他扔鸡蛋。

同步思考 5-1

问题：2021 年 9 月 15 日，美国、英国、澳大利亚宣布建立新的三边安全伙伴关系，英美两国将支持澳海军建立核潜艇部队。澳大利亚因而撕毁了已与法国海军集团签订的价值 560 亿美元的常规潜艇建造合同。法国政府认为：这种行为在盟友和伙伴间是不可接受的，立即召回了法国驻美国和澳大利亚的大使。你怎么看待这一重大事件？

理解要点：

（1）这是近年来西方世界发生的一桩公开的背信弃义的外交事件，也是违背国际交往基本原则"尊重对方，诚信守约"的一个典型反面案例。这一事件既说明了在西方大国之间利益超过原则，也说明了它们之间的"同盟""友谊"的虚伪。

（2）这一事件是美国在贯彻特朗普政府"美国优先"、拜登政府"美国回来了"政策的前提下，欲称霸亚太、打压我国和平发展与崛起的一个重要步骤。

（3）联系到澳大利亚、日本频频涉台的言行和台独分子的嚣张，说明以美国为首的西方大国仇视我国的发展与崛起，欲阻碍我国的和平统一。其虽然嘴上大谈和平，实际上实行两个标准、两种原则，所以在与它们打交道时，既要坚持外交原则与礼仪，也要听其言、观其行，有两手准备。

国际交往，诚信守约是非常重要的、必须遵守的原则。在作约定和承诺时一定要量力而行、考虑周全，不能轻易约定和承诺；一旦作了约定和承诺，则一定要如约而行，做到"言必行，行必果"。只有这样，才能赢得对方的好感与信任。万一由于不可预测或不可抗拒的原因造成失约，必须尽快向对方通报，如实解释，并郑重其事地致歉，取得对方的谅解。

2）维护国格，不卑不亢

我国在 1949 年以前积贫积弱，在世界上备受欺凌。中华人民共和国成立后，由于坚持走社会主义道路，坚持自己独特的社会制度，曾长期遭受一些西方大国的打压和封锁。现在，中国特色社会主义事业已取得极大成功，我国已成为世界第二大经济体，国力日益强盛，出国旅游人数 2014 年已超过 1 亿人次，成为世界第一大旅游客源国。世界五大洲到处有中国人的身影。中国经济的发展已成为推动世界经济发展的重要杠杆。但从局部看，我国在高新技术、个人文明习惯等方面与发达国家特别是欧美国家和地区仍然有一定的差距，我国经济建设、科技创新的每一项成绩也都会习惯性地受到挑战，很多国家和媒体欢呼、赞誉，也有一些国家和媒体挑剔、贬低。因此，在对外交往中，既要尊重对方，又要捍卫国格，践行"礼仪之邦"泱泱大国的风范，做到不卑不亢。因为只有自尊，才能得到对方对你个人、你代表的企业和国家的尊重，才能得到真诚、平等的友谊和合作。

同步案例 5-1

"双星"人的表现

背景与情境： 在美国举行的一次双星运动鞋产品发布会上，青岛双星集团时任董事长汪海被问及"你们生产的运动鞋为什么叫'双星'"时，他笑着回答说："一颗星代表东半球，一颗星代表西半球，我们要让'双星'牌运动鞋潇洒走世界。"对于这样的豪言壮语，一位美国记者却不以为然，问道："请问先生您脚上穿的是什么鞋?"这一问用意非常明了：如果你穿的是"双星"牌，那自然没话说；如果穿的是洋货，意味着连自己都不穿"双星"，还谈什么潇洒走世界? 汪海答道："在贵国这种场合脱鞋是不礼貌的，但是这位先生既然问起，对不起，我就破例了。"说着他把自己的鞋脱了，高高举起，指着商标处，大声说道"Double Star"（双星）! 这时，场上响起了热烈的掌声，不少记者争相拍下这一镜头。第二天，美国纽约的各大报纸纷纷在主要版面上登出这幅照片。《纽约时报》一位记者评述道："……双星集团总经理……脱鞋表明了中国的商品要征服美国市场的雄心!"

资料来源　张永春. 中国企业家要有"双星"人的气魄［J］. 中外管理，1996（4）. 经过改写。

问题： 你怎样看待汪海的言行?

分析提示： 汪海维护自身尊严的言行，不仅表明了"双星"人奋发图强、勇于开拓、走向世界的雄心壮志，而且体现了一个中国人可贵的民族气节，因此，赢得了外国人对"双星"产品、对中国的赞誉和尊敬。

3）谦恭有礼，实事求是

谦恭有礼，是人际交往的重要原则，也是国际交往礼仪的重要表现。我国自古以来就有"谦受益，满招损"的训诫，在与人的交往中，自谦被认为是一种美德，谦词、谦称林林总总。然而在国际交往中，谦恭有礼必须实事求是。由于东西方文化的差异，国人在与西方人交往时，不能像在国内交往时那样过谦，过谦常易产生误会，造成不快。例如，向西方人介绍自己的妻子如称贱内，会被认为是不尊重女士。做一桌丰盛的饭菜招待西方人，如果主人谦称"粗茶淡饭聊备薄酒，不成敬意"，会被认为是虚伪、讽刺；如果主人说"这是我美丽好客的妻子，我们准备了一桌丰盛而有特色的饭菜招待贵客，相信你们一定很喜欢"，客人听了会很开心。因为主人既谦恭有礼，又实事求是地表达了热情欢迎的心意。外国人特别是西方人不喜欢虚假客套。

4）保守机密，尊重隐私

在对外交往特别是外事接待活动中，要坚决维护国家主权和民族尊严，自觉遵守保密法规，特别要注意不能在日常交往或一般接待中"无意"泄露不能公开的信息，当然也不能随意打听外方的机密。企业之间的商业机密也是不能泄露的，否则不但有失礼仪，还会使企业甚至国家遭受重大经济、政治损失。当今世界，电脑、手机已经普及，使用网络、手机软件与外国人士交往司空见惯，但一不小心就可能泄露自己认为无关紧要的信息，犯下严重错误，因此不可不慎。当然，更要注意尊重外方人员的隐私，如"结婚没有""身体好吗"等国内认为十分寻常的问题，在西方人看来都是绝对隐私，一定不能询问。

同步思考5-2

问题： 在涉外交往中，哪些隐私不能涉及，不能问？

理解要点： 在涉外交往中，涉及个人隐私，不能问的事，归纳起来可以称为"十不问"，即：①不问年龄大小；②不问收入支出；③不问婚恋状况；④不问个人经历；⑤不问政治观点；⑥不问工作情况；⑦不问宗教信仰；⑧不问健康状况；⑨不问家庭住址；⑩不问生活习惯。不但不能当面问外方人员上述十个问题，对不在场的人的隐私也应尊重，不打听、不议论不在场人士的情况，不在背后议论同事的好坏、上级的能力、女人的胖瘦甚至路人的服饰，否则都会被外国人视为喜欢窥探隐私而被其看不起。

5）讲究次序，女士优先

在各国交际礼仪中，大到政治活动、商务交往、旅游交际，小到个人接触、社交应酬，都要讲究次序。这样才能合乎礼仪，使活动顺利进行。在国际交往中，礼宾次序一般按宾客的身份与地位、职务高低依次排列。在多边活动中，有的按参加人员姓氏的英文字母先后顺序排列，有的按参加国英文字母的顺序排列，有的按代表团抵达活动地点的先后顺序排列。不论是集体还是个人，礼宾次序排列的惯例是以右为尊、以右为大、以右为长，以左为卑、以左为小、以左为次。因此，不管是并排站立，还是行走、就座，为了表示尊重，主人都应主动居左，请客人居右；男士应主动居左，让女士居右；晚辈、下级、年轻者居左，让长辈、上级、年长者居右。而且，场合不同，也应该注意有不同要求：两人同行，以前者、右者为尊；三人并行时，以中者为尊；前后行时，以前者为尊；上楼时，尊者、长者、女士在前，下楼时则相反。

国旗是一个国家的象征和标志，在外事活动中常需悬挂国旗，同样也是客方国旗在右边，主方国旗在左边。

女士优先，是指在一切社交场合，每一位男士都有义务尊重、照顾、体谅、关心、保护女士，想方设法地为女士排忧解难。西方人强调女士优先，并非认为女士是弱者，应予以同情、怜悯，而是把女士视为"人类的母亲"，尊重她们，是表示对人类母亲的尊重与感谢。女士优先，要做到在任何场合、任何时间，对所有女士，不论其年龄大小、地位高低，都要同等对待。比如，安排座位时，女士应居右；行走时，要让女士靠内侧，男士靠马路；男女对面相遇时，男士要主动让路；进出门和电梯时，男士要主动为女士开门并让女士先行；乘坐车辆时，男士要主动为女士拉门，请女士先上车，坐在右边位置上；用餐时，男士要主动协助女士就座，帮助女士提携较重的物品等。

在对外交往中，从迎接到送别外方宾客，其间可能会经历会见、会谈、签字仪式、宴请、参加文艺晚会或游览活动等，丝毫不能马虎懈怠，不能有丝毫差错。正所谓"外事无小事，礼仪贯始终"。

5.2 迎送礼仪

5.2.1 官方迎送礼仪

1）接待准备

迎来送往，是国际交往中最常见的礼节。接待准备工作主要由外事部门负责主持、联系和安排。为了做好接待工作，需要通过外交途径事先了解对方的来访目的与要求，前来的路线与交通工具，抵离的具体时间与地点及来访人员的姓名、身份、性别、年龄、生活习惯、宗教信仰、饮食爱好与禁忌等，据此制订具体详尽的接待方案，确定接待规格和主要活动的日程安排。接待规格的高低，通常应根据来访者的身份、愿望、两国关系等因素确定。

根据外事工作的特点和要求，接待准备工作必须注意以下几点：

对参加接待服务的人员进行严格的挑选和必要的培训。

根据确定的礼宾规格，备齐接待物品，布置好会见、会谈场所。

确定会见、会谈和宴请的地点、时间、人员、座次、程序、菜单等。宴会上的食品、饮料等要由专人把关、化验，以确保安全、卫生，防止意外事故发生。

落实安全保卫工作，制订周密的安保方案。严格按照有关规定控制通信设备和出入人员。对使用的车辆、途经路线及会见、会谈和宴请场所要认真仔细地进行安全检查，不能有任何疏忽或差错。

安排好来访者的下榻处和迎送车辆。外国国家元首或政府首脑通常在国宾馆下榻，整个代表团的住房分配可先由东道国根据来访者的身份、地位一一安排，征求对方意见后实施。有时也可把下榻处的建筑平面图交给对方，由其自行安排。对于外国国家元首、政府首脑，通常安排开道车和摩托车队护送，并在所乘车辆的右前方插上该国国旗。随行人员的座次要按礼宾顺序来安排。对于大型代表团的随行人员，也可安排乘坐大轿车。有些重要的外国代表团，也可派车开道，以示重视和尊敬。

2）迎送国宾礼仪

外国国家元首、政府首脑的正式访问，其迎送仪式一般在机场或车站举行，有的在特定的场所举行，如人民大会堂、国宾馆等。举行仪式的场所要悬挂宾主双方的国旗（宾方挂在右面，主方挂在左面），在领导人行进的道路上铺上红地毯。

各国的迎送仪式不尽一致，我国大体上包括下列几项内容：

由身份相当的领导人和一定数目的高级官员出席，有的还通知各国（或部分国家）使节参加。

安排儿童或女青年在主要领导人与宾客握手之后献上色彩鲜艳的鲜花花束，注意各国对花的品种及颜色的不同忌讳。

奏两国国歌，先奏宾客国国歌，后奏本国国歌。

检阅仪仗队，来访国宾在主要领导人的陪同下，沿着红地毯徐徐行进。

鸣放礼炮，最高规格为 21 响，一般为国家元首鸣放；其次为 19 响，为政府首脑鸣放；再次为 17 响，为副总理级领导人鸣放。

对于军方领导人的访问，也要举行一定的欢迎仪式，如安排检阅仪仗队等。长期在本国工作的外国人士和外国使节、专家等离任时，本国有关方面亦应安排相应人员送别。

对于外宾的迎送规格，一般均按来访者的身份和访问目的，并考虑两国关系的现状及发展趋势加以确定。通常，主要的迎送人员要与来访者的身份相当，有时当事人不在当地或临时身体不适，可由职位相当的人士或副职出面迎送，但要注意向对方做好解释。总之，主人的身份不能与客人相差太大，要尽可能与来访者对口、对等。

特殊情况下，有时从发展两国关系或当时的政治需要出发，也可以打破常规接待，安排较大的迎送场面和给予较高的礼遇，但要尊重国际惯例，注意必要的平衡，避免其他国家产生不必要的误会，留下厚此薄彼的印象，影响外交关系。

同步案例 5-2

周总理给大家上礼仪课

背景与情境：1957 年国庆节后，周恩来总理去机场送一位外国元首离京，专机起飞后，外国使节、武官的队伍依然整齐，并对元首座机行注目礼，而我国政府的几位部长和一位将军却迅速离开了队列。他们有的想往车里钻，有的想去吸烟。周总理目睹这一情况后，当即派人把他们叫了回来，一起昂首向在机场上空盘旋的飞机行告别礼。在送走了外国使节和武官后，周总理特意把中国的送行官员全体留下来，严肃地批评几位部长和那位将军：外国元首的座机起飞后绕机场上空盘旋，是对东道国表示感谢，因此，东道国的送行人员必须等飞机从视线里消失后才能离开，否则是不礼貌的。我们是政府人员和军队干部，我们的举动代表着人民和军队的形象，虽然这只是几分钟的事，但如果我们不加以注意，就很可能因小失大，使国家的形象受损。

资料来源　文晓玲，李朋. 社交礼仪［M］. 大连：大连理工大学出版社，2008.有改动。

问题：周总理为什么严肃地批评了几位部长和一位将军？

分析提示：首先，外国元首的飞机刚起飞，还在机场上空盘旋，是对我国政府表示感谢，这时几位送行的部长和一位将军离开了队列，是对外国元首的不尊敬；其次，周总理尚未离开，作为下属的部长和将军先离开，也是不符合礼仪的。当时，中华人民共和国刚成立不久，百废待兴，对礼仪教育尚不够重视，周总理及时严肃地批评几位失礼、失仪的部长和一位将军，对国际交往和礼仪建设是有重要意义和深远影响的。

5.2.2 民间团体、一般客人的迎送礼仪

1）对民间团体的迎送

迎送民间团体时，不举行官方正式仪式，但需要根据客人的身份、地位，安排对口部门、对等身份的人员接送。对于身份、地位高的客人，可事先在机场（车站、码头）安排贵宾休息室，准备好茶水、饮料，并尽可能将房号和车牌号提前通知客人；也可印好住房、乘车表，或打印好卡片，在客人到达时，及时发到每个人手中，或通过对方的秘书转达，以便客人心中有数、主动配合。

2）对一般客人的迎送

迎送一般客人时，应做好各项安排。如果客人是熟人，则不必介绍，直接上前握手、互相问候即可；如果客人是首次前来，又不认识，接待人员应主动自我介绍；如果是大批客人，也可事先准备特定的标志，如小旗子或牌子等，让客人从远处就能看到，以便客人主动接洽。

3）迎送工作中的注意事项

主人陪同乘车时，应请来宾坐在主人的右侧。如果是三排座的轿车，译员坐在主人前面的加座上；如果是两排座，译员坐在司机旁边。上车时，要请客人从右侧先上车，主人从左侧上车。如客人先上车，坐在主人位置上，则不必请客人挪动位置。

指派专人协助办理入（出）境手续及机票（车、船票）、行李提取或托运等事宜。

客人抵达住处后，一般不要马上安排活动，应稍作休息，起码给客人留下更衣、简单洗漱的时间。

同步思考5-3

问题：参加涉外活动时坐车位置有何讲究？

理解要点：接待外宾或参加涉外活动时，有时要安排迎送人员陪同坐车。一般认为，双排五座轿车最尊贵的座位是后排与司机座位成对角线的座位，即后排右座。其余座位的尊卑次序是：后排左座、后排中座、前排右座。涉外活动中，宾主同车时，宜请客人坐在主人右侧，译员坐在前排右座。如果宾主不乘同一辆轿车，则主人坐的车应当行驶在宾客坐的车之前，为其开道。

同步业务5-1

我国国宾车队的具体安排

国宾用车，一般是三排座位的豪华型进口车。国宾座位是车内最后一排的右边，左边是我方陪同团团长的座位。陪同团团长座位前的加座是翻译座位。司机右边是我方警卫的座位。这辆车称主车。主车前后各有一辆警卫车，分别称前卫车、后卫车，内乘中、外双方的警卫和医护人员。后卫车后面往往还安排一辆同主车车型、设备完全一样的备用车，万一主车发生故障，马上代替主车启用。备用车后是国宾夫人车，国宾夫人由陪同团团长的夫人陪同。前卫车前是礼宾车，

内乘双方的礼宾负责人。礼宾车前是前导车，车上配有警笛、扩音器、闪光设备，以便肃清道路。国宾行车的路线一般提前 15 分钟中断交通，采取全封闭方式，待国宾车队通过后开放。国宾夫人车后，按礼宾顺序，安排身份最高的随行人员。部长级以上官员一般一人一车，副部长两人一车，司局级及以下人员安排乘小面包车。国宾车队中我方礼宾、安全人员配有必要的联络工具，如手机、对讲机等，以便同有关方面保持密切联系。国宾车队还配有 9 辆摩托车护卫，其中一辆行驶在前卫车前，前卫车至后卫车两侧各 4 辆，另有 2 辆备用摩托车也列入编队之中。所以，人们常常见到的是 11 辆摩托车。我国于 1981 年恢复摩托车护卫。

资料来源　马保奉. 外交礼仪漫谈［M］. 北京：中国铁道出版社，1996.

同步案例 5-3

第一印象十分重要

背景与情境： 第一印象在外交活动中起着重要作用。1992 年 12 月，时任俄罗斯总统叶利钦对我国进行国事访问。这是叶利钦当选俄罗斯总统后第一次访华，对两国关系具有重要影响。为使接待工作做得圆满，外交部礼宾司早早就做了周密的准备。

17 日，迎着灿烂的朝阳，叶利钦的专机稳稳地停在了首都国际机场。按照国际礼宾惯例，应由被访问国的礼宾司司长登机欢迎，我就在俄驻华大使罗高寿的陪同下登上了飞机。为表示欢迎，我用熟练的俄语对叶利钦说："热烈欢迎总统阁下首次访华，今天天气晴朗，天气也在欢迎您。"叶利钦听后兴奋地说："这是我担任总统后首次访华。在踏上中国土地之后，你是我见到的第一个中国外交部官员，又用流利的俄语和我交谈，我感到很亲切，也十分高兴，这是访问圆满成功的预兆。"短短几句话，立即拉近了双方的距离，叶利钦也由刚才的握手改为热情的拥抱。

俄罗斯人喜欢喝酒，尤其喜欢烈性酒。可是按国际习惯做法，一般国宴只喝红白葡萄酒。为了使叶利钦一行能喝得尽兴，在欢迎宴会上，遵照中央领导同志的指示，我们打破了宴会不用烈性酒的惯例，为叶利钦准备了茅台酒。果然，叶利钦当晚情绪高涨，足足喝了半斤多，宴会的气氛十分热烈。

第二天，江泽民同志要在钓鱼台国宾馆举行小型宴会招待叶利钦。招待会前，江泽民同志非常谦虚地向我问起叶利钦的小名，我告诉他是"鲍里斯"。当江泽民同志见到款款走来的叶利钦时，用俄语亲切地说："你好，我的兄弟鲍里斯！"叶利钦非常惊喜，紧紧地握着江泽民同志的手说："这是我第一次听到一个外国领导人这样亲切地称呼我，我很激动，我们的关系多么亲密啊！"

叶利钦这次访问取得了丰硕的成果。我们恰到好处的外交礼仪，给叶利钦留下了良好的第一印象，为访问的圆满成功起到了不可忽视的作用。

资料来源　鲁培新. 外交礼仪背后的交锋［EB/OL］.［2019-01-02］. https：//www.xzbu.com/6/view-2453142.htm.

问题：哪些礼宾仪式给叶利钦总统留下了良好的第一印象？

分析提示：首先，礼宾司司长登机后用流利的俄语代表我国热烈欢迎叶利钦总统；其次，国宴尊重俄罗斯宾客的习惯和叶利钦总统的喜好，打破惯例，上了茅台酒；最后，江泽民主席用俄语称呼叶利钦的小名。这些都大大拉近了双方的距离，为改善中俄关系起到了推进作用。

5.3　会见、会谈、签字礼仪

5.3.1　会见礼仪和服务规范

会见是国际交往中常采用的礼宾活动形式，一般也称接见或拜会。凡身份高的人士会见身份低的人士，或主人会见客人，一般称为接见或召见；凡身份低的人士会见身份高的人士，或客人会见主人，一般称为拜会或拜见。我国一般不作上述区分，统称会见。接见或拜会后的回访，称回拜。

1）会见的分类

会见就其内容来说，有礼节性、政治性和事务性三种。礼节性会见时间较短，话题较为广泛；政治性会见一般涉及双边关系、国际局势等重大问题；事务性会见则指一般外交事务安排、业务商谈等；外交交涉一般称为召见。

会见根据对象不同又分为个别约见和大型接见。个别约见是指国家领导人就某一方面的外交事务或某部门负责人就某一业务问题，与使馆人员或个别人士进行会面商谈的一种礼宾活动。它的特点是会见范围小、保密性强。大型接见是指国家领导人会见一国或几国群众团体或国际会议代表。它的特点是参加会见的人数多，场面隆重。

2）会见的安排

会见在国际上通常安排在会客厅或办公室。有时宾主各坐一边，有时穿插坐在一起。某些国家元首的会见还有其独特的礼仪形式。在布置形式上，各国也不一样。有的国家主宾的座位是特制的，有的则是主宾同坐一个三人长沙发。外国领导人来我国访问，会见的安排比较简单，无特殊仪式。会见地点通常安排在人民大会堂或中南海。会见时的座位安排一般为客人坐在主人的右边（个别情况例外），译员、记录员安排在主人和主宾的后面。其他客人按礼宾顺序在主宾一侧就座，主方陪见人在主人一侧就座，座位不够可在后排加座。座位多采用单人沙发、扶手椅，人数十几人至几十人的会见，里圈用沙发，外围用扶手椅或靠背椅。

3）会见的服务规范

当宾客到达时，服务员要利用主人到门口迎接的间隙，迅速整理好茶几上的物品，摆放好沙发。然后，用茶杯上茶，杯把一律朝客人的右手一侧。

宾主入座后，一般由两名服务员从主要的外宾和主人处开始递毛巾。递毛巾时热情地道一声"请"。如果是一名服务员递毛巾，要先从外宾处开始，然后再递给主人。如果有两名服务员，则递给外宾毛巾的服务员的动作要先于另一名服务员。宾客用完毛巾，要及时收回，以保持台面整洁。如果会见中招待冷饮，上完毛巾后，接着上冷饮，其礼宾程序与上毛巾相同。上冷饮时，托盘中的冷饮品种要齐全，摆放要整齐，请宾客自选。

会见期间的续水一般是 30 分钟左右一次。续水用小暖瓶，并带一块小毛巾。续水的礼宾程序与上毛巾相同。

会见厅内的光线和温度应视实际情况和主要宾客的要求而定，一般以夏季 24℃～25℃、冬季 20℃～22℃为宜。

会见结束后，要及时把厅室的门打开，并对活动现场进行检查。在主人送走宾客返回时，应及时给主要首长送上一块热毛巾，并送主要首长和年老及行动不便的首长上车。

5.3.2　会谈礼仪和服务规范

会谈是指在正式访问或专业性访问中，双方或多方就某些重大的政治、经济、文化和军事等共同关心的问题交换意见，或就具体业务进行谈判的活动。

外国领导人来我国访问，首次会谈通常安排在人民大会堂。如有第二轮会谈，有时安排在国宾下榻的国宾馆。会谈开始前，允许双方记者采访，但几分钟后需退场。如有分组会谈，则另行安排。

1）会谈活动的特点

参加会谈的双方或多方主要领导人的级别、身份原则上是对等的，所负责的事务和业务也是对口的。如外方由总统、总理率领代表团参加会谈，我方则由国家主席、总理出面；如外方是外交部长出席，则我方也应是外交部长出席。

会谈一般来说内容较为正式，政治性和业务性都较强，要特别注意保密。代表团身份和规格很高的国事会谈还要悬挂双方的国旗。

2）会谈的服务规范

(1) 会谈用品的配置

在每个座位前桌面的正中摆放一本供记事的便笺，便笺的下端距桌面的边沿约 5 厘米。紧靠便笺的右侧摆红、黑铅笔各一支，便笺的右上角摆一个茶杯垫盘，盘内垫小方巾。

(2) 会谈的服务程序

当主人提前到达活动现场时，要迎至厅内的沙发上就座，用小茶杯上茶。在主办单位通知外宾从住地出发时，服务员在工作间内应沏好茶。当主人到门口迎接外宾时，服务员把茶杯端上，放在每人的茶杯垫盘上。宾主来到会谈桌前，服务员要上前拉椅让座。当记者采访和摄影完毕，服务员分别从两边为宾主双方递上毛巾。宾主用完后，应立即将毛巾收回。

会谈中间如果上牛奶、咖啡、干果等，应先把牙签、小毛巾（叠成长方形，每盘两块）、奶罐垫盘、咖啡杯垫盘放到桌上，然后把已装好的糖罐、奶罐（加勺）、咖啡（加勺）、干果盘依次摆上桌。

会谈活动一般时间较长，可视宾客的具体情况及时续水、续换铅笔等。如会谈中间休息，服务员要及时整理好座椅、桌面用品等。在整理时，注意不要弄乱和翻阅桌上的文件、本册等。

会谈结束时，要照顾宾客退席，然后按善后工作程序做好收尾工作。

5.3.3　签字礼仪和服务规范

1）签字仪式的文本准备

国与国之间或数国之间通过谈判就政治、军事、经济、科技、文化等事项达成协议，缔结条约、协定和公约时互签互换文本举行的仪式，称为签字仪式。

国内各省、自治区、直辖市之间党政或其他机构就双方或多方在某一领域内达成的协议互签互换文本举行的仪式，同样可称为签字仪式。

我国同其他国家签订的议定书，一般是中外两种文字的文本，一式两份，具有同等效力。签字后由双方各保存一份。出席签字的人一般视文件的性质由缔约各方确定，有国家领导人签的，也有政府有关部门负责人签的，双方签字人的身份大体相当。

安排签字仪式时，事前应做好文本准备工作；同时，准备好签字仪式上所需的文具、国旗等物品，安排好场地、时间。双方助签工作人员应商定相关细节。

出席签字仪式者基本上是双方参加会谈的全体人员。如一方要求让某些未参加会谈的人员出席，另一方应予以同意，但双方人数最好大体相等。

2）签字仪式的服务规范

宾主双方到达签字大厅时，服务员要主动上前为签字人员拉椅让座。这时双方代表分别站在签字代表的身后。开始签字时，前台服务员站在签字桌两头等候，准备签完字后撤椅子；后台服务员要迅速将香槟酒启开，倒入香槟酒杯内（约六七分满），端入签字大厅，分别站在签字台两侧约3米处，准备上酒。

涉外签字一般有两种文本，当签字人员在一种文本上签完后，由双方助签人员交换文本。当交换的文本签完后，双方签字代表站起来正式交换，互相握手时由两名服务员上前迅速将签字椅撤除。随后，托端香槟酒的服务员立即跟上，分别将酒端至双方签字人员面前，请其端取。接着从桌后站立者的中间开始，向两边依次分让香槟酒。宾主举杯祝贺并干杯后，服务员要迅即上前用托盘接收酒杯，照顾签字代表退席。

5.4　宴请礼仪

宴请是为了表示欢迎、答谢、祝贺、喜庆等举行的一种隆重的、正式的餐饮活动，是国际交往中最常见的交际活动形式之一。

宴请具有就餐人数多、消费标准高、菜肴品种多、气氛隆重热烈、就餐时间长、接待服务讲究等特点。宴请一般要求格调高雅，在环境布置及台面布置上既要舒适、干净，又要突出隆重热烈的气氛。在菜品选配上有一定的质量要求，应按一定的顺序和礼仪递送上台，讲究色、香、味、形、器，注重菜式的季节性，必要时用拼图及雕刻等形式烘托喜庆、热烈的气氛。在接待服务上强调周到细致，讲究礼仪。

课程思政 5-1

合作协议为什么泡了汤

背景与情境：德国一个基金会的中国处处长到广东一所中专学校考察，打算合作办学。该学校校长率中层以上管理人员 10 余人为他接风。在餐厅寒暄一番后，校长就对翻译说："你对处长说，为了合作成功，我们热烈欢迎他，请他品尝我们广东的特色菜肴，不但有清蒸鱼、盐焗鸡，还杀了 2 条七步蛇，越毒越补！对了，问问他喜不喜欢吃狗肉。"翻译面有难色，但校长兴高采烈，越说越高兴。吃饭时，这位处长始终沉默地坐着，一顿饭只吃了些炒饭和蔬菜，第二天便要求回去了。校长的"热情"不但没有赢得好感，连本来打算签的合作办学协议也泡了汤。

问题：该校校长的"热情"为什么会带来相反的结果？

研判提示：国际交往与合作，首先要了解对方的信仰与生活习惯、爱好。校长完全以中国南方一般人的饮食喜好接待欧洲客人，实在不合适，而且，招待一位客人，就率 10 余人参加，也太过浪费，引起对方的反感，德国客人自然不会与这样的学校合作。

5.4.1　常见的宴请仪式

1）宴会

宴会为正餐，入座后，由服务员顺次上菜。宴会在规格上分为国宴、正式宴会、便宴、家宴；在餐别上分为中餐、西餐和中西合餐；在举行时间上分为早宴、午宴、晚宴，一般在晚上举行的宴会更为隆重；在礼仪上又分为欢迎宴会和答谢宴会。

（1）国宴

国宴是国家元首、政府首脑为国家的庆典或为外国元首、政府首脑来访而举行的正式宴会。国宴是各类宴请中规格最高、最为隆重的一种。宴会厅内悬挂国旗，由乐队演奏国歌及席间乐，席间有致辞或祝酒，菜单和坐席卡上均印有国徽。出席者的身份、规格高，代表性强，宾主均按身份排位就座，礼仪严格。

同步案例 5-4

细微动作表达外交含义

背景与情境：我国素有"礼仪之邦"的美誉，热情好客、彬彬有礼是中华民族的美德。不过，在复杂的外交关系中，外交礼仪还体现在从容不迫、不卑不亢上。这一点，周恩来总理为我们树立了榜样。

1972 年 2 月，时任美国总统尼克松对中国进行"破冰之旅"访问。由于对这次访华中美双方在表述上有分歧，加之当时中美关系的大背景，在尼克松来之前，周恩来总理给外交部确定了接待方针：不冷不热，不卑不亢，待之有礼，不强加于人。这其中释放出了政治信号。

2月21日中午，尼克松的专机抵达北京，周恩来等到机场迎接。飞机舱门打开后，只有尼克松和夫人两人走下舷梯，而随行的基辛格、罗杰斯等人要等尼克松夫妇与周总理握手后才下舷梯。这是因为美方想突出尼克松与周总理单独握手的画面。而我方是如何接待的呢？这都体现在周总理接下来的一举一动中。

当尼克松夫妇出现在飞机舱门时，周总理并没有鼓掌，而是等他们走到舷梯一半位置时才开始鼓掌。等尼克松夫妇走下舷梯最后一级，周总理也不是主动迎上去握手，而是站在原地。这时尼克松主动走上前去，身体微向前倾，先伸出手握住周总理的手说："我非常高兴来到中华人民共和国的首都北京。"这时，周总理的回话也是意味深长："你的手伸过世界上最辽阔的海洋——我们25年没有交往了！"

在接下来的欢迎仪式上，按照惯例要悬挂两国国旗、奏两国国歌和检阅仪仗队等。对此，我方都按惯例做了安排，接待完全符合礼仪。不过，还是与当时接待其他国家贵宾的仪式有所区别，最明显的就是没有群众欢迎场面。当时，西方媒体在报道中对我方接待工作的评价是"correct，not warm"。其中，"correct"是"正确"的意思，用在礼宾上应该是"符合礼仪"，"not warm"则是"不热"的意思，这体现了我们的原则——不冷不热。

欢迎宴会上，在周总理的安排下，中国乐队演奏了美国民歌和尼克松家乡的歌曲《美丽的亚美利加》及《牧场上的家》，这让尼克松夫妇感到非常意外和亲切。接下来的祝酒碰杯，周总理的举动则体现出了我们的不卑不亢。一般情况下，周总理在和其他国家的领导人碰杯时，总是让自己酒杯的上沿去碰对方杯子的中间部分。但这次在向尼克松敬酒时，周总理却特意将他的酒杯杯沿和尼克松的酒杯杯沿持平后再碰。这一细微的举动，既不失礼，也不过分。

资料来源　鲁培新．外交礼仪背后的交锋［EB/OL］．［2019-01-02］．https：//www.xzbu.com/6/view-2453142.htm.

问题：周总理用哪几个细微动作体现了"不冷不热，不卑不亢，待之有礼，不强加于人"的接待方针？

分析提示：1972年尼克松来访时，中美尚未正式建交，他的"破冰之旅"实际上是一次试探之旅。而且此前好多年的中美华沙会谈，由于美方坚持不承认中华人民共和国是中国的唯一合法代表、台湾是中华人民共和国的一部分，双方一直未能达成建交协议。所以周总理给外交部确定了"不冷不热，不卑不亢，待之有礼，不强加于人"的接待方针。他的四个细微动作表达了这个意思：第一，尼克松夫妇下飞机时，他们走到舷梯一半周总理才开始鼓掌，而不是当尼克松夫妇在机舱口出现时就鼓掌欢迎；第二，尼克松走下舷梯后，周总理没有主动上前握手，是尼克松主动走上前来跟周总理握手致意；第三，在欢迎宴会上，因为两国没有建交，所以不奏美国国歌，但周总理安排乐队演奏了尼克松家乡的歌曲，不热也不冷；第四，周总理跟尼克松碰杯时，把自己的杯沿与尼克松的杯沿持平后才碰，充分体现了不卑不亢、追求平等的外交含义。

（2）正式宴会

正式宴会通常是政府或团体等有关部门为欢迎应邀来访的宾客，或来访的宾客为答谢主人而举行的宴会。正式宴会除不挂国旗、不奏国歌以及出席规格与菜肴规格较低外，其余安排大体与国宴相同。宾主同样按身份就座。礼仪要求也比较严格，席间一般有致辞或祝酒，有时也安排乐队演奏席间乐。

（3）便宴

便宴又称非正式宴会，多用于招待熟识的宾朋好友。这种宴会形式简便、规模较小，不拘严格的礼仪，不用排席位，不作正式致辞或祝酒，宾主间较随便、亲切，用餐标准可高可低，宜用于日常友好交往。

（4）家宴

家宴是在家中设宴招待客人的一种宴会形式，采用这种形式以示亲切友好。家宴往往由家庭主妇亲自下厨烹调，家人共同招待。

2）招待会

招待会是一种灵活简便、经济实惠的宴请形式。常见的招待会主要有冷餐会和酒会两种。

（1）冷餐会

冷餐会又称自助餐，是一种立餐形式，不排座位。供应的食品以冷餐为主，兼有少量热菜。菜肴十分丰盛，酒水、饮料品种繁多。菜肴连同餐具陈列在菜台上，供客人自取。参加人数可多可少，时间也较灵活，宾主间可广泛交流，客人也可自由走动。这种形式多为政府部门、企业、贸易界举行人数众多的盛大庆祝会、欢迎会、开业典礼等活动所采用。

> **同步业务 5-2**

自助餐就餐礼仪

自助餐，亦称冷餐会，是目前国际上通行的一种非正式的西式宴会，是就餐者自助取食，或立或坐，自由地与他人一起或独自一人用餐的一种就餐方式。自助餐就餐讲究如下礼仪：

（1）排队取菜，不能插队。

（2）循序取菜，取菜的先后顺序一般为：冷菜、汤、热菜、点心、甜品和水果。

（3）多次少取，即"多次取菜，每次少取"。每次取食量力而行，即使是自己所喜欢的，也宁可多取几次，避免吃不完浪费。

（4）不能外带。就餐者应在用餐现场自行享用，不能把食物带出餐厅。

（5）送回餐具。自助餐强调的是客人自我服务，在用餐结束后，应自觉将餐具送至指定位置。

（6）在用餐过程中，对其他相识或不相识的用餐者要以礼相待，在排队、取菜、寻位及行进过程中，要主动谦让。

（2）酒会

酒会又称鸡尾酒会，也是一种立餐形式。招待品以酒水、饮料为主，略备小吃。其一般不设座椅，客人可随意走动。在时间上也比较灵活，宾客来去自由，不受约束，既可迟到又可早退。整个酒会气氛和谐热烈、轻松活泼。近年来，庆祝各种节日、欢迎代表团访问或各种开幕、闭幕典礼以及文艺、体育招待演出前后，往往都采用酒会这种形式。

3）茶会

茶会是一种最简便的招待形式，多为社会团体举行纪念和庆祝活动时所采用。茶会通常在客厅内举行。厅内设茶几、座椅，周围摆放花卉。入座时，主人应有意识地与主宾坐在一起，其他人随意就座。茶会是请客人品茶，因此茶叶、茶具的选择要讲究，最好具有地方特色。一般用陶瓷器皿，不用玻璃杯，也不用热水瓶。外国人出席，一般用红茶、咖啡和冷饮招待。

茶会期间，宾主共聚一堂，品茶叙谈，气氛和谐轻松，席间常安排一些短小的文艺节目助兴。

4）工作餐

工作餐是现代国际交往中经常采用的一种非正式宴请形式（有时由参加者自己付费），利用进餐时间（早、中、晚均可）边吃边谈，省时简便。这种形式的宴请纯属工作性质，不请配偶。

5.4.2　宴请的桌次和座位安排

1）宴请的桌次安排

按国际惯例，桌次高低以离主桌位置远近而定，右高左低，近高远低，桌数较多时，要摆桌次牌，这样既方便宾主，又有利于管理。

宴会可以用圆桌，也可以用长桌或方桌。一桌以上的宴会，桌子之间的距离要适当，各个座位之间也要距离相等。

团体宴请中，桌次排列一般以离门最远的（如图5-1右所示）或居中的桌子（如图5-1左所示）为主桌，如图中所标注的1号桌。

只有两桌的小型宴会，可根据餐厅的具体情况横排或竖排。横排时以右为上，1为主桌；竖排时以远为上，1为主桌，如图5-2所示。

图5-1　团体宴请桌次安排

图 5-2　小型宴会桌次安排

2）宴请的座位安排

凡正式宴会，一般均排座位，也可以只排部分客人的座位，其他人只排桌次或自由入座。无论采用哪种做法，都要在入席前通知到每一位出席者，使大家心中有数，现场还要有人引导。大型宴会最好先安排座位，以免混乱。席位高低视离主人的座位远近而定。

礼宾次序是安排席位的主要依据。这方面既有外国的习惯，也有我国的习惯。

按外国的习惯，主桌上男女穿插安排，以女主人为准，主宾在女主人右边，主宾夫人在男主人的右边。我国商务宴请一般习惯按职务排列，以便交谈。如夫人出席，通常把女方安排在一起，即主宾坐在男主人右边，其夫人坐在女主人右边。两桌以上的宴会，其他各桌第一主人的位置一般与主桌上的位置相同，如图5-3、图 5-4 和图 5-5 所示。

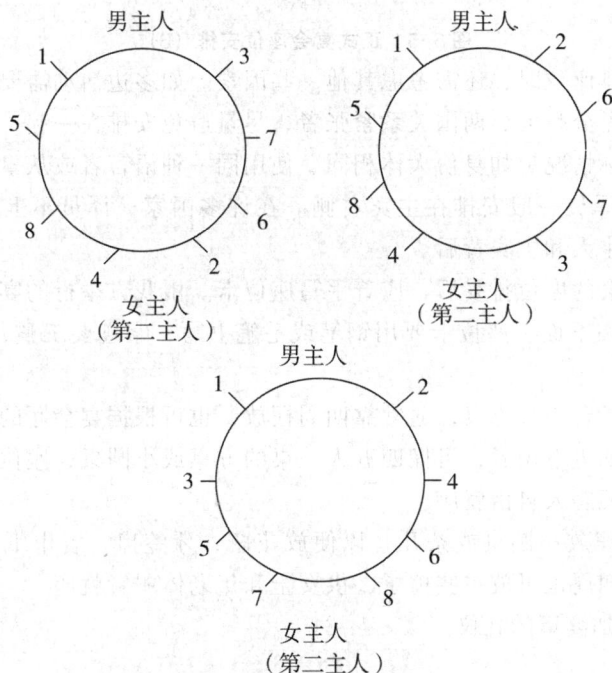

图 5-3　正式宴会座位安排（1）

9	5	1	男主人	3	7	11
12	8	4	女主人 （第二主人）	2	6	10

注：此种摆法谈话集中，但一般不能把客人排在末端，而是陪同人员坐在末端。

	4	8	12	9	5	1	
女主人 （第二主人）							男主人
	2	6	10	11	7	3	

注：此种摆法可避免客人坐在末端，同时可提供两个谈话中心。

图5-4　正式宴会座位安排（2）

5	1	主人	3	7
8	4	主客	2	6

图5-5　正式宴会座位安排（3）

在具体安排座位时，还需考虑其他一些因素。如多边活动需要注意客人间的政治关系，政见分歧大、两国关系紧张者，尽量避免安排在一起。此外，还要适当照顾各种实际情况。如身份大体相同、使用同一种语言者或从事同一专业者可安排在一起。译员一般安排在主宾右侧。在许多国家，译员不上席，为便于交谈，译员坐在主人和主宾背后。

在正式宴会的席位排妥后，应着手写座位卡。由我方举行的宴会，中文写在上面，外文写在下面。座位卡要用钢笔或毛笔书写，字迹要工整，字体宜大些，以便辨认。

冷餐会的桌台用长方桌，通常靠四周摆放，也可根据宴会厅的场地情况摆在房间的中央。如坐下用餐，可摆四五人一桌的方桌或小圆桌，座位要略多于全体宾客人数，以便客人自由就座。

酒会一般摆放小圆桌或茶几，以便放花瓶、牙签盅、餐巾纸或小毛巾、干果、小吃等；四周也可放一些椅子，供女士和年老体弱者就座。

5.4.3　参加宴请的礼仪

1）抵达

出席宴请活动，要准时抵达，早到不礼貌，迟到更失礼。抵达宴请地点后，先到衣帽间脱下大衣和帽子，然后前往主人迎宾处，主动向主人问好。如果是节庆活动，应表示祝贺，可按当地习惯，赠送花束或花篮。参加家宴，可酌情给女主人赠送小礼品或鲜花。

2）入座

应邀出席宴请活动，应听从主人的安排，端庄就座。如宴会桌次较多，应在进入宴会厅前，先了解自己的桌次。入座时看清桌上的座位卡和自己的名字，不要随意乱坐。如邻座是长者或女士，应主动协助他们坐下。

3）进餐

入座后，在主人的招呼下开始进餐，要注意以下几点：

进餐前，勿用餐巾或餐纸擦碗、筷、杯子等餐具，餐巾应展开放在膝上或斜压在骨盘下。餐纸在进餐时仅用于擦嘴，餐后应放在盘子右边。

取菜时，盘中食物不要盛得太多，吃完后可再取。如有服务员分菜，需增添时，待服务员送上再取。

如遇本人不能吃或不爱吃的菜肴，当服务员上菜或主人夹菜时，不要拒绝，可取少量放在盘内，并说声"谢谢，够了"。对于不合口味的菜，切勿显露厌恶的表情。

进餐时，要注意风度，闭嘴咀嚼，不要舔嘴唇或发出声响。咀嚼时不要讲话，更不要主动与他人说话。

喝汤不要啜，如汤太热，待稍凉后再喝，切勿用嘴吹。

嘴内的骨头、鱼刺不要直接往外吐，可用餐巾捂嘴，用手（中餐用筷子）取出，或轻轻地吐在叉上，放在骨盘内。

西餐吃面包时一般用手掰成小块送入口中，不要拿整块咬。抹黄油、果酱，也要先将面包掰成小块再抹。

吃鸡时，欧美人多以鸡胸脯肉为贵，不能以中国人的习惯用鸡腿敬客，以免失礼；吃鱼时，不可翻身吃，要吃完上层后，用刀、叉把鱼骨剔掉再吃下层；西餐吃肉时，要切一块吃一块，块不能切得过大。

饮酒时，即使不能喝，也应将杯口在嘴唇上碰一下，以示敬意。

进餐时，不可狼吞虎咽，也不要一点不吃，当主人劝客人再添菜时，如有胃口，添菜不算失礼。

未吃完的菜、用过的餐具和牙签都应放在盘内，切忌放在桌上。剔牙时，用手或餐巾遮口。

不可在餐桌前化妆、擤鼻涕、打嗝。进餐时，打嗝是最大的禁忌，万一忍不住打个嗝，应立即向周围人道歉。

不可中途退席。如有人来电话，可请服务员转告对方等一会儿再打过来。

4）交谈

无论是主人、客人还是陪客，都应主动与同桌人交谈，特别是左右邻座，不要只同几个熟人或一两个人说话。邻座如不相识，可先自我介绍。谈话时应避免高声。在别人讲话时，插话是很不礼貌的行为。通常，宴会上的愉快交谈可以说是最佳的社交。讨论的话题广泛，既可深奥严肃，也可轻松愉快，切忌落入俗套。

5）祝酒

在正式宴会上，一般都有祝酒的习惯。主宾应事先了解为何人何事祝酒，以便做好应对准备。在主人和主宾致辞、祝酒时，其他人应暂停交谈和用餐，注意倾听。碰杯时，先在主人和主宾之间进行，人多时可同时举杯示意，不必逐一碰杯。主宾、主人有时还会到各桌敬酒，遇此情况其他人应起立举杯。碰杯时，要目视对方以示敬意。

宴会上相互敬酒表示友好，也能活跃气氛。但切忌饮酒过量，因为饮酒过量容易失言失态，必须自我控制。当有人为你斟酒或提议碰杯时，不要随意拒绝，即使不能喝，也应有所表示，以示敬意。

同步思考5-4

问题：你知道鸡尾酒的来历吗？

理解要点：一般认为鸡尾酒是美国人发明的。在美国独立战争时，有一次美军打了胜仗，当地一家酒店用几种不同颜色的酒混合调制出了五颜六色的酒犒赏士兵，众人赞不绝口。这家酒店正好是以彩色公鸡当作店招的，士兵们就把这种混合酒叫作鸡尾酒。

还有一种说法是，1705年前后，纽约一个酒馆的服务员把几种剩酒倒进一个大容器里，冒充新酒给客人喝，结果创造出了鸡尾酒。

6）宽衣

在社交场合，无论气温多高，也不能当众解开纽扣、敞开外衣。在小型便宴上，如主人请客人宽衣，男宾可脱下外衣，搭在椅背上。

7）饮茶、喝咖啡

饮茶或喝咖啡时，通常有专用器皿盛放牛奶和白糖，可自取放在杯中，用小茶匙搅拌以后，仍将茶匙放回小碟内。喝时右手拿杯把，左手端碟。

同步资料5-1

咖啡的来历

公元9世纪，有一位阿拉伯的牧羊人发现他的羊群只要吃了一种绿色灌木的果实，就会活蹦乱跳、精神亢奋。出于好奇，他也摘来一试，结果和羊群一样精神亢奋，他把这件事报告给了清真寺的主持人。主持人很高兴，就用这种果实做成饮料，让教徒饮用，以免教徒在寺内向安拉祈祷时犯困。由于效果非常明显，这种饮料很受大家的欢迎。由于穆斯林禁酒，咖啡的出现恰如神赐，于是大家就叫它"阿拉伯之酒"。酒在阿拉伯语中的发音为"咖韦"，传至欧洲后就变成"咖啡"了。

资料来源　作者根据有关传说编写。

8）吃水果

一般宴会，水果都已去核削皮切成小块，可用叉子或牙签取食，吃一块取一块，不可连取多块同吃。

9）用水盂

在宴席上，上鸡、龙虾或水果时，有时会送上一个小水盂，水上漂有玫瑰花瓣或柠檬片，供洗手用。洗时，两手轮流沾湿指头，轻轻地涮洗，然后用餐巾或小毛巾擦干。

10）纪念品

有的主人会为每位出席宴会者准备纪念品，当宴会结束时，由主人分发给客人。客人应略表谢意，但不必郑重表示感谢。除此以外，各种招待用品（糖果、水果等）都不要拿走。

11）告辞

宴会结束后，男主人务必将客人送至大门口，客人则应对主人的盛情款待表示感谢。

12）致谢

在出席私人宴请活动之后，往往要致便函或名片表示感谢。致谢信最好在第二天即发出。致谢信一般写给女主人，但若男女主人都是你的挚友，则致谢信应写给他们两人。如果女主人收到一封以他们夫妇二人名字为抬头的致谢信，很可能会把这看作一种特别的礼貌表示而铭记在心。

13）冷餐会、酒会取菜

出席冷餐会或酒会时，宾客应等服务员上好菜后，再依次轮流去取菜，或等送到本人面前时再拿。在周围的人未拿到第一份菜时，自己不要急于去取同样的第二份。

不要围堵在菜桌旁，取完即退去，以便让其他人来取。

14）刀、叉的使用

中餐餐具主要是碗、盘、筷。西餐餐具则是刀、叉、盘。宴请外宾吃中餐时，一般以中餐西吃为多（碗、筷、刀、叉均摆）。刀叉的使用是右手持刀，左手持叉，将食物切成小块，然后用叉送入口中。用刀时，应将刀柄的顶端置于手掌之中，以拇指抵住刀柄的一侧，食指按在刀柄背上，其余三指则顺势弯曲，握住刀柄，如图5-6所示。

图5-6　正确的持刀姿势

叉可以单独用于进食或取食。叉如果不是与刀并用，则右手持叉，叉齿应该向上，如图5-7所示。

图5-7　正确的持叉姿势（1）

刀叉并用时，叉齿应该向下，如图5-8所示。

图5-8　正确的持叉姿势（2）

刀除了用于切割食物外，还用来帮助将食物拨到叉齿上。通常，取食主菜时的持叉姿势是刀叉并用，但有些食物也可用刀把它拨到叉上进食，如图5-9、图5-10所示。

图5-9　刀叉并用的正确姿势（1）

图5-10　刀叉并用的正确姿势（2）

西餐就餐取用刀叉十分严格，要按刀叉摆放顺序由外往里取用。每道菜吃完后，应将刀叉并拢平行排放在盘内，以示吃完，如图5-11所示。

图5-11 表示吃完的刀叉放法

如未吃完，则摆成八字或交叉置于盘上，刀口应向内，如图5-12所示。

图5-12 表示未吃完的刀叉放法

持匙用右手，持法与叉相同，但手指务必持在匙柄上端。叉匙并用取食时，叉的指法和刀叉并用时相同，叉齿向下，如图5-13所示。

图5-13 叉匙并用的正确姿势

吃鸡、龙虾时，经主人示意，可以用手撕开吃，或用刀叉把肉割下，切成小块吃。不易叉的食品，可用刀将其轻轻推到叉上。除喝汤外，不用匙进食。汤用深盘或小碗盛放，喝时用汤匙由内往外舀起送入口内，即将喝净时，可将盘向外略托起。

吃带有腥味或怪味的食品，如鱼、虾、野味等时，均配有柠檬，可用手将汁挤出滴在食品上，以去腥味。

15）遇到意外情况

宴会进行中，如果不慎发生意外，应沉着冷静，不必慌乱。如餐具碰出声音，可轻轻向邻座（或主人）表示歉意；如餐具摔落，可由服务员另配一套。如酒水打翻溅到邻座身上，应表示歉意，协助擦干；如对方是女士，只能将干净餐巾或手帕递上，请她自己擦干。

同步业务 5-3

如何发请柬或邀请卡

一般情况下，各种宴请都应发出请柬或邀请卡邀请宾客出席。这既是一种礼貌，也是对客人的提醒。便宴确定后，也可不发请柬；工作餐一般不发请柬。

请柬或邀请卡一般提前一两周发出，以便被邀请人及早安排。经口头约妥的活动，仍应补送请柬。请柬或邀请卡一般分为两种：

一是酒会、茶会的请柬或邀请卡。由于这种宴请不涉及吃饭，因此写在上面的内容包括：①宴请的事由；②宴请的日期、时间；③宴请中的活动包括哪些项目；④主要请了哪些人；⑤"如蒙造访，深感荣幸"之类的字样。

二是宴会的请柬或邀请卡。写在上面的内容包括：①宴会的性质；②宴会的目的；③被邀请的贵宾有哪些；④宴会的日期、时间（包括几点几分）；⑤宴会的地点（要具体注明某饭店的某个厅或桌次）；⑥恳请对方能准时光临。

请柬行文一般不用标点符号，文中的单位名、节日名、人名等都需用全称。中、外文本的请柬格式与行文形式有所不同，应加以区别，按不同的语言习惯正确使用。

在请柬的右上方或左下方注上"To Remind（备忘）"字样。需要排座位的宴请活动，为确切掌握出席情况，往往要求被邀请者答复能否出席。为此，请柬上一般用法文缩写注上"RSVP（请答复）"字样。

资料来源　张四成. 现代饭店礼貌礼仪［M］. 广州：广东旅游出版社，2004.

同步案例 5-5

睿智机敏的应对能力

背景与情境：有一次周恩来总理设宴招待外宾，上来的一道汤菜中，其冬笋片是按图案"卍"刻成的，不料在汤里一翻身，变成了法西斯的"卐"标志。外宾见了，大吃一惊，当即向周总理请教。周总理神色自若地将汤中那片冬笋翻过来，解释说："这不是法西斯的标志，这是我们中国传统中的一种图案，是'万'字，象征着'福寿绵长'，是对客人的一种良好祝愿！"接着周总理又风趣地说："就算是法西斯标志也没有关系嘛！我们大家一起来消灭法西斯，把它吃掉！"这番话说得宾主开怀大笑，气氛更为热烈友好。

资料来源　吕钦文. 交际美的韵律［M］. 长春：东北师范大学出版社，1993.经过改写。

问题：从这个案例中你能得到什么启示？

分析提示：在任何人际交往中都有可能发生一些意想不到的事情，如果在国际交往特别是重大国际接待活动中发生这样的事，可能会产生不良的后果。遇到这种情况，一定要镇定自若，设法妥善解决。周总理处理这次突发事件体现了他睿智和机敏的应对能力，也体现了他的博闻强记。这是最重要的，说明了学习和掌握知识的重要性。而"消灭法西斯，把它吃掉"更体现出了政治家的乐观和无畏精神，值得我们学习。

同步资料 5-2

素食宴和清真宴

素食宴又称素席或斋席。它起源于寺庙，供忌荤腥者或僧侣、佛教徒、道教徒食用。素席以豆制品、蔬菜、植物油为主要原料，模仿荤菜菜式制作，甚至用荤菜菜名命名，营养丰富，别有风味，深受人们的喜爱。

清真宴以牛、羊、骆驼肉及蔬菜、植物油为主要原料，烹制成各种适合伊斯兰教饮食习惯的菜品。清真宴对牲畜的屠宰、加工、制作均有严格要求。清真食品深受中东、北非、东南亚众多国家和我国广大穆斯林的欢迎。

5.5　文艺晚会与参观游览礼仪

5.5.1　文艺晚会礼仪

对于应邀来我国访问的代表团，我国接待单位一般都安排文艺晚会，这也是一种对外活动形式。这种活动形式对客人来说是一种艺术享受和娱乐；而对本国来说，则是一种对外宣传我国文化、艺术的有效方式。对于正式来访的外国高级代表团，我国接待方通常都要在人民大会堂为其举行专场文艺晚会。

出席专场文艺晚会的人员，除来访国的代表团团长和全体成员外，主人一般都要安排与团长身份相当的领导人作陪。如果代表团团长是国家元首或政府首脑级，我国一般由陪同团团长或外交部长作陪，有时也由我国国家元首或政府首脑作陪，以示尊重。专场文艺晚会一般安排在正式会见、会谈后的来访空隙举行。

在西方国家，观看文艺演出是一种隆重和高雅的娱乐活动，特别是在大剧院、剧场，规矩很多，演出时观众都自觉保持肃静，关闭手机等通信工具，不能随意拍照、录音，更不能用闪光灯，也不能随意鼓掌，要聚精会神、精神饱满地观看演出，迟到者只能在幕间进场。此外，这种活动对观看演出的观众的服饰要求也很高，要求像出席正式宴会一样按最隆重的方式穿戴。

在为外宾组织专场文艺晚会时，在精选节目、安排座位、演出入席及退席、印制节目单、观看礼仪、演出秩序与摄影、献花和花篮等方面都有一定的要求。

1）精选节目

要从文艺晚会演出的目的着眼，针对客人的兴趣与实际精选节目。一般可安排客人观看具有本国民族风格的节目，如民族歌舞或京剧、杂技、地方戏等。同时，对节目的内容应进行预审，以免因政治、宗教信仰或风俗习惯等引起不愉快。另外，应尽可能安排一些来宾所属国家的节目，以表示对外宾的尊重和友好。

2）安排座位

凡是请重要的外宾观看文艺演出，一般应把最佳席位安排给外宾。通常，在剧场中以七八排的座位观看效果最好，可作为贵宾席，由陪同人员陪同主宾并按礼宾次序入席就座。其中，要穿插安排好翻译的席位，以便主人和主宾能随时交谈和适当解释演出节目的内容。其他客人则可按预先排定的座位或在贵宾区自由入座。

3）演出入席及退席

文艺晚会专场演出，一般是普通观众先入座，作为主宾的外国客人则在开幕前由主人陪同入场。入场时，观众应有礼貌地起立鼓掌，表示欢迎。演出结束后，主人可与客人一道起立鼓掌，或献花和花篮，向演员表示感谢。演出时观众不得中途退场。演出结束后，应待贵宾先退场，观众方可离去。

5.5.2　参观游览礼仪

参观游览是国际交往的一种形式。为一般外国友人或团体安排参观游览，应根据外国友人或团体参观访问的目的、要求和外国友人的兴趣、特点来选定参观游览的项目。对于外国友人提出的合理要求，只要条件许可，应尽可能予以满足；如果确有困难不能安排，则应向外宾解释清楚。

外国国家元首或政府首脑来华访问，一般在我国国家领导人官方迎送或正式国事访问前后，进行外地访问、参观游览。其日程与地点的安排应事先与对方确定。对于一般外国友人或团体参观游览活动的日程，应先与全程陪同的我方人员交换意见，然后再同外宾商谈。日程确定后，应制订详细具体的计划，包括先参观什么，后参观什么，是否安排休息、介绍或座谈以及参观路程的长短，各参观地点之间的距离，徒步或者乘车前往的时间等。在车辆、参观游览出发时间、集合地点等这些参观游览的具体要求和细节确定之后，应立即通知参观游览单位和有关部门以及全体接待人员，要求他们主动配合工作。如无特殊情况，不要随意改变日程；如要改变日程，则应及时通知各参观游览单位和有关部门及参加接待的人员。

外宾参观游览时，一般都应有身份相当的人员陪同。如陪同人员地位较高，应提前通知对方。接待单位也要有相关人员出面，并且根据需要安排解说员或导游人员，维持参观游览现场的正常秩序。参观游览中，我方人员中途不要离开或不辞而别。陪同外宾参观游览的翻译人员，要事先做好准备工作，态度热情诚恳，精神饱满，体现出对外宾的友好。在翻译中要实事求是，不擅自掺杂自己的意见、增减谈话内容。如翻译有问题或未听清，应当即向外宾说明，绝不能不懂装懂、主观臆断。对于其他人的插话或外宾问及本人个人的问题，要适当告知主陪人，决定应否答复。

接待单位在接待之前，应尽可能了解外宾的情况、特点和要求，以及需要注意的问题，以便能有针对性地回答外宾关心的问题，进行必要的解释。介绍应力求简明扼要，内容要实事求是，方式要生动活泼，把握分寸，注意保密。参观游览时，不要随便请外宾签字留念或要求照相。参观游览过程中除了照顾好主宾外，也要兼顾其他外宾，以免冷落他们。有些外宾对参观游览的兴趣很大，看得仔细，应有人专门照顾，并做好前后的联络工作。

参观游览的单位不要自行悬挂标语或外国领袖像等。这些安排要听从接待单位的意见。在外宾参观游览的过程中，对外宾要有礼貌，不要让群众围观、尾随或指手画脚。如外宾主动与群众谈话、招手或点头表示友好，我方陪同人员也应友好答话和作相应的表示。在外宾拍摄群众照片时，不应回避躲闪，态度要自然大方。

▶ 本章概要

学习微平台

延伸阅读 5-1

□ 内容提要

本章简要阐述了国际交往的基本原则；介绍了国际交往中的迎送礼仪，会见、会谈、签字的含义和服务规范，宴请的常见形式，桌次与座位安排及参加宴请的礼仪，文艺晚会、参观游览的具体安排和接待服务的规范。

□ 主要概念和观念

▲ 主要概念

迎送、会见、会谈签字仪式　宴请礼宾次序

▲ 主要观念

国际交往的基本原则是：（1）尊重对方，诚信守约；（2）维护国格，不卑不亢；（3）谦恭有礼，实事求是；（4）保守机密，尊重隐私；（5）讲究次序，女士优先。

□ 重点实务

会谈的服务规范　宴请的桌次（2 桌）安排和座位安排

▶ 基本训练

□ 知识训练

▲ 复习题

（1）会见与会谈的区别是什么？

（2）迎送的内容有哪些？

（3）签字仪式应如何服务？

（4）在迎送外宾的车子上、会见的大厅里、签字仪式上，主客双方的国旗应如何悬挂？

▲ 自测题

△ 选择题

（1）下列选项中，符合国际礼宾次序的惯例有（　　）。

A. 两人同行，以前者、右者为尊

B. 三人并行时，以最右者为尊

C. 前后行时，以前者为尊

（2）双排五座轿车座位的尊卑次序是（　　）。

A.后排左座-后排右座-后排中座-前排右座

B.后排右座-后排左座-后排中座-前排右座

C.后排中座-后排右座-前排右座-后排左座

D.前排右座-后排右座-后排左座-后排中座

（3）关于冷餐会，说法正确的有（　　）。

A.冷餐会又称自助餐，不排座位，不设座椅

B.供应的食品以酒水、饮料为主，略备小吃

C.菜肴连同餐具陈列在菜台上，供客人自取

D.客人可自由走动，并来去自由

（4）宴请的桌次和座位安排，正确的做法有（　　）。

A.桌次高低视离主桌位置远近而定，右高左低，近高远低

B.一般以离门最近的或居中的桌子为主桌

C.席位高低视离主人的座位远近而定

D.按外国习惯，主桌上男女穿插安排，以女主人为准，主宾在女主人右边，主宾夫人在男主人的右边

（5）关于进餐礼仪，正确的做法有（　　）。

A.如遇本人不能吃或不爱吃的菜肴，当服务员上菜或主人夹菜时，可以拒绝

B.嘴内的骨头、鱼刺不要直接往外吐，可用餐巾掩嘴，用手（中餐用筷子）取出

C.西餐吃面包时不要大口塞进嘴中，用手掰成小块送入口中

D.除喝汤外，不用匙进食。喝时用汤匙由内往外舀起送入口内

（6）关于西餐刀、叉的使用，正确的做法有（　　）。

A.右手持刀，左手持叉

B.叉也可以单独用于进食或取食，进食时应左手持叉，叉齿向上

C.要按刀叉摆放顺序由里往外取用

D.每道菜吃完后，应将刀叉并拢平行排放在盘内，如未吃完，则摆成八字或交叉置于盘上

△ 判断题

（1）西方人强调女士优先，因为他们认为女士是弱者，应予以同情。（　　）

（2）会见时的座位安排一般为客人坐在主人的右边，译员、记录员安排在主人和主宾的后面。（　　）

（3）会谈就其内容来说有礼节性、政治性和事务性三种。（　　）

（4）正式宴会是各类宴请中规格最高、最为隆重的一种。（　　）

（5）自助餐取菜也有先后顺序，一般为：冷菜、汤、热菜、点心、甜品和水果。（　　）

（6）观看演出时，观众不得中途退场。演出结束后，应待贵宾先退场，观众方可离去。（　　）

▲ 讨论题

（1）试举例说明第一印象的重要性。

（2）对于多桌宴会，桌次应如何安排？

（3）夏天，某国旅游部一位领导到我国南方某著名旅游城市参观访问，第一天日程安排紧凑：上午会见该市副市长和旅游局局长，午后参观两个景点，17 点市长举行欢迎晚宴，19 点半观看杂技演出。在下午去第一个景点的路上，宾主乘坐的面包车爆胎了。接待人员应如何处理接下来的行程和活动安排？

□ 能力训练

▲ 理解与评价

背景资料：国家旅游局（现文化和旅游部）统计数据显示，2014 年国内旅游人数达 36 亿人次，入境旅游人数达 1.28 亿人次，出境旅游人数首次突破 1.15 亿人次。但富裕起来的中国游客在国外接连被曝出各种各样的不文明行为：飞机上打闹；在候机大厅的座椅上晾女性内衣；"顺手牵羊"带走酒店的枕头、钥匙；在外国古迹上写"到此一游"；在商场里购物插队；听歌剧时手机频响，擅自录音、录像、摄影；上厕所不讲卫生，把手纸扔在蓄水池里。这些行为引起不少国家的"吐槽"甚至抵制。为此，国家旅游局表示，从 2015 年起分级建立游客旅游不文明档案，制定并实施《游客不文明行为记录管理暂行办法》（俗称"黑名单"），航空公司、旅行社、旅游饭店联动，建立游客旅游不文明信息通报、追责机制。

资料来源　作者根据相关报道编写。

问题：游客不文明行为是个宽泛概念，涉及法律、风俗、生活习惯三方面，上述这些不文明行为应如何归类？统统录入"黑名单"的办法是否妥当，能否有效？

▲ 案例分析

【训练项目】

案例分析–V。

【相关案例】

文化艺术是友谊的桥梁

背景与情境：由国务院新闻办公室、中国驻新西兰大使馆、中国驻奥克兰总领事馆共同主办，新西兰媒体共同承办的"感知中国·新西兰行"于 2014 年 9 月 9 日在奥克兰奥提亚中心开幕，活动一直持续到 15 日。除了非物质文化遗产传承人现场展示中国传统艺术和技艺外（包括古琴、木版水印、篆刻等），展览还通过精美的图片向新西兰民众呈现了龙泉青瓷、新疆维吾尔木卡姆、雕版印刷及昆曲等中国非物质文化遗产。

作为活动最精彩的部分之一，中国顶级杂技团的表演吸引了新西兰各地民众前来观看，能容纳 2 650 个座位的剧场座无虚席。中国杂技团的演出赢得了观众经久不息的喝彩和雷鸣般的掌声。一位从惠灵顿赶来观看演出的新西兰观众在表演结束后非常兴奋地说："太精彩了，简直超出想象。如果不是现场观看，我一定认为是通过电脑技术才能达到的效果。"一位华人观众则说："这是我近年来看到的最棒的表演,中国杂技太令人叫绝了!"

中国驻奥克兰总领事牛清报表示,这次活动一定会加深中新两国之间的相互了解和友谊,也会对两国之间的文化交流起到积极的推动作用。

资料来源 佚名. 文化艺术是友谊的桥梁 [N]. 环球时报,2014-11-14.

问题:我国已在世界上100余个国家开办了500多所孔子学院。如果把我国非物质文化遗产,如瓷器、国画、京剧、昆曲、民族音乐、杂技、歌舞与孔子学院的教学结合起来,会产生怎样的效果?试参照本例所反映的情况进行分析。

【训练要求】

同第1章"基本训练"之本题型的"训练要求"。

▲ 实训操练

【实训项目】"会谈服务规范"知识应用。

【实训要求】将班级学生分成若干实训团队,以本章"重点实务"中"会谈服务规范"的知识应用为实训项目,模拟会谈的主客双方人员(4人)与服务员(2人),按服务规范和服务程序进行服务。

【实训步骤】

(1)将班级学生分成若干实训团队,每个团队确定1人负责。

(2)各团队学生按照本章"会谈的服务规范和服务程序"的实务教学内容进行情境设计,并结合情境设计进行主客双方人员和服务员的角色分工与协作。

(3)各团队学生根据上述情境设计,进行角色扮演,体验本项目模拟实训的全过程。

(4)各团队学生交换分工,再次体验本项目模拟实训过程。

(5)各团队学生记录本次模拟实训的主要情节,总结实训操练的成功经验,找出存在的问题及解决办法,在此基础上撰写《"'会谈服务规范'知识应用"实训报告》(以下简称《实训报告》)。

(6)在班级讨论交流、相互点评与修订各团队的《实训报告》。

(7)在校园网的本课程平台上展出经过修订并附有教师点评的各团队《实训报告》,供学生相互借鉴。

▲ 课程思政

【训练项目】

课程思政-V。

【相关案例】

韩国商贸旅游中的杂音

背景与情境:据韩国《中央日报》2015年2月25日的报道,春节期间约13万名中国游客来到韩国,挽救了因为内需不振而饱受折磨的韩国流通业。2月18日至22日,乐天百货位于首尔的总店,因中国游客的到来,销售额增加75%,现代百货的销售额也增加了60%;到韩国整容和买美容用品(如面膜、唇膏、假睫毛)的游客也非常多。但韩国一些无良商家却趁机抬高价格、弄虚作假,坑害中国游客。元旦前后，一位来自中国的50多岁的女士在首尔一家整容医院因整容手术失败而丧生；2万余张有毒面膜卖入中国……火爆的旅游商贸活动中嵌入了杂音。

　　资料来源　作者根据《环球时报》等媒体资料和电视新闻编写。

　　问题：如何保持中韩火爆的旅游商贸交往而消除那些不正常的杂音？

　　【训练要求】

　　同第1章"基本训练"之本题型的"训练要求"。

第6章　宗教礼仪

● 学习目标

通过本章学习，应当达到以下目标：

职业知识： 学习和把握宗教的概念，佛教礼仪、伊斯兰教礼仪、基督教礼仪、道教礼仪，以及"同步业务"、"同步资料"和二维码资源等理论与实务知识；能用其指导本章"同步思考"和"基本训练"中"知识训练"各题型的认知活动，规范相关技能活动。

职业能力： 点评"少林寺的商业化倾向"，训练专业评价力；运用本章知识研究"同步案例"和章后"案例分析-VI"，训练对"宗教礼仪"特定情境下当事者行为的"多元表征"专业能力和"与人交流"的通用能力；通过对"'宗教礼仪'知识应用"的实训操练，训练相应专业技能和"团队协作""解决问题"的通用能力。。

课程思政： 结合"宗教礼仪"教学内容，依照相关规范或标准，对"课程思政6-1"和章后"课程思政-VI"中的企业及其从业人员的行为进行思政研判，培养高尚的道德情操，树立社会主义核心价值观。

引例：尊重宗教礼仪　切勿触犯禁忌

学习微平台

思维导图 6-1

背景与情境：世界上几乎所有的国家都有很多人信奉宗教，有的信奉基督教，有的信奉伊斯兰教，有的信奉佛教。我国的本土宗教是道教，也有不少人信奉基督教、伊斯兰教和佛教。从事旅游业的人员或是喜爱旅游的人士应该尊重旅游目的地的一切宗教礼仪。也许你不信教，但你一定不能触犯宗教禁忌。

比如，你去欧洲旅游，导游可能会带你参观很多基督教堂，有时会碰上教堂正在举行宗教仪式，你可以站在后面静静地观看，但不能大声议论或者走到神坛前面去，更不能指指点点、说三道四。切记不能在教堂里随意照相，一定要照时，需得到教堂管事人员的允许。

又如，你到阿拉伯国家去旅游，那里的人们普遍信奉伊斯兰教，有些国家还把伊斯兰教奉为国教，触犯禁忌会招来严厉的惩罚。男子不能穿短裤，女子不能穿短裙，在公共场所不能有亲密举动，在游泳池里也不能穿比基尼。穆斯林一天有 5 次祈祷，祈祷时停止一切活动。这时候千万不要打扰他们，也不要流露出不耐烦或不屑一顾的神情，否则可能会招致麻烦。此外，对阿拉伯人说一声"印沙安拉"（如蒙天佑），会得到他们热情的回应。

再如，佛教寺庙一般都供应质量不错的素斋，在斋堂里用膳一定不要大声说话，筷子和碗不能碰出声音，吃面也不能发出"吸溜吸溜"的响声，否则会被认为是对佛的不敬。在佛教寺庙不能用脚踏门槛，不能把荤菜带进寺庙。对僧人应双手合十，尊称他们为"师父""大德""大和尚""大师"。

资料来源　作者根据相关资料整理.

问题：为什么从事旅游接待工作的人和出门旅游的人要熟悉宗教礼仪与禁忌？

分析提示：世界总人口的 2/3 都信奉宗教，很多国家把基督教或伊斯兰教或佛教奉为国教。宗教有着严格的礼仪与禁忌，一旦违反，小则失礼，引起不愉快；大则可能引起政治、民族纠纷。从事旅游接待工作的人员，不论是在国内接待信教人士，还是带团到信奉某一宗教的国家去旅游，尊重客人或东道主的宗教信仰都是做好接待工作的重要前提。出门旅游的人也必须认真对待。

6.1　宗教概述

宗教是一种社会意识形态，是支配人们日常生活的外部力量在人们头脑中的一种幻想的反映。宗教是人类社会发展到一定阶段出现的现象，有其发生、发展和消亡的过程。宗教信仰、宗教感情以及与这种信仰和感情相适应的宗教仪式、宗教组织，都是社会、历史的产物。在人类历史上，随着社会形态和政权形式的演变，宗教也逐步由拜物教、多神教发展到一神教，由自然宗教发展到人为宗教，由氏族图腾崇拜发展到氏族宗教，最后又出现了世界性宗教。宗教教义的本质一般都是宣扬顺从，叫人忍受现世的苦难，把希望寄托于虚构的"来世""天国""彼岸"和"神仙境界"。

在科学技术高度发展的今天，古老的宗教信仰还以各种方式在人们的日常生活中占有重要位置，仍然是许多国家、许多人的主要精神寄托。目前，世界上信奉各种宗教的教徒人数约占全世界总人口的2/3。其中，基督教、伊斯兰教和佛教并称为世界三大宗教。纵观宗教产生和发展的总趋势，科技水平越高，社会文明、平等、自由度越高，宗教的信徒就会越少。近十余年来，基督教在美国、欧洲等发达国家和地区的信徒日趋减少就说明了这一点。

基督教是世界上信徒最多、分布最广的宗教。其包括天主教、基督新教、东正教三大教派。目前，全世界基督教徒约有20亿人，约占世界人口总数的33%。其次是伊斯兰教，其信徒被称为穆斯林，全世界穆斯林目前有13亿人左右，约占世界人口总数的20%。最后是佛教，全世界的佛教徒目前有3亿多人，约占世界人口总数的6%，其中95%的信徒是亚洲人。

我国是一个多种宗教并存的国家，主要有佛教、道教、伊斯兰教、基督教等，特别是佛教和道教，在长期的传播过程中对我国的历史、文化、艺术的发展有较深影响。目前，我国约有上亿的信教群众、30多万宗教教职人员、10多万处宗教活动场所、3 000多个宗教团体。全国性的宗教团体有中国佛教协会、中国道教协会、中国伊斯兰教协会、中国天主教爱国会、中国天主教主教团、中国基督教三自爱国运动委员会和中国基督教协会等。此外，还有若干宗教性社会团体和地方性宗教组织。我国《宪法》规定"中华人民共和国公民有宗教信仰自由""国家保护正常的宗教活动"。所以，对待宗教的正确态度是遵守《宪法》的规定，尊重教徒的宗教信仰，不干涉正常的宗教活动，对外宾的宗教信仰更不能非议。

了解宗教的礼仪和禁忌是在旅游交际活动中帮助我们了解世界各国人民的精神生活和日常习俗的一把钥匙，也是做好旅游接待工作的重要保证。宗教礼仪是宗教信仰者为表达对崇拜对象的尊敬而举行的各种仪式与活动，是巩固和发展宗教信仰、宗教组织、宗教感情的重要手段，担负着满足信徒心理需要的社会功能。对大多数信徒来说，其宗教观念往往都是通过实际、直观的宗教礼仪以及充满宗教色彩的风俗习惯形成的。因此，我们必须加强对宗教礼仪和禁忌的了解。

6.2　佛教礼仪

在世界三大宗教中，佛教创立的时间最早，传入中国也最早。佛教在长期的传播发展过程中，形成了各具地区和民族特色的教派，确立了佛教各派别共同承认的基本教义和佛教徒共同遵守的礼仪习俗及各种节日。

6.2.1　佛教起源

佛教起源于公元前6世纪至公元前5世纪的古代印度，相当于我国的春秋时期，距今已有2 500多年的历史。佛教的创始人相传是北印度迦毗罗卫国（今尼泊尔境内）净饭王的儿子，名悉达多，姓乔达摩（约公元前565—公元前485年），与我国的孔子、老子是同时代人。释迦牟尼是佛教徒对他的尊称，意思是释迦族的"圣人"。据说他从小就接受了婆罗门的传统教育，29 岁出家，自 35 岁起一直在印度北部和恒河流域进行传教，逐渐得到统治阶级上层的支持，创立了佛教。佛教的发展分为四个阶段：

第一阶段：公元前 6 世纪中叶至公元前 4 世纪中叶，释迦牟尼创教，弟子传承其教，统称为"原始佛教"。

第二阶段：公元前 4 世纪中叶至公元 1 世纪中叶，佛教内部由于对教义和戒律产生认识分歧，分裂为许多教团，后称十八部、二十部，为部派佛教。

第三阶段：公元 1 世纪中叶至 7 世纪为"大乘佛教"（把以前的佛教称为"小乘佛教"）阶段。

第四阶段：公元 7 世纪至 12 世纪，"大乘佛教"的一部分与婆罗门教混合形成"密教"。

佛教的经典由口头形式发展到文字形式，久之形成各宗各派学说，经典繁多，总称三藏，即"经、律、论"。公元 2 世纪，贵霜帝国迦腻色迦王时期，佛教向古印度境外传播，发展成为世界性宗教，在许多国家形成了各具民族特色的教派。传入中国、朝鲜、日本和越南等国的，以大乘佛教为主，称为北传佛教，其经典主要属汉文系统。传入中国西藏、内蒙古和蒙古、西伯利亚等地区的，为北传佛教中的藏传佛教，经典属藏文系统。传入斯里兰卡、缅甸、泰国、柬埔寨、老挝以及中国傣族地区的，以小乘佛教为主，称为南传佛教，经典属巴利文系统。

佛教早在西汉哀帝元寿元年（公元前 2 年）就传入中国，当时被看作神仙方术的一种。相传公元 68 年建造的洛阳白马寺是中国历史上的第一座佛教寺院。后经魏晋南北朝的发展，佛教逐渐与我国儒家的封建宗法思想合流，在中国扎根，并成为中国封建社会上层建筑的重要组成部分。到隋唐时期，由于统治阶级的大力扶植，佛教进入鼎盛时期，逐渐形成了各种佛教宗派，如天台宗、华严宗、禅宗、律宗、净土宗、法相宗、密宗等，并形成了五台山、峨眉山、普陀山、九华山四大佛教圣地。中国佛教基本上可以分为汉族地区佛教、藏传佛教和云南傣族等地区的上座部佛教三大体系。

6.2.2　佛教教义

教义，即某种宗教所信奉的道理。佛教的基本教义是把现实人生断定为"无常""无我""苦"。苦的原因既不在于超现实的"梵天"，也不在于社会环境，而由每人自身的"惑""业"所致。"惑"指贪、嗔、痴等烦恼，"业"指身、口、意等活动。"惑""业"为因，造成生死不息之果；根据善恶行为，轮回报应。欲摆脱痛苦，需依照经（即"经典"，是释迦牟尼一生所传言教的汇编）、律（指释迦牟尼所定有关佛教徒言行进退、修行生活之律仪）、论（指释迦牟尼身后各派关于佛教教义的各种论著书籍）三藏，修持戒（戒律，主要是五戒）、定（坐禅、入定、感恩）、慧（智慧）三学，彻底转变自己的世俗欲望和认识，超越生死轮回，达到这种转变的最高目标叫作"涅槃"或"解脱"。

佛教的基本教义宣传"四谛"、"五蕴"和"十二因缘"，其核心就是一个

"苦"字，即人世间充满苦难。佛教说，人生有八种苦，正所谓"苦海无边"，只有领悟佛教的"真理"，做到"自我净化""解脱"，才能脱离苦海，到达幸福的彼岸，这就是所谓的"回头是岸"。此外，佛教还宣扬"因果报应"、"生死轮回"和"一切皆空"等，并为此提出了一整套说明苦难和解脱苦难的学说。

同步资料6-1

"四谛""五蕴""十二因缘"

所谓四谛，就是四个真谛，也即四个真理，包括：苦谛——现实世界苦海无边；集谛——造成痛苦的原因和根据；灭谛——佛教的最高理想、无苦极乐境界；道谛——实现涅槃的方法，即修行。

"五蕴"泛指色蕴——构成人的身体和世界的物质；受蕴——由感官生起的各种苦乐感情；想蕴——认知反映的表象、概念；行蕴——一切精神现象、物质现象的生成、变化活动；识蕴——精神的主体作用。

"十二因缘"亦称十二缘起，是佛教三世（过去、现在、未来）轮回的基本理论，它们是：无明——愚昧无知；行——由无知产生的善恶行为；识——托胎时的心识；名色——胎中的精神和物质状态；六入——眼、耳、鼻、舌、身、意生长完全；触——接触事物；受——感受苦乐；爱——生起贪、爱等欲望；取——追求色、声、味、触等；有——由各种欲望引起的行为；生——来世之再生；老死。这十二因缘就是讲人的生老病死都在不断轮回。

资料来源　作者根据相关资料编写。

6.2.3 佛教礼仪

1）称谓

佛教的教制、教职在各国不尽相同。在我国寺院中，一般有"住持"（或称"方丈"，寺院负责人）、"监院"（负责处理寺院内部事务）、"知客"（负责对外联系），可尊称"高僧""大师""法师""长老"等。佛门弟子依受戒律等级的不同，可分为出家五众和在家两众。出家五众是指沙弥、沙弥尼、式叉尼、比丘、比丘尼。沙弥和沙弥尼分别指7岁以上20岁以下受过十戒的出家男子和女子，汉地普遍称小和尚、小尼姑；20岁成年受具足戒后成为比丘、比丘尼。式叉尼是指处于沙弥尼和比丘尼之间、正在接受短暂受戒考核的出家女子。在家两众是指优婆塞和优婆夷，即受过三皈依的在家男子和受过三皈五戒的在家女子。出家的佛教徒俗称"和尚"（僧）和"尼姑"（尼），亦可尊称"法师""师太"。不出家而遵守一定戒律的佛教信徒称"居士""居士妇"，可尊称为"檀越""护法""施主"等。

2）四威仪

四威仪是指僧尼的行、住、坐、卧应该保持的威仪德相，不允许举止轻浮，一切都要遵礼如法。所谓"行如风、住（站）如松、坐如钟、卧如弓"，就是僧尼应尽力做到的。这是因为所受"具足戒"戒律对行、住、坐、卧的动作都有严格规定，如果违反规定，就不能保持其威严。

3）饮食禁忌

（1）过午不食

按照佛教教制，比丘每日仅进一餐，后来，也有进两餐的，但必须在午前用毕，过午就不能进食。这是佛教中对僧尼的一个戒条，叫"过午不食戒"。在东南亚一带，僧尼和信徒一日两餐，过了中午不能吃东西，午后只能喝白开水，连牛奶、椰子汁都不可以喝。我国汉族地区僧尼因需要自己在田里耕作，体力消耗较大，晚上非吃东西不可，所以少数寺庙开了"过午不食戒"，但晚上所进之食称为药食。然而，在汉地寺院的僧尼中，持"过午不食戒"的也仍不少。

（2）不吃荤腥

荤食和腥食在佛门中是两个不同的概念。荤专指葱、蒜、辣椒等气味浓烈、刺激性强的东西，吃了这些东西不利于修行，所以为佛门所禁。腥则指鱼、肉类食品。东南亚国家的僧人多信仰小乘佛教，或是到别人家托钵乞食，或是由附近人家轮流送饭，按佛教律令均不得挑食，无论素食、肉食、美食、粗食，只能有什么吃什么。我国大乘佛教的经典中有反对食肉的条文，所以信奉大乘佛教的汉地僧人乃至很多在家居士都不吃肉。在我国蒙藏地区，僧人虽然也信奉大乘佛教，但是由于气候和地理原因，缺乏蔬菜，所以一般也食肉。但无论食肉与否，大小乘佛教都禁忌荤食。至于汉族地区的在家居士，他们有吃长素的，也有吃花素的（如观音素、十日素、八日素或六日素等）。

（3）不喝酒

佛教徒都不饮酒，因为酒会乱性，不利于修行，故严格禁止。

4）礼节

（1）合十

"合十"亦称"合掌"，即两手当胸，十指相合，专注一心。佛教徒在见面时，多以"合十"为礼，以示敬意。参拜佛祖或拜见高僧时要行跪合十礼，行礼时，右腿跪地，双手合掌于两眉中间。

（2）绕佛

绕佛是指围着佛右绕（顺时针）行走一圈、三圈或者百千圈，以表示对佛的恭敬、仰慕之意。

（3）顶礼

顶礼为佛教最高礼节，是向佛、菩萨或上座所行礼节。行顶礼时双膝跪下，两肘、两膝和头着地，舒两掌过额承空，以示头触佛足，恭敬至诚。藏传佛教徒有全身俯伏于地的行礼方法，这就是俗话说的"五体投地"。

同步业务 6-1

佛教的互跪礼与长跪礼

各国佛门男僧与女尼的跪礼有所不同。男僧行互跪礼，女尼行长跪礼。互跪礼是两腿轮换跪于地。《释门归敬仪》中描述："言互跪者，左右两膝交互跪地""经中以行事经久，苦弊集身，左右两膝，交互而跪"。此礼行于僧人。

长跪礼是两膝同时久跪于地。《释门归敬仪》中描述："两膝据地，两胫翘空，两足指拄地，挺身。"此礼行于女尼。

僧、尼的跪礼之所以不同，是因为"僧是丈夫，刚于事立，故制互跪；尼是女弱，翘苦易劳，故令长跪"。

资料来源　佚名. 佛教男女跪礼之不同：互跪礼与长跪礼［EB/OL］.［2019-01-02］. http://www.tlfjw.com/xuefo-27217.html.

（4）南无

南无念"那摩"，是佛教信徒一心归顺于佛的致敬语，常用来加在佛、菩萨名或经典题名之前，以表示对佛、法的尊敬和虔信。"南无"的意思是"把一切献给××"或"向××表示敬意"。如称南无阿弥陀佛，则表示对阿弥陀佛的致敬和归顺。阿弥陀佛又称无量寿佛，是西方极乐世界的教主。

（5）受戒

受戒是佛教徒接受戒律的仪式。戒法有三皈五戒、十戒和具足戒。

① 三皈五戒。这是居士应遵守的戒法。成为佛教徒的第一步必须受三皈依法，即归顺、依附佛、法、僧三宝。"皈"字还有反黑为白的意思，即将黑色的罪业转为白色的净业。在家的男子教徒进入佛门后，必须求一位法师为他授皈依法。受三皈有一种简单的仪式，叫"方便皈依"。如果举行正式的三皈仪式，需两个小时左右。此外，还要受五戒。所谓五戒，第一不可杀生，第二不可偷盗，第三不可邪淫，第四不可饮酒，第五不可妄语。佛教徒在受了三皈五戒之后，方能称为"居士"。

② 十戒。十戒是指沙弥、沙弥尼所受的十条戒律。此十条戒律，除了五戒之外，还包括不装饰打扮、不视听歌舞、不坐高广大床、不食非时食、不蓄金银财宝。

③ 具足戒。具足戒又叫"比丘戒""大戒"。沙弥、沙弥尼年满20岁时再举行仪式，授予"具足戒"。它是在十戒的基础上扩充为比丘的250条戒、比丘尼的348条戒，共分八大类。佛教徒受具足戒后，才能取得正式的僧尼资格。

（6）忏悔

佛教理论认为，只有心身清净的人才能悟得正果，但是世间是污浊的，即使出家人也可能随时身遭"垢染"，影响自己的功德。然而信徒不必因此而担心，因为通过忏悔可灭除以往所有的罪过。

（7）功课

在寺庙里，僧尼每天的必修课为朝暮课诵，又名早晚功课或是五堂功课。寺庙一般在早上4时就打催起板（起休号令），僧尼盥洗完毕，齐集在大雄宝殿，恭敬礼佛，端坐蒲团，听候大钟大鼓结束声。随后即起，随众念诵早课楞严咒、大悲咒、十小咒、心经等，此为两堂功课。晚课在下午4时左右，僧尼立诵阿弥陀经，跪念88佛忏悔文，发愿、回向、放蒙山，此为三堂功课，与上合为五堂。回向的意思是将自己念诵的功课回馈到或者转向其他众生之上，使大众都能亲证佛果。"晨钟暮鼓"一词，就来自佛教寺庙里的早晚功课。

5）葬仪

佛教的僧尼去世后一般实行火葬，其遗骨或骨灰被安置在特制的灵塔或骨灰瓮中。汉族地区的佛教徒去世后一般实行火葬和土葬。佛教徒去世后，每年的忌日，家人要为其举行祈祷冥福的追荐会，并发放布施。一些高僧大师火葬后会有一些结晶体出现，这就是"舍利"，受到佛教徒的高度尊崇。国内不少著名禅寺都珍藏着佛祖释迦牟尼的舍利，陕西法门寺的最有名也最珍贵。

6）宴会时的僧俗座次安排

佛教的宴会不但菜肴全是素食，而且不能用辛辣食材和荤油。其座位安排也与本书前面所讲的"以右为尊"不同：若是一主一客，客位与主位相对；若是一主两客，则以左为尊。多桌宴会时，其主桌的安排与俗家做法相同，以远为尊，但第二桌的安排是以左为尊。一席一主一客序坐法如图6-1所示，一席一主二客序坐法如图6-2所示，一席一主三客序坐法如图6-3所示，一席二主二客序坐法如图6-4所示。

图6-1　一主一客座位安排

图6-2　一主二客座位安排

图6-3　一主三客座位安排

图6-4　二主二客座位安排

7）多桌宴会时的僧俗桌次安排

多桌宴会时的僧俗桌次安排如图6-5所示。

6.2.4　佛教的主要节日

1）世界佛陀日

世界佛陀日，即"吠舍佉节"，又称"维莎迦节"。"世界佛教徒联谊会"1954年规定，公历5月的月圆日为"世界佛陀日"，即把佛的诞辰、成道、涅槃合并在一起的节日。每到这时，一些佛教盛行的国家就会举行全国性的大规模庆祝活动。

图 6-5　多桌宴会桌次安排

2）佛诞节

佛诞节是纪念佛教创始人释迦牟尼（佛陀）诞生的节日。由于对佛陀的生日说法不一，所以世界各国佛诞节的时间也不相同。我国汉族地区的佛教徒以农历四月初八为佛诞日；藏族佛教徒以农历四月十五为"萨噶达瓦节"（佛诞节）；傣族佛教徒则在清明后十天举行"泼水节"（浴佛节）。日本在明治维新以后改用公历 4 月 8 日为佛诞节，又称"花节"。据说释迦牟尼诞生时，有九条龙吐出香水浴其身，因此在这一日，佛教徒要以香水灌洗释迦牟尼像，称为浴佛，故佛诞节又称浴佛节。

3）佛成道日

佛成道日是纪念释迦牟尼成佛的节日。相传释迦牟尼在十二月八日悟道成佛，这一天即为佛成道日。后世佛教取意牧女献乳糜供佛的传说，每逢佛成道日，煮粥供佛。我国汉族地区，每逢农历十二月初八（腊八），要以大米及各类果实煮粥供佛，并逐渐演化为吃"腊八粥"的民俗。世界各国佛寺及僧众每逢此日都要举行以诵经为主的纪念活动。

4）涅槃节

涅槃节是纪念释迦牟尼逝世的节日。相传释迦牟尼 80 岁时在拘尸那迦城希拉尼耶伐底河边娑罗双树间，结束最后一次传法，于二月十五日逝世。佛教称死为涅槃（修行所达到的最高精神境界），所以，纪念释迦牟尼逝世的日子称为涅槃节。由于南北佛教对释迦牟尼逝世年月的说法不一，所以涅槃节的具体日期不尽相同。中国、朝鲜、日本等国家的大乘佛教，一般在每年农历二月十五举行涅槃节。每年此日，各佛教寺院都要悬挂佛祖图像，举行涅槃法会，诵《遗教经》等。

同步资料 6-2

佛教的三大标志

（1）法轮：这是全世界公认的佛教标志。它代表着伟大的佛教。法轮表示佛陀说的法像轮子一样转，所以佛法的推进碾碎了一切不正当的邪说；同时，推动佛陀的法轮就向美好的、快乐的、光明的方向前进了。轮有八根辐条，一样长，这象征着佛陀说的八正道，是纯洁、端正行为的规则。轮是智慧，毂是意志，轴是真理；佛陀的法轮是用高深的智慧、坚强的意志和圆满的真理联结而成的。

（2）字：佛教"卍"字。"卍"字是佛像及佛教文物中常见的符号，读作"万"。《十地经论》十二卷中说，在悉达多未成佛时，胸臆间即有功德庄严金刚"卍"字相。"卍"字是个吉祥的符号，称为吉祥海云，又称吉祥喜旋。这个符号在印度早已存在，自公元前3世纪始被用于佛典。

（3）莲花：也是佛教的标志，它芬芳美丽，清净纯洁，从泥土里出来，却一点也没有染到污秽，这表示佛教是清净庄严的。

资料来源　佚名. 苏州旅游与财经高等职业技术学校教案［EB/OL］.［2019-01-02］. http：//www.docin.com/p-587546160.html.

同步思考6-1

少林寺的商业化倾向

背景资料：近年来，少林寺成立了少林实业发展有限公司，下属机构有：（1）寺院：空相寺（达摩和尚圆寂地）、青龙山慈云寺；（2）其他组织和机构：河南易筋经研究院、少林文化研究会、中华禅诗研究会、少林书画院、少林寺影视有限公司、少林寺文武学校、《禅露》杂志社、少林慈善福利基金会、少林弟子国际联谊会等。少林寺方丈释永信对少林寺进行商业化经营与推广，举办了"少林武僧全球巡演"，海选中国"功夫之星"，拉动了旅游业，也为当地经济发展做出了巨大贡献。2015年2月28日，少林寺决定在澳大利亚投资约2.97亿澳元兴建包括寺庙、寄宿制功夫学院、四星级酒店和高尔夫球场在内的综合体项目，获得了新南威尔士州政府及肖尔黑文市政厅的批准。当地政府认为该项目可以促进当地旅游业的发展，拉动就业。但寺庙的商业化运作及其可能对当地环境产生的潜在影响，引起了国内外的又一波争议。

资料来源　鲍捷，苏静. 澳城市批准少林寺投资建分寺［N］. 环球时报，2015-03-02.有改动.

问题：反对少林寺商业化运作的一方认为释永信是"政治和尚""少林寺CEO"，其做法违背了佛教教义，你怎么看？

理解要点：北京大学中文系教授张颐武的看法可作为参考：佛教文化是中华文化的一部分，只要不过分商业化，推广佛教文化没有什么可争议的。这种现象全球都有，如中国台湾的佛光山、慈济都曾经营了很多年，在全球都有扩张，运作得很好，也避免了铜臭气。佛家文化也要传播，也需要影响力，需要良性循环。只要它们不是有害的团体，不宣传邪教、暴力，练武健身、修身养性，都是正常的行为。只要目的积极，能进行文化上的沟通，合乎规范，遵守本地法律，海外华人、世界不同种族和背景的人对此都有兴趣，大家也都乐观其成，没有什么可非议的。张颐武表示,少林寺走向西方,也是增强中国全球软实力的一种尝试,是否成功还有待观察。

课程思政6-1

小导游带"土豪团"出游新、马、泰

背景与情境: 某省是能源大省,改革开放以来,大煤矿、小铁矿生意兴隆,矿主们一时暴富。当地人说,"一下子冒出来很多'土豪'",这些人有钱、"任性"。金元旅行社是当地一个矿主投资成立的,刚开业不久,工作人员多不具备旅行社工作经验。小张是当地刚毕业的高中生,没经过正规培训就当了领队兼导游。旅行社让他带这些"土豪"出游新加坡、马来西亚、泰国。第一次出国的小张甭提多兴奋了,自称是带"土豪团周游列国"。旅行社老板交代小张:大家都是第一次出国,要让他们吃好、住好、玩好,为金元旅行社创出牌子!相关部门虽然在他们出行前对其进行了培训,但他们多年养成的说粗话、喜欢大声议论、不讲卫生的习惯一时改不过来。小张也认为这些都是小事,农民出身的土豪哪有那么多讲究,把他们服侍好、替旅行社赚了钱就行。所以,一路上"状况"不断,特别是到了泰国以后,进寺庙参观像在家乡赶庙会一样,小张和土豪们都高兴得忘乎所以:坐在大殿门槛上啃猪肉香肠、吃牛肉方便面;指着小和尚大声评论;在菩提树上刻写"×××到此一游";一位土豪夫人还插队进厕所,弄脏了蹲位又不听劝说,甚至把纸巾扔进冲厕所的蓄水池里……这一切引起了当地人的极大反感,当地人说:"中国人有钱没教养!"

资料来源 作者根据媒体的相关报道和见闻编写.

问题: 小张认为这些行为是由习惯引起的,都是小事,但在国外,却成了有损国格的大事。你认为金元旅行社的企业理念和小张的职业道德素养存在哪些问题,应如何改进?

研判提示: 首先,金元旅行社不具备开业资质,其经营理念是只要服侍好客户,让他们吃好、住好、玩好,自己赚了钱就行,对旅游法规、交际礼仪全然不顾。小张既不具备职业素养,职业道德也存在较大问题。金元旅行社应停业整顿,小张应进行专业培训。其次,应按照国家旅游法规对金元旅行社、小张及该团人员的不文明行为进行通报、追责。最后,要把这件事作为各级政府及相关职能部门进行宣传、教育的案例,并加强旅行社组团出游前的礼仪培训,在飞机、车、船上也要放置旅游交际礼仪方面的宣传资料。

6.2.5 佛教的名山名寺

佛教的名山甚多,除观音菩萨道场普陀山、普贤菩萨道场峨眉山、地藏菩萨道场九华山、文殊菩萨道场五台山四座最著名的以外,尚有浙江天童山、陕西终南山、太白山、江苏栖霞山、灵山、虎丘山、甘肃麦积山、鸣沙山、河南龙门山、辽宁千山、香港大屿山等。

著名佛教寺庙则有浙江天台国清寺、杭州灵隐寺、宁波天童寺,上海龙华寺、玉佛禅寺,江苏苏州寒山寺、镇江金山寺、扬州大明寺,河南登封少林寺、

洛阳白马寺，北京潭柘寺、碧云寺、雍和宫，山西太原双塔寺、大同华严寺，青海塔尔寺，云南大理崇圣寺，陕西西安大慈恩寺、扶风法门寺，天津独乐寺，河北承德外八庙中的一些佛寺，甘肃临夏炳灵寺，敦煌莫高窟千佛洞，湖北武汉归元禅寺，西藏大昭寺、布达拉宫等。

这些佛教名山、名寺都是著名的旅游景点。

6.3　伊斯兰教礼仪

学习微平台

图文 6-1

伊斯兰教是公元 7 世纪阿拉伯半岛麦加人穆罕默德（570—632）创传的一神教，主要分布在西亚、中亚、南亚和东南亚地区。伊斯兰教在发展的过程中，形成了逊尼和什叶两大教派，确立了以"五大信仰"为中心的基本教义，并对穆斯林规定了严格的制度和礼仪规范。

6.3.1　伊斯兰教起源

伊斯兰意为"顺服"，指顺服唯一的神安拉的旨意。教徒称"穆斯林"，意为"归信者"。公元 7 世纪的阿拉伯半岛，东西商道改变，加上外族入侵，社会经济遭到破坏，又由于盛行多神崇拜，部落混乱，整个半岛四分五裂、危机四伏，阿拉伯氏族贵族摆脱危机、发展经济和实现政治统一的愿望越来越强烈。正是在这种情况下，穆罕默德顺应形势，宣称得到安拉（汉译真主）的启示，要他在人间为安拉"传警告"、"报喜信"和"慈惠众生"，从而创传了伊斯兰教。公元 631年，穆罕默德基本上统一了阿拉伯半岛，伊斯兰教成为阿拉伯半岛上占统治地位的宗教。

公元 632 年，穆罕默德死后，他的继承者（哈里发）不断向外扩张，形成横跨欧、亚、非三洲的阿拉伯帝国，伊斯兰教也由一个地区的宗教发展成为世界性宗教。目前，全世界穆斯林有 13 亿人左右。

伊斯兰教于 7 世纪中叶传入我国，在回族、维吾尔族、哈萨克族、乌孜别克族、塔吉克族、塔塔尔族、柯尔克孜族、东乡族、撒拉族、保安族等 10 多个民族中流传，有信徒 1 400 多万人，主要分布于我国西北部的甘肃、宁夏、新疆、青海等省、自治区，其余散布在全国各地。我国的穆斯林，除新疆的塔吉克族有什叶派信徒外，绝大多数属于逊尼派。我国于 1953 年成立了"中国伊斯兰教协会"。

6.3.2　伊斯兰教教义

伊斯兰教的基本教义就是信仰安拉是唯一的神。伊斯兰教反对偶像崇拜，所以清真寺内没有任何由人形和动物形组成的偶像图案。安拉，我国穆斯林称为"真主"，他是主宰一切的神。人的一切都是由安拉决定的，穆斯林不仅无条件地信仰"安拉"，还要无条件地信仰安拉的使者——穆罕默德。

以基本教义为中心，形成了伊斯兰教的"五大信仰"：信安拉——信仰安拉是创造和主宰宇宙万物的唯一的神；信天使——相信有许多天使，根据安拉的旨意，各司其职，人的一言一行都有天使监视、汇报；信经典——《古兰经》是安拉降示的天经，是伊斯兰教的根本经典，同时也是立法、道德规范、思想学说的基础；信先知——穆罕默德是安拉的最后一位使者，是最伟大的先知；信后世——相信"灵魂不死""死后复活""末日审判"等。

6.3.3　伊斯兰教礼仪

1）称谓

无论在什么地方，伊斯兰教信徒之间不分职位高低，都互称兄弟，或叫"朵斯提"（波斯语意为好友、教友）；对知己、朋友称"哈毕布"（阿拉伯语意为知心人、心爱者）；对贫穷的穆斯林一般称作"乌巴力"（阿拉伯语意为可怜者）。在清真寺做礼拜的穆斯林，统称为"乡老"。对到麦加朝觐过的穆斯林，在其姓名前冠以"哈吉"（阿拉伯文的音译，意为朝觐者），这在穆斯林中是十分荣耀的称谓。对管理事务和办经学教育的穆斯林，称"管寺乡老""社头""学董"。对德高望重、有学识和有地位的穆斯林长者，尊称为"筛海"、"握力"、"巴巴"和"阿林"等。

伊斯兰教将宗教职业者和具有伊斯兰教专业知识者统称为"阿訇"。这是对伊斯兰教学者、宗教家和教师的尊称。在中国，在清真寺任教职并主持清真寺教务的阿訇，被称作"教长"或"伊玛目"，其中的年长者被尊称为"阿訇老人家"。对主持清真女寺教务或教学的妇女，称作"师娘"。对在清真寺里求学的学生称"满拉""海里发"。

2）"五功"

伊斯兰教教规十分严格，每个穆斯林都必须遵奉"五功"，以此表示对真主的诚心，以便赎罪进入天国。

（1）念功

念诵清真言："除了安拉，别无他神。穆罕默德，安拉使者。"

（2）拜功

每天晨、晌、晡、昏、宵要礼拜，共5次；每星期五要进行一次"主麻拜"；每年开斋节和宰牲节要进行节日礼拜。日常礼拜前要"小净"（洗脸、洗手等），主麻拜和节日礼拜前要"大净"（沐浴更衣），以示涤罪和保持身体、衣服的洁净。礼拜时要面向麦加大清真寺的克尔白（天房）依次完成七个不同的动作，即举两手于头的两旁，口诵"真主至大"；端立，置右手于左手之上，口诵《古兰经》首章；鞠躬，以手促膝，行鞠躬礼；直立并抬起双手，口诵"赞颂主者，主必闻之"；跪下，两手掌扶地，叩首至鼻尖触地；跪坐；第二次叩首。从口诵《古兰经》首章开始的这一系列动作，构成一拜。礼拜一般由伊玛目率领集体举行，也可以单独举行。

（3）斋功

斋即斋戒，每年伊斯兰教历九月被定为"斋月"。斋月里，从每天破晓至日落，都必须严格把斋，戒除饮食、娱乐等活动。幼儿、旅行者、病人、孕妇和哺乳者可不守斋，但应以延缓补斋或施舍的办法罚赎。

（4）课功

课即天课，是阿拉伯语"扎卡特"的意译，本义是"洁净"，指通过完纳天课使自己的资财更加洁净。天课是伊斯兰教具有慈善性质的一种"施舍"，每个穆斯林都要根据自己财产的多少交纳。我国穆斯林均为自愿捐奉。

（5）朝功

朝即朝觐，就是朝见圣地，这是真主的要求。今沙特阿拉伯境内的麦加是穆罕默德诞生地、伊斯兰教的摇篮和圣地。伊斯兰教规定，凡理智健全、身体健康、有经济能力者，无论男女，一生中都应前往麦加朝觐克尔白一次。"大朝"（亦称"正朝"）的朝觐时间为伊斯兰教历十二月八日至十二日。"大朝"之日为伊斯兰教的主要节日宰牲节（十二月十日，我国称"古尔邦"节）。朝觐要举行一系列烦琐的宗教仪式。除朝觐季节外，任何时候个人都可单独去麦加朝觐，称为"小朝"或"副朝"。

3）日常禁忌

穆斯林饮食以佳美、洁净为原则，禁食猪肉、动物血液、自死物和诵非安拉之名而宰的动物肉；禁食"貌异、性恶、污秽"的动物肉（驴、骡、马、狗、蛇、鹰、虎、狼等）；禁食无鳞鱼（如鳗鱼、鳝鱼等）；严禁饮酒、吸烟和服用麻醉品。

穆斯林日常着装保守，讲究自然简朴；禁止妇女暴露身体、显露美姿，穆斯林妇女出门要戴"盖头"和面纱；禁止男性穿戴华贵服饰；在公共场合，男士不能穿背心和短裤。

在穆斯林国家，左手被视为不洁，握手、吃饭、敬茶均需用右手，禁止用右手处理污秽的事物。

4）葬仪

穆斯林死后实行"土葬""速葬""薄葬"，不用棺椁，用白巾裹尸，也不用任何陪葬物或殉葬品；主张三日必葬，入土为安；待葬期间不宴客、不披孝、不磕头、不鞠躬、不设祭品。举行殡礼时，由阿訇或地方长官或教长或至亲等率众站立默祷，祈求安拉赦免亡人罪过，为亡人祈福。参加殡礼的人要对着亡人胸部，向西站立，不能站在亡人面前；遗体下土埋葬时头北脚南，面朝西，向着圣地克尔白，坟墓南北向、长方形。

同步资料6-3

中国伊斯兰教的"穿衣挂幛"

"穿衣挂幛"是中国伊斯兰教用语，指清真寺所设经堂大学学员毕业典礼仪式。在经堂大学教育中，学员需学习10年以上，学完规定的经训、教义、教法、语言等13本经典书籍，并具备讲经、独立宣教能力，品学兼优者经教长考核，达到阿訇资格，即可毕业。举行毕业仪式时，毕业学员穿上本寺坊教民赠送的绿袍，戴斯塔尔（缠头巾），邻近寺坊也送挂幛庆贺，故又称此仪式为"挂幛"。届时，开学阿訇或主持人讲话祝贺，毕业学员也要登台演讲"卧尔兹"（劝导、训诚），对寺坊的培养表示谢忱。已穿衣挂幛的学员便具有了被其他寺坊聘请为开学阿訇的资格。

资料来源　佚名．穿衣挂幛［EB/OL］．［2019-01-02］．http://www.jianglishi.cn/ctwh/zj/645617.html.

6.3.4　伊斯兰教的主要节日

1）开斋节

开斋节是穆斯林的一个重大节日，我国新疆地区称肉孜节，时间是伊斯兰教历九月二十九日或十月一日。斋戒结束的前一天要寻看新月，见月的次日开斋；如未见月，开斋顺延，但一般不超过3天。节日期间，男女老少都要沐浴更衣，男人们涌向清真寺，妇女们在家做礼拜。然后探亲访友，举行礼会和庆祝活动。青年男女往往选择这一天举行婚礼，以增添欢乐气氛。

2）古尔邦节（宰牲节）

"古尔邦"是献身和牺牲的意思。传说先知易卜拉欣受安拉"启示"，要他宰子伊斯玛仪献祭，以考验他对安拉是否忠诚。当他遵命即将执行之际，安拉派天神送羊1只，命令以羊代替其子。据此，穆斯林逢伊斯兰教历十二月十日就宰牲献祭。

3）圣纪节

圣纪节又称圣忌节，相传穆罕默德的诞生日和逝世日都是伊斯兰教历三月十二日，不少国家习惯于将"圣纪"和"圣忌"合并纪念，称为"圣会"。节日的主要活动有念经、颂圣、宣讲穆罕默德的生平事迹等。

> **同步资料6-4**

"清真"的含义

《辞海》对"清真"的解释是：中国穆斯林的常用语。其原为普通名词，约于明弘治、正德年间，中国穆斯林已广泛使用。明清之际，教学者用"清净无染"、"真乃独一"、"至清至真"和"真主原有独尊，谓之清真"等语概述教义和称颂所崇奉的真主，"清真"遂为伊斯兰教所专用；称伊斯兰教为清真教，寺曰清真寺，按该教教规制作的食物为清真食品。

> **同步案例6-1**

游泳姑娘的照片惹非议

背景与情境：中国游泳女运动员在国际大赛中经常获得优异成绩，一份针对国外发行的画报用游泳女运动员的照片做封面，照片上的姑娘都穿着泳装。阿拉伯文版也采用了该封面，结果有些伊斯兰国家提出了非议。

问题：这些伊斯兰国家为什么要提出非议？

分析提示：伊斯兰教认为男子从肚脐至膝盖，妇女从头至脚都是羞体，外人禁止观看别人的羞体，违者犯禁。因此，穆斯林妇女除了穿不露羞体的衣服外，还必须戴盖头和面纱，这项规定至今在多数伊斯兰国家仍然施行。

6.4 基督教礼仪

基督教为世界第一大宗教，包括天主教、东正教、基督新教以及一些较小的派别。基督教的教义、礼仪习俗和节日在今天的欧洲、美洲、大洋洲等地区的人民生活、交往中有着重要影响。

6.4.1 基督教起源

基督教起源于公元1世纪初罗马帝国统治下的巴勒斯坦地区。当时犹太人由于反抗罗马帝国统治，屡次起义而遭到残酷镇压，于是在巴勒斯坦和小亚细亚等地区出现了一些传教者，他们说有一位救世主（就是耶稣）奉天父（上帝）之命前来拯救世人。初期的基督教徒大多是贫民和奴隶，对统治者极端仇恨。公元2—3世纪间，分散在各地的社团开始走向统一，教会逐渐形成。基督教亦由于中上层人士的加入并逐渐取得领导权而改变了早期的性质。早期的基督教反映了当时的奴隶和贫民对奴隶制度的憎恶，但又主张今生要忍耐、顺服，把希望寄托于来世。3世纪中期，基督教为罗马皇帝所镇压，被称为"教难时期"。公元313年，罗马皇帝君士坦丁大帝颁发了《米兰敕令》，承认基督教的合法地位。公元325年，他召开帝国全境基督教主教会议（尼亚西会议），对基督教从政治上、组织上和思想上加以控制。公元392年，罗马皇帝狄奥多西一世正式承认基督教为罗马帝国国教。

随着欧洲人开辟新航路和向外开拓殖民地，基督教的势力逐渐蔓延至全世界，现有教徒20亿人之多。公元635年（唐太宗贞观九年），基督教由波斯传入中国。1582年（明神宗万历十年）天主教由耶稣会传教士利玛窦传入中国。鸦片战争前后，新教各派陆续传入中国。

6.4.2 三大教派及其教职

公元395年，罗马帝国分裂为东、西两部分，基督教会形成西部的罗马和东部的君士坦丁堡两个中心。1054年，东、西基督教会正式分裂，东部教会称正教会（东正教），西部教会称公教会（天主教）。16世纪，在欧洲宗教改革运动中，又产生了代表新兴资产阶级利益、脱离罗马教廷的"抗议派"，即基督新教。自此，基督教分成天主教、东正教、基督新教三大派。

1）天主教

天主教亦称罗马公教，除信奉天主和耶稣基督外，还尊奉玛利亚为圣母。最高宗教领袖是罗马教皇，终身任职。教廷在梵蒂冈。教皇任命红衣主教，红衣主教一般担任罗马教廷和各国教会的重要职务，并有选举和被选举为教皇的权利。再下面的神职人员是主教、副主教、神父、修士和修女等。

2）东正教

东正教以君士坦丁堡（今土耳其伊斯坦布尔）为中心，自称"正教"，意为正统教会。教徒信奉上帝、基督和圣母，但不承认罗马教皇有高出其他主教的地位和权力，并允许主教以外的教士婚娶。东正教的神职，按教会行政职务高低次序排列为牧首、都主教、大主教、主教、修士大司祭、修士司祭、修士辅祭等。

3）基督新教

基督新教在我国被学术界称为新教，宗教界译为基督教，民间则称为耶稣教。基督新教不承认罗马教皇的权威，不尊圣母玛利亚为神，对基督教义、仪式、教会管理方式做了一些改革，允许教士婚娶。基督新教的教职为牧师，另有实习牧师、传道员等神职人员。卫理公会有主教；加尔文教派有长老；圣公会的教职有坎特伯雷大主教、大主教、主教、会长（牧师）、会吏（实习牧师）。

同步资料6-5

中国著名的基督教教堂

（1）著名的天主教教堂

其包括：①北京南堂。它是北京最古老的天主教堂。明万历三十三年（1605年），意大利传教士利玛窦始建堂于此，现为中国天主教北京教区主教座堂。②北京北堂，又称西什库教堂。③上海徐家汇天主堂。它是上海地区最大的天主教教堂，现为中国天主教上海教区主教座堂。④天津市老西开教堂（包括天主教总堂和大教堂）。

（2）著名的东正教教堂

其包括：①黑龙江哈尔滨圣母守护教堂；②上海新乐路东正教堂。

（3）著名的基督教（新教）教堂

其包括：①北京崇文门教堂；②上海国际礼拜堂，是上海地区最大的基督教教堂；③沐恩堂，为上海基督教三自爱国运动委员会所在地。

6.4.3 基督教教义

基督教的教义是信奉上帝（天主）创造并主宰世界，认为人类从始祖亚当和夏娃开始就犯了罪，并在罪中受苦，只有信仰上帝及其儿子耶稣基督才能获救。因此，基督教各派一般都信奉下列基本信条：

1）信奉上帝

上帝是天地主宰，是天地万物的唯一创造者。上帝本位具有三个位格，即"圣父""圣子""圣灵"，三位一体，"同受敬拜，同受尊荣"。

2）信始祖原罪

人类始祖亚当和夏娃因违反上帝的禁令，偷吃伊甸园中"知善恶树"的果子，犯下了"原罪"，所以后来世人一出生就是罪人，世上一切罪恶和苦难都根源于此。

3）信基督救赎

世人无法自己救自己，因此上帝派圣子耶稣基督降临人世。基督为赎世人之罪，自己甘愿被钉死在十字架上，以自己的血来洗刷世人的罪过。所以，世人要想赎罪，要想灵魂得救，就要祈求耶稣。

4）信灵魂不灭、末日审判

基督教认为人死后灵魂不灭，总有一日现世将最后终结，所有世人都得接受上帝的最后审判（末日审判），善者升天堂，恶者下地狱。

同步资料6-6

基督教的"十条诫命"

基督教的十条诫命包括：①除耶和华上帝以外，不可敬拜别的神；②不可敬拜偶像；③不可妄称上帝的名；④当纪念安息日，守为圣日；⑤当孝敬父母；⑥不可杀人；⑦不可奸淫；⑧不可偷盗；⑨不可作假见证陷害人；⑩不可贪恋别人的财物。

以上十条诫命是犹太教和基督教的教规及道德准则，前四条着重讲人与上帝的关系，属于宗教信条；后六条侧重讲人与人的关系，系为人处世之道。

资料来源　佚名. 基督教十条诫命是什么？[EB/OL]. [2019-01-02]. https://zhidao.baidu.com/question/579643971.html.

6.4.4　基督教礼仪

1）称谓

信徒之间可称平信徒，指平常、普通的信徒，是与教会神职人员相对而言的。我国平信徒之间习惯称"教友"。新教的教徒，可称兄弟姐妹（意为同是上帝的儿女），还可称同道（意为共同信奉耶稣所传的道）。

对教职人员，可按其教职称谓，如某主教、某牧师、某神父、某长老等，以示尊敬。

对外国基督教徒，可以先生、女士、小姐称之，也可以博士、主任等学衔或职衔称之，以示尊敬。

2）洗礼

基督教徒在举行入教仪式即受洗后，其"原罪"和"本罪"可得到赦免。洗礼仪式有两种：点水礼，由主礼者（牧师或神父）给受洗者额上倾注少量的水，让其自然流下，此礼一般用于成人；浸水礼，由主礼者口诵规定的经文，引领受洗者全身浸入水中片刻，此礼一般用于婴幼儿。

3）礼拜

礼拜每周一次，通常于星期日在教堂举行，由牧师或神父主礼。礼拜的主要内容包括祈祷、读经、唱诗、讲道和祝福等项。

做礼拜时，教堂内常置有奉献箱，或传递收捐袋，信徒可随意投钱于其中，作为对上帝的奉献。

除每周一次礼拜外，还有圣餐礼拜（纪念耶稣受难，每月一次）、追思礼拜（为纪念亡故者而举行）、结婚礼拜、安葬礼拜、感恩礼拜等。

4）祈祷

祈祷亦称祷告，指向上帝和耶稣基督求告。其内容可以是认罪、感谢、祈求和赞美等。依个人的信仰习惯，有出声的口祷和不出声的默祷两种。个人单独进行的叫私祷，由主礼人主领的叫公祷。祈祷完毕，颂称"阿门"，意为"真诚"，表示"唯愿如此，允获所求"。

5）唱诗

唱诗，即领唱或合唱赞颂、祈求、感谢上帝的赞美诗。这些赞美上帝的诗歌，大多有高音、中音、次中音、低音四部，供四部合唱之用。

6）告解

告解俗称忏悔，是耶稣为赦免教徒在领洗后对上帝所犯诸罪，使他们重新得到恩宠而亲自定立的。忏悔时，教徒单独向神职人员告明其所犯罪行与过错，并表示悔改。神职人员对告解内容应予以保密。

7）终敷

教徒临终前，由神职人员为其敷擦"圣油"，赦免其一生罪过，以便安心去见上帝。

8）守斋

教徒每周五及圣诞节前夕（12月24日），只食素菜和鱼类，不食其他肉类。天主教还有禁食的规定，即在耶稣受难节和圣诞节前一天，只能吃一顿饱饭，其余两顿要吃半饱或更少。

9）婚配

教徒结婚可在教堂举行，请神父或牧师主礼，询问男女双方是否同意结为夫妇。在双方肯定回答后，主礼人诵念规定的祈祷经文，宣布他们为合法夫妻，并向新郎、新娘祝福。

10）日常禁忌

基督教徒忌讳数字"13"和"星期五"。如果13日和星期五恰巧是同一天，这一天就被称为"黑色星期五"，是最为忌讳的日子。

基督教徒多不吃血和动物内脏。基督教徒会在饭前进行餐前祷，和基督教徒一起用餐，要等他们祈祷完毕后再开始（用餐）。天主教徒和东正教徒在守大斋的日子里（耶稣受难节和圣诞节前一天）一天只吃一顿饱饭，其余仅吃半饱或更少。

6.4.5　基督教的主要节日

1）圣诞节

圣诞节是纪念耶稣基督诞生的日子，定在公历12月25日。圣诞节是全世界基督教徒最隆重的节日，也是欧美各民族一年之中最重要的节日。在圣诞节这一天，通常还举行各种形式的娱乐和庆祝活动。

（1）圣诞夜

《圣经》中说耶稣是在夜里诞生的，因此圣诞节的庆祝活动实际上从前一日（12月24日）的夜间就开始了，到半夜时分进入最高潮，这一夜就叫作圣诞夜。

（2）圣诞树

它是圣诞节的一种点缀品。每逢圣诞，家家都要摆上一棵圣诞树，以营造节日气氛。到了晚上，大家手挽手围着圣诞树欢歌起舞，迎接耶稣降临。

（3）圣诞老人

他是圣诞节中颇受欢迎的人物。圣诞老人的来历传说不一。他胖乎乎的，笑容满面，有着白眉毛、白胡子、红红的鼻子，身上穿着白领红袍，腰束黑皮带，脚蹬威武的大皮靴。每当圣诞节来临，他就背着装满礼品的红包袱，坐着由两只驯鹿牵引的雪橇来到人间，从烟囱进入有孩子的家庭，把礼品分给孩子们。在庆祝圣诞节的游艺活动中，往往有圣诞老人分送礼物的节目。

（4）圣诞蛋糕

这种节日蛋糕的式样要求新奇悦目，上面要用奶油或果酱浇成"圣诞快乐"字样，四周插上特制的圣诞蜡烛（点上后由主人吹熄）。它原是庆祝耶稣圣诞的，后来人们也用来庆祝生日，似有托福于上帝的意思。

2）复活节

复活节是基督教纪念耶稣复活的节日，是仅次于圣诞节的重大节日。根据《新约圣经》的记载，耶稣被钉死在十字架后第三天"复活"。公元 325 年，罗马教会决定把每年春分月圆后的第一个星期日（约在 3 月 21 日至 4 月 25 日之间）定为"复活节"。

在复活节这一天，各个国家和地区都有不同的庆祝方式，最普遍的是人们互赠复活彩蛋。古代，鸡蛋在西方象征多子多孙，后来基督徒们赋予了鸡蛋新的意义，它象征耶稣复活的坟墓，把鸡蛋染成红色，象征生活幸福。

3）圣灵降临节

据《新约圣经》记载，耶稣"复活"后第四十日"升天"，第五十日差遣"圣灵"降临；门徒领受圣灵后开始传教。据此，基督教会规定，每年复活节后第五十天为圣灵降临节，又称五旬节。

同步思考 6-2

十字架是怎样变为基督教信仰的标志的？

背景资料：十字架，在拉丁文中译为 Crux，是"叉子"的意思。它原是古罗马帝国用以处死奴隶和无公民权者的残酷刑具。这种刑具由两根木料交叉制成，形状近似汉字"十"，因此汉语译为"十字架"。

问题：十字架是怎样从刑具变为基督教信仰的标志的呢？

理解要点：当耶稣受到犹太教祭司、贵族的陷害和犹大的出卖，被罗马总督彼拉多判处死刑，并钉死在十字架上以后，耶稣的信徒们就以十字架作为本教派的信仰标志。基督教认为，耶稣是上帝的亲子，是替世人赎罪被钉在十字架上而死的，世人因而获得了拯救，故尊十字架为信仰的标志。

学习微平台

图文 6-2

6.5　道教礼仪

道教是我国的本土宗教，在封建社会，道教与佛教并称两大宗教。道教在发展过程中，融合了儒家、佛教的某些理论和教规、仪式，成为在理论、组织形式、教义教规等方面都非常完备并具有世界影响的一大宗教。道教对我国的政治、经济、哲学、文学艺术、音乐、化学、医学、药物学、养生学等方面都产生过深刻的影响。道教文化是中华传统文化的重要组成部分，这是它与其他三大宗教不同的地方。

6.5.1 道教起源

道教形成于东汉时期，相传为张道陵所创。道教理论源于中国古代巫术和秦汉时的神仙方术，又吸收了道家学说，奉先秦老聃（老子）为教主和最高天神。

东汉顺帝（115—144）时，张道陵带领子孙以符箓禁咒之法行世，入道者需出五斗米，号"五斗米道"。早期道教经常被农民作为起义的一面旗帜。官方道教体系建立后，道教在理论和组织形式上逐渐完善。经唐、宋两代的发展，形成"全真道""正一道"两派。道教依据的经典是《道藏》，根本信仰是"道"生成宇宙，宇宙生成元气，元气构成天地、阴阳、四时、五行，由此而化生万物。总而言之，"道"乃天地万物之根源，又是万物演变的规律。

6.5.2 道规

道规，即道教要求道徒遵守的规则。道教的主要道规是"三皈五戒"。三皈，即皈道、皈经、皈师。其作用是：皈依道，常侍天尊，永脱轮回；皈依经，生生世世，得闻正法；皈依师，学以上乘，不入邪念。五戒是：一不杀生，二不偷盗，三不邪淫，四不妄语，五不酒肉。此外，还有"八戒""十戒""老君二十七戒"等，戒条最多者达1 200条。凡出家道士都要受戒，遵守道规。

6.5.3 道教礼仪

1）称谓

出家的道士，一般应尊称为"道长"。道士又称"黄冠""羽客"。女道士一般尊称为"道姑"，又可称"女冠"。此外，还可根据其职务尊称法师、炼师、宗师、方丈、监院、住持、知客。非宗教人员对道士可尊称"道长"或"法师"，前面也可冠以姓，如称"张道长"或"黄法师"等。

2）交往

不论是与同道还是与外客接触，道士都习惯于双方擎拳胸前，以拱手作揖为礼，向对方问好致敬，这是道教的传统礼仪。作揖致礼，是道教相沿迄今的一种古朴、诚挚、相互尊重和表示友谊的礼仪。后辈道徒遇到前辈道长，一般可行跪拜礼、半跪礼或鞠躬礼。非宗教人员遇到道士，过去行拱手礼，现在也可以随俗，握手问好。

3）诵经

诵经是道教的主要活动。道士每天要诵经两次，称早晚功课。早诵清净经，晚诵救苦经。

4）道场

道场是为善男信女祈福、禳灾、超度亡灵而设坛祭祷神灵的宗教场所。道教的斋醮道场分为祈祥道场和度亡道场。凡参加道场活动的信众，均要斋戒沐浴，诚心恳祷，服装整洁，随同跪拜。祈祥时默念"消灾延寿天尊"，度亡时默念"太乙救苦天尊"。

5）上殿

道士上殿，必须穿戴整洁。道士值殿，禁止谈笑，并要保持殿宇整洁。道士在道观内的饮食、起居和作息，均需执行各道观内的清规。如饭前念"供养经"，吃饭时不准讲话，碗筷不要有响声，饭后念"结斋经"。

外道进道观，必须先上殿进香和行礼，并且同知客道士对话。非道教徒参观道观时，忌随意敲击钟鼓等法器。礼拜上香可以随意，如果上香，上香礼为双手持香，过顶，插入香炉，鞠躬后退。一般信徒上香，可以跪拜，通常是三叩首。

6）禁忌

道教有"道不言寿"（莫问道士的生辰和年龄）、"戊不朝真"（逢阴历天干为"戊"之日不能焚香、朝神、诵经、鸣钟鼓、做斋醮）、"道不朝亡"（除父母、师父逝世时叩拜外，对其他亡者一概不下跪朝拜）的规矩。此外，还有"三不起"和"三不言"的要求。"三不起"指道教徒吃斋、诵经和静坐时，他人不得打扰，作为道士也不得应声而起。"三不言"指早不言梦寐，午不言杀伐，晚不言鬼神。

6.5.4　道教的主要节日

1）老君圣诞

老君圣诞是纪念道教所奉教主老子诞生的日子。老子的生卒年月已不可考，道教关于老子的传记如《犹龙传》《混元圣纪》《太上老君年谱要略》等，都说老子生于殷武丁九年二月十五日。后世道观就于每年此日做道场，诵《道德真经》以纪念。

2）玉皇圣诞

玉皇圣诞是纪念道教所奉玉皇大帝的诞生日。道教各种典籍均称玉皇大帝生于丙午岁正月九日。后世道观遂于每年此日举行祭祀，以纪念玉皇诞辰。

3）蟠桃会

蟠桃会是神话中西王母以蟠桃宴请诸仙的盛会，相传夏历三月三日为西王母诞辰，是日西王母大开蟠桃会，诸仙都来为她上寿。道教每年于此日举行盛会，俗称蟠桃会。

4）吕祖诞辰

吕祖诞辰是纪念八仙之一的吕洞宾诞生的日子。相传唐贞元十四年（798年）四月十四日巳时，众见一白鹤自天而降，飞入吕洞宾母之房中，其时吕母正寐，亦梦此情此景，惊觉，遂生吕洞宾。后世道观根据这一传说以四月十四日为吕祖诞辰，并于每年此日举办斋醮以示纪念。

6.5.5　道教供奉的主要神仙

道教是一个多神教，供奉的神团庞大而复杂，主要有尊神、神仙和护法神将三大类。

尊神主要指三清、四御、三官。道教认为，上天有玉清、上清、太清三个仙境，是道教修行的最高境界，故道观中设有三清殿供三清尊神，即玉清元始天尊、上清灵宝天尊、太清道德天尊（太上老君）。三清尊神是道教最高层神团，亦称三清。四御是仅次于三清、辅佐三清的四位天帝，即玉皇大帝、紫微大帝、勾陈南极大帝、后土皇地祇（女神）。三官是指天官、地官、水官，相传分别为尧、舜、禹三位上古帝王，据说天官赐福，地官赦罪，水官解厄。

仙有人仙、地仙、天仙和神仙之分。道教神仙的队伍十分庞大，最常见的神仙有王母娘娘、真武大帝、文昌帝君、魁星、城隍、八仙、天妃娘娘（妈祖）、土地、门神、灶君等。

护法神将主要有关圣帝君、王灵官。道教称关圣帝君具有治病除灾、驱邪避恶、招财进宝等法力。王灵官专门镇守道观山门，镇妖压魔。

6.5.6　道教的名山名观

由于道教供奉的神仙众多，因而认定的神仙境界、神仙居所也特别多。其总的称谓是"洞天福地"，分为"十大洞天""三十六小洞天""七十二福地"。这些洞天、福地都有道观或著名道士的修炼遗迹，如今很多都是旅游景点。如"十大洞天"的王屋山洞、青城山洞、赤城山洞、罗浮山洞、句曲山洞、括苍山洞等。"三十六小洞天"有东岳泰山洞、南岳衡山洞、西岳华山洞、北岳恒山洞、中岳嵩山洞、峨眉山洞、庐山洞、四明山洞、会稽山洞、武夷山洞、九嶷山洞、麻姑仙山洞、仙都山洞、青田山洞、钟山洞、天目山洞、桃源洞、金华洞等。"七十二福地"有丹霞洞、君山、焦源、烂柯山、龙虎山、灵山、毛公坛、鸡笼山、桐柏山、天柱山、张公洞、中条山、绵竹山、金城山、北邙山等。其中，五岳、王屋山、龙虎山、终南山、鹤鸣山、青城山、峨眉山、窦山、茅山、武当山、武夷山、崂山都是著名的旅游景点。

著名的道教宫观有：江西龙虎山的上清宫，是两代天师的道场和供祀神仙的所在；四川青城山的天师洞，相传为张道陵、孙思邈修炼之所；武当山金殿、紫霄宫和南岩宫，均为全国重点文物保护单位；西安八仙宫，古称八仙庵，八国联军侵入北京后，光绪皇帝与慈禧太后逃到西安，曾在此居住，遂改名为八仙宫；嵩山中岳庙；成都青羊宫，安史之乱期间，唐玄宗避难到四川曾在此居住；茅山元符宫、九霄万福宫；陕西户县重阳宫，全真道创始人王重阳死后葬于此，为全真道三大祖庭之一；北京白云观，全真道祖庭之一，为元代著名道士丘处机修行及埋葬之地，现为中国道教协会会址；山西芮城县永乐宫，相传为八仙之一吕洞宾的诞生地，有元代精美壁画960平方米，为国宝级文物。另外，苏州的玄妙观、南京的朝天宫、辽宁千山的无量观、湖北武昌的长春观、河南鹿邑县太清宫（相传为老子诞生地）、沈阳太清宫、山东崂山太清宫等也都是道教的重要圣地、旅游景点。

▶ 本章概要

□ 内容提要

本章介绍了世界三大宗教——佛教、伊斯兰教、基督教和我国道教的历史发展概况、教义、教制、礼仪和主要宗教节日，阐述了各个宗教产生的原因、发展的共性因素及其在种族和区域方面的个性特征。

由于道教曾对我国政治、经济、文学艺术、医药、养生等方面产生过深远影响，其众多文化遗存多半是国内著名旅游景点，所以本章对道教的名山、宫观也作了简单介绍。

□ 主要概念和观念

▲ 主要概念

宗教　佛教教义　基督教教义　伊斯兰教教义　道教教义

▲ 主要观念

了解宗教的一般知识，特别是宗教的礼仪和禁忌，是做好旅游接待工作的重要保证。

□ 重点实务

僧俗共餐桌次（2桌）与座次的安排　导游带团游道观

基本训练

□ 知识训练

▲ 复习题

（1）佛教发展分哪四个阶段？

（2）佛教的三大标志是什么？

（3）对佛教寺院里的住持、监院、知客等应如何称呼？

（4）"南无"如何读，是什么意思？

（5）进入佛教寺院应注意些什么？

（6）佛教的重要节日有哪些？

（7）伊斯兰教"五大信仰""五功"的内容有哪些？

（8）基督教是怎样产生的？有哪些教派？

（9）基督教的教义有哪些？

（10）道教是如何产生的？有哪些著名道观？

▲ 自测题

△ 选择题

（1）关于佛教礼仪，下列几项说法正确的有（　　）。

A.寺庙负责人被称为监院

B.释迦牟尼是佛教徒对其创始人乔达摩·悉达多的尊称，意思是释迦族的"圣人"

C.佛教的经典总称为"经、律、论"三藏

D.顶礼为佛教最高礼节

（2）关于伊斯兰教的礼仪，说法正确的有（　　）。

A.每天晨、晌、晡、昏、宵要行5次礼拜

B.斋月里，每天日落之后要戒除一切饮食、娱乐等活动

C.凡理智健全、身体健康、有经济能力者，无论男女，一生中都应前往麦加朝觐克尔白一次

D.伊斯兰教将宗教职业者和具有伊斯兰教专业知识者统称为"伊玛目"。

（3）关于基督教的禁忌，说法正确的有（　　）。

A.和基督徒一起用餐，要等他们祈祷完毕后再开始（用餐）

B.教徒每周五及圣诞节前夕（12月24日）守斋，这一天三顿都不能吃饱

C.不吃血和动物内脏

（4）关于道教，说法正确的有（　　　）。

A.出家的道士，一般应尊称为"道长"

B.道教的创始人是先秦的老聃（老子）

C.道教的神仙众多，这些神仙的居所总称为"洞天福地"，分为"十大洞天""三十六小洞天""七十二福地"

（5）伊斯兰教的禁忌，说法正确的有（　　　）。

A.禁食猪肉、动物血液、自死物、无鳞鱼和诵非安拉之名而宰的动物肉

B.严禁饮酒

C.禁止用左手处理污秽的事物

D.禁止妇女暴露身体

（6）佛教的戒法包括（　　　）。

A.三皈五戒　　　　B.八戒　　　　　　C.十戒　　　　　　D.具足戒

△ 判断题

（1）世界上信奉各种宗教的教徒人数约占全世界总人口的2/3，佛教是世界上信徒最多、分布最广的宗教。（　　　）

（2）佛教宴会的座位安排中，若是一主两客，以右为尊。（　　　）

（3）伊斯兰教反对偶像崇拜，所以清真寺内没有任何由人形和动物形组成的偶像图案。（　　　）

（4）道教对我国的政治、经济、哲学、文学艺术、音乐、化学、医学、药物学、养生学等方面都产生过深刻的影响。道教文化是中华传统文化的重要组成部分。（　　　）

（5）告解指向上帝和基督耶稣求告。（　　　）

（6）开斋节在我国新疆地区称肉孜节，斋戒结束的前一天要寻看新月，见月后的次日才能开斋。（　　　）

▲ 讨论题

（1）旅游团里有一对维吾尔族夫妇，导游安排午饭时应该怎么办？

（2）星期天几位同学相约去游玉佛寺，中午吃饭时大家拿出准备好的点心和熟菜，包括烤鸭、红肠、酱牛肉、面包，他们应该怎样用餐？

（3）什么是道教"十大洞天""三十六小洞天""七十二福地"？

□ 能力训练

▲ 理解与评价

点评"少林寺的商业化倾向"。

▲ 案例分析

【训练项目】

案例分析-Ⅵ。

学习微平台

随堂测 6-1

【相关案例】

泰国舆论呼吁惩罚不良僧侣

背景与情境： 泰国素来被称为"黄袍佛国"，但是接连的寺庙丑闻事件，正在打破佛教世界的平静。呼吁佛教改革或加重惩处措施的声音越来越大，政府与僧侣和佛教组织之间的关系也在变得紧张。

《曼谷邮报》网站近日发表文章称，过去6个月，不断有僧侣失当行为被爆出。最新的一起冲突发生在拉廊府，200多名当地百姓因法会封路，导致交通堵塞，影响商业活动，并迫使一场与法身寺有关的大型功德法会迁至他处。

不仅如此，僧侣腐败也让泰国民众感到震惊和失望。2014年11月，披集府一座寺庙的住持用信众捐款炒股被开除僧籍；2015年1月，泰国历史悠久、最负盛名的金山寺高级住持因挪用前任住持的火化费被开除僧籍。此外，有的僧侣持有大量冰毒，有的僧侣喝酒醉驾……

资料来源 俞懿春. 泰国舆论呼吁惩罚不良僧侣 [N]. 环球时报，2015-03-03.

问题： 为什么泰国佛教高层会如此腐败，其行为的后果如何？

【训练要求】

同第1章"基本训练"之本题型的"训练要求"。

▲ 实训操练

【实训项目】"宗教礼仪"知识应用。

【实训要求】将班级学生分成若干实训团队，以本章"重点实务"中的"导游带团游道观"为操练项目，模拟道观知客与导游，体验道教礼仪中的称谓、接待方法。

【实训步骤】

（1）将班级学生分成若干实训团队，每团队确定1人负责。

（2）各团队学生结合本地旅行社导游带游客游览道观的实际情况，参照本章相关内容，进行"导游带团游道观"的情境设计，并结合情境设计进行导游、游客、知客的角色分工与协作。

（3）各团队学生以本章"重点实务"中"导游带团游道观"的"背景"为基本情节，进行角色操练，体验本项目模拟实训的全过程。

（4）各团队学生交换分工，再次体验本项目模拟实训过程。

（5）各团队学生记录本次模拟实训的主要情节，总结实训的成功经验，找出存在的问题及解决办法，在此基础上撰写《"'宗教礼仪'知识应用"实训报告》（以下简称《实训报告》）。

（6）在班级讨论交流、相互点评与修订各团队的《实训报告》。

（7）在校园网的本课程平台上展出经过修订并附有教师点评的各团队《实训报告》，供学生相互借鉴。

□ 课程思政

【训练项目】

课程思政-Ⅵ。

【相关案例】

求签与解签

背景与情境：王先生夫妇参加旅行团到某省旅游，在参观一座寺庙时，导游李小姐介绍说："这里的签很灵的，而且有大师解签，大家可以试一试，看看今后的健康和财气。如有问题，大师还可以帮您化解。"不少人信以为真，王先生夫妇和几位年长者都求了签，然后一个个被引入一间小密室听大师解签，而且每个人都被动员出了香火钱，有的100元，有的200元。张先生抽到了下下签，大师为他化解消灾，让他出了500元。事后大家一交流，原来除张先生一人抽到下下签外，其他人抽的都是上上签。王先生疑惑地问："怎么这么多上上签啊？"一位没去求签的女士笑着说："不让你抽到上上签，出香火钱你能那么爽快吗？"看来，她也是上过当的。

问题：导游李小姐和"大师"们的做法有何不妥之处？

【训练要求】

同第1章"基本训练"之本题型的"训练要求"。

第7章　内地部分民族和港澳台地区礼仪与禁忌

● 学习目标

通过本章学习，应当达到以下目标：

职业知识：学习和把握我国内地部分民族的礼仪与禁忌、我国港澳台地区的礼仪与禁忌，以及"同步资料"和二维码资源等理论与实务知识；能用其指导本章"同步思考"和"基本训练"中"知识训练"各题型的认知活动，规范相关技能活动。

职业能力：点评"贪官求神拜佛的行为"和觉醒法师的"劝诫"，训练专业评价能力；运用本章知识研究"同步案例"和章后"案例分析-VII"，训练对"内地部分民族和港澳台地区礼仪与禁忌"特定情境下当事者行为的"多元表征"专业能力和"与人交流"的通用能力；通过"实训7-1"和"实训7-2"的实践操练，训练相应专业技能和"团队协作""解决问题"的通用能力。

课程思政：结合"内地部分民族和港澳台地区礼仪与禁忌"教学内容，依照相关规范或标准，对"课程思政7-1"和章后"课程思政-VII"中企业及其从业人员的行为进行思政研判，培养高尚的道德情操，树立社会主义核心价值观。

引例：中华民族的概念

背景与情境：中华民族由中华人民共和国政府官方定义为中华人民共和国境内获得认定的56个民族和海外华人的统称，是一个政治概念。

中华民族的概念，最早由梁启超在其1902年发表的《论中国学术思想变迁之大势》中提出。1912年元旦，孙中山在《中华民国临时大总统宣言书》中宣告："国家之本，在于人民。合汉、满、蒙、回、藏诸地为一国，即合汉、满、蒙、回、藏诸族为一人。是曰民族之统一。"《中华民国临时约法》又用法律的形式将民族平等规定下来："中华民国人民一律平等，无种族、阶级、宗教之区别。"这一规定又被称为"五族共和"思想。

1935年诞生的《义勇军进行曲》中那句"中华民族到了最危险的时候"，让"中华民族"观念传遍全国。那场持久而壮烈的抗日战争，帮助中国民众和海外华侨、华裔最牢固地确立了"中华民族"的整体观念。

"中华""中原"等词的含义在漫长的历史中与中国相通，又与"华夏"意同。《唐律疏议》中说："中华者，中国也。亲被王教，自属中国。衣冠威仪，习俗孝悌，居身礼义，故谓之中华。"

中华民族的概念，现在已不是单一的中国民族的代称，而是一个与中国的国家、民族、地域、历史、文化紧密相联的整体的代称。国歌中的"中华民族"就是这个概念，党的十九大提出的"实现中华民族伟大复兴的中国梦"中的"中华民族"也是这样一个概念。因此，"中华民族"不是民族、种族、公民的人群分类概念，而是一个政治概念。

资料来源　根据百度百科"中华民族"改写。

我国自古以来就是一个统一的多民族国家，除汉族以外，全国还有55个少数民族。汉族人口最多，约占全国总人口的92%；少数民族人口虽然不多，但分布极广，居住区域约占全国总面积的50%~60%。统一的多民族国家的形成和发展，经历了一个漫长的历史过程。大约在100多万年前，远古的人类就已生活在祖国的大地上。云南元谋、陕西蓝田、北京周口店、广西柳江、安徽和县和辽宁金牛山等地都留下了他们的足迹。6 000~7 000年前，分布在中华大地各处的人类共同体陆续进入新石器时代。当时，中华民族先民的足迹已遍布祖国辽阔的大地。相传黄河流域黄帝与炎帝的部落联盟（称之为华夏）先后统一了太昊、少昊、蚩尤部落联盟和伏羲、女娲部落联盟，奠定了中华民族的发展基础。嗣后，夏、商、周三代相继建立起多民族国家，华夏族作为联系各族的纽带在此过程中也得到进一步发展。自公元前221年，秦始皇在全国范围内确立了专制主义的中央集权制度，建立大一统的国家以后，在2 000多年的历史中，汉族和各少数民族进一步融合，发展成以汉民族为主体、人口众多、分布广泛的中华民族。

我国各少数民族的人口相差很大，从百万以上到一万以下不等。人口百万以上的少数民族有壮族、回族、维吾尔族、彝族、苗族、满族、藏族、蒙古族、土家族、布依族、朝鲜族、侗族、瑶族、哈尼族、白族等。55个少数民族在中华人民共和国成立前分别停留在原始公社末期、奴隶制社会、封建农奴制及封建地主制阶段。其政治制度也不一致，除区县制度外，还有盟旗制、政教合一制、土司头人制及残存的原始民主制。其宗教信仰差别很大，除佛教、伊斯兰教、基督教外，很多少数民族都保持着浓厚的原始自然崇拜和多神崇拜。每个少数民族的风俗习惯、礼仪禁忌都受经济、政治制度和宗教信仰的深刻影响。中华人民共和国的诞生为中华民族的进步和发展铺平了道路。党和政府制定了民族平等政策、民族团结政策、民族区域自治政策和各民族宗教信仰自由政策，正确解决了我国民族问题，使各个民族都得到了巨大发展和进步。在旅游接待与交际中，应贯彻党的民族政策，尊重各民族的宗教信仰、礼俗和各种禁忌。

接待好各民族客人和港澳台同胞，对加强民族团结、促进祖国统一，具有十分重要的意义。

7.1　内地部分民族礼仪与禁忌

汉族是中国的主体民族，因此习惯上把汉族以外的其他民族称为少数民族。汉族和少数民族在共同创造了祖国光辉历史和灿烂文化的同时，形成了各具民族特色的岁时节庆、饮食习惯、礼仪习俗和为各民族所遵循的禁忌。

7.1.1　汉族

1）简介

汉族是我国人口最多的民族，遍布全国各省、自治区、直辖市，主要聚居在黄河、长江、珠江三大流域和松辽平原。汉族由古代华夏族和其他民族长期融合而成，人口有11亿多。汉语属汉藏语系汉语支，是我国的通用语言，也是国际上的通用语言之一，使用人数最多。在6 000年前汉语已有文字，是世界上最古老的文字之一。汉语同我国境内的藏语、壮语、傣语、侗语、黎语、彝语、苗语、瑶语等，以及境外的泰语、缅甸语都是亲属语言。主要方言分北方话、吴语、湘语、赣语、客家话、闽南话、闽北话和粤语。现代汉民族的共同语言是以北京语音为标准音、以北方话为基础方言、以典范的现代白话文著作为语法规范的普通话。

汉族在长期的历史进程中与各兄弟民族之间有着广泛的政治、经济联系和文化交流，并吸收了他们的优良传统。1840年以后，中国逐渐沦为半殖民地半封建社会。为共同反对内外双重压迫，汉族和其他兄弟民族更紧密地结合起来，特别是1921年以后，在中国共产党的领导下，汉族人民和各兄弟民族人民一道，进行了坚决彻底的反帝、反封建的革命斗争，终于在1949年推翻了帝国主义、封建主义、官僚资本主义的反动统治，成立了中华人民共和国。在党的民族政策的正确指引下，汉族和各兄弟民族建立了平等、友爱、团结、互助的新型关系。

2）礼仪习俗

礼仪习俗是指形成于一个国家、地区、民族或某个社会群体内的成员之间的有关婚丧嫁娶、节庆寿诞、迎来送往等约定俗成的符合礼节的习惯和风俗。

（1）春节

春节是我国的农历年节，是以汉族为主体的中华民族最为隆重的节日。

当时间走过农历十二月三十日半夜十二点（子时）时，春节就到来了。在古代，这是一年的第一个早晨，所以也称作"元旦"。辛亥革命后，将公历1月1日称为新年、元旦，将农历正月初一改称春节，俗称"大年初一"。

关于"年"，传说它是太古时候的一种怪兽，十分凶猛，每到寒冬将尽、新春来临之际，就出来掠食噬人。人们为了防御它，每到这时候，便聚在一起燃起篝火，投入一根根竹子，发出"噼噼啪啪"的爆裂声，吓"年"逃跑，大家平安无事，于是兴高采烈地互相表示祝贺，拿出丰盛的食物在一起吃。这样年复一年，便形成了一个欢乐的节日，称为"年"。

还有一种传说是，"年"有谷物成熟的意思，是预祝丰收喜庆的日子，后来又逐渐成了"岁"的代称。久而久之，农历新年成为我国各民族的重要节日。

从过去的"年"到现在的春节，形成了很多风俗习惯，最重要的是全家团圆、除夕守岁、贴春联、贴年画、放鞭炮、舞龙、舞狮、吃年糕等，其中尤以放鞭炮最为热闹。改革开放以后特别是进入21世纪以来，一些新的过年习俗逐渐形成，如千家万户共看春节晚会，短信、微信拜年等，而放鞭炮等对环境有污染的习俗逐渐被淡化。

课程思政7-1

乱收费"新"招

背景与情境： 新冠肺炎疫情之前，国内旅游异常火爆，2018年国庆假期，国内旅游人数接近2.4亿人次。现在国内旅游景点门票价格虽然有所下降，但有的景点"大票套小票"，收了大门票，里面的具体景点还要收小门票。此外，旅游大巴费用高。收费高的主要原因是高速公路的"买路钱"贵，而且高速公路收费还常出"新招"，不执行节假日免费的规定或延长收费期。例如，某高速公路收费年限已到期，常跑这条路的旅游大巴司机刚想松口气，不料收费站把这段高速加上一个"新"字，变成了"新××高速"，这条路立刻"返老还童"，又可以再收费。如此"死而复生"的收费"新"招，真是岂有此理！

资料来源 根据相关新闻报道改写。

问题： 你如何评价这样的收费"新"招？

研判提示： 企业的经营理念首先是讲诚信，不能弄虚作假。"大票套小票""重复收费""改头换面"的做法都是不合理的，甚至是违法的行为，政府有关部门应予以查处。从职业道德上讲，这些企业的领导缺"德"，完全没有服务理念，只知道收钱。为了钱竟然不择手段，玩弄花招，到头来肯定会偷鸡不成蚀把米，自取其辱。

春节期间，食物也十分丰富。例如，北方蒸花糕、吃年糕，是希望生产和生活红红火火、步步高（"糕"与"高"谐音）；烧鱼放着不吃，象征天天富足，岁岁有余（"鱼"与"余"谐音）。总之，春节是一个迎新的节日、隆重的节日，也是一个欢乐的节日、幸福的节日。

（2）元宵节

每年的农历正月十五，称"上元"。根据我国民间的传统习惯，在一元复始、大地回春的第一个月圆之夜，家家户户亲人相聚，共同欢庆，人们把这天叫"上元节"，又称"元宵节"或"灯节"。

元宵节这天，人们除了吃元宵（汤圆）外，还喜欢在夜里点灯、观灯和猜灯谜，因而元宵节也称"灯节"。这种富有民族风俗和生活情趣的活动，凝结着我国劳动人民的聪明智慧，是中华民族的艺术创举之一。

（3）清明节

"清明"是我国农历中的二十四节气之一。旧俗是在清明前一天（一说前两天）禁火寒食。这一风俗的起源是为了纪念春秋时代晋文公的贤臣介子推。春秋时代，介子推隐居山林，晋文公重耳为了逼他出仕下令烧山，致使介子推殒命。后来晋文公规定每年的这一天全国禁止烟火，家家吃干粮、吃冷饭、喝凉水，以示纪念，并把这一天叫寒食节，也称禁烟节。当时，清明节前后，晋国百姓家家门上挂柳枝，人们还带上食品到介子推墓前野祭、扫墓，以表怀念。晋国为诸侯盟主，这些风俗很快也就传到了其他各国。从此以后，清明扫墓活动得以沿袭。

（4）端午节

农历五月初五是我国民间传统的端午节，又叫重午节、端阳节。在我国广大人民心中，这是纪念战国时期伟大的爱国诗人屈原的节日，相传屈原于五月初五这天在湖南汨罗江抱石投水殉国。

赛龙舟、吃粽子是端午节的主要习俗，有的人家还会在门前挂菖蒲、白艾，饮雄黄酒，或者在衣襟前挂个香粉荷包。端午节的传说和习俗凝结了中华民族的文明传统，给生活增添了丰富的色彩。

（5）中秋节

每年的农历八月十五日，是我国传统的中秋节。"中秋"二字，按我国古历法的解释是：农历八月在秋季中间，叫"仲秋"；而八月十五日又在仲秋之中，称"中秋"。定八月十五日为节，就名为"中秋节"。

中秋之夜，月亮最亮、最圆，月色也最美。人们把月圆看作团圆的象征，因而也称其为"团圆节"。另外，中秋节之所以称为佳节，还在于有关月亮的种种美丽的神话和传说。我国古时就有赏月和祭月之风，祭拜月亮由未婚女子主祭，要作祭文并宣读，然后对月焚香礼拜。祭月的主要物品是月饼和时鲜果蔬，如西瓜、苹果、石榴、梨、菱、藕、芋芳等，祭供后全家分食。由于月饼象征团圆，反映了人们对一家人团团圆圆的愿望，故又称它为"团圆饼"。

（6）重阳节

农历九月九日，是我国传统的重阳节。古代以"九"为阳数，九月九日，两阳相重，故名"重阳"，又称"重九"。重阳节的风俗甚多，主要有登高、插茱萸、饮菊花酒和赏菊。现在重阳节已成为敬老、尊老的一个重要节日。

3）禁忌

禁忌是属于风俗习惯的一类观念，这类观念是由人们对神圣的、不吉的、危险的事物有所顾忌所采取的态度而形成的。人们认为严格遵守禁忌，可以起到保护作用；反之，则要受到严厉的惩罚。

汉族在长期的历史发展进程中，融合了各兄弟民族的优秀文化，也接受了某些生活习俗，形成了自己独特的禁忌和惯例。例如，喜庆日不穿白色衣服，因为人死后才披麻戴孝，穿白色衣服。

不能说"13点"，这是一句瞧不起他人的骂人话。

不能说某某人是"乌龟"，这等于骂他是个不中用的男子。

有些地区有喜"8"厌"4"的习俗，因"4"与"死"同音，"8"与"发"同音；朋友间不能送"伞"，因"伞"与"散"同音；尤其是热恋中的男女，不能同吃一只"梨"，因"梨"与"离"同音；不能给老人送钟，"钟"与"终"同音，有咒老人死亡之嫌。

同步思考7-1

问题：汉族成为中华民族的主体民族只是因为人多吗？

理解要点：汉族由古代华夏族和其他民族融合而来，在其发展过程中，又不断吸收各少数民族的成分，使自己更加壮大，是世界上人口最多的民族。汉族主要聚居在黄河、长江、珠江三大流域和松辽平原；在边疆地区，则与少数民族交错杂居；另有数千万人散居世界各地。汉族已有5 000多年文字可考的历史，其发展经历了原始社会、奴隶社会、封建社会和半殖民地半封建社会，目前正处在社会主义初级阶段。农业、手工业素来发达；青铜器、丝织、陶瓷、建筑、绘画早负盛名；有许多伟大的思想家、科学家、发明家、政治家、军事家、文学家和艺术家；有丰富的思想学说和文化典籍；指南针、造纸术、印刷术、火药等发明最早。在长期的历史进程中，汉族与各兄弟民族之间一直有着政治、经济联系和文化交流，并吸收了他们的优良传统。汉族有佛教、道教、基督新教等多种宗教信仰，盛行祖先崇拜。汉族的政治、经济和文化的发展一般都走在各兄弟民族的前面，在国家生活中起主导作用。

同步资料7-1

人生礼仪和"抓周"

人生礼仪是人在一生中几个重要阶段或日子举行的仪式和礼节，主要包括诞生礼仪、成年礼仪、婚姻礼仪和丧葬礼仪等。小孩儿出生后3天叫"喜三"（又称"洗三"或"三朝洗儿"），一般要送红蛋给亲友，亲友也来送礼祝贺、看宝宝；另有吃满月酒、"抓周"及长大后的过生日等庆贺礼仪。

"抓周"是汉族人生礼仪之一，是预卜小孩儿前程的仪式。小孩儿周岁生日，可看作小孩儿诞生礼的最后一个高潮。届时在桌子上摆上文房四宝、糕点果品、玩具、银钱等物，让小孩儿坐在桌子中央，任他伸手去抓。人们相信，小孩儿抓到的第一件东西就预示了他日后的志趣。不管他抓到什么，在场的亲朋好友都要说祝福的话。

资料来源　吴忠军. 中外民俗［M］. 6版. 大连：东北财经大学出版社，2021.

同步案例 7-1

汉族最具特色的民居建筑——四合院和土楼（碉楼）

背景与情境： 四合院是华北地区尤其是北京的传统住房样式。其主要特色有：（1）房屋和院落按南北纵轴线对称布置，大门多位于住宅东南角。（2）分内、外院，两院之间设"垂花门"，大型院落可由多个四合院组成。一般内院北面正房供长辈居住，东西厢房供晚辈居住；外院设厨房、杂屋和厕所等，周围以走廊连接。（3）住宅四周由各房屋的后墙所封闭，一般不对外开窗，院内则栽植观赏花木或置放盆景。（4）室内设炕床取暖，内外地面铺方砖。

今天，四合院已成为北方民居的代表，深受中外旅游者的喜爱。

土楼是北方先民南迁到福建、广东后，因地制宜、依山傍水，用最古老的方法以沙石、黏土夯筑成的家族聚居建筑，有圆形、方形、方圆结合形等，结构巧妙、规模宏大、坚固美观。它与华侨回乡建造的碉楼同被誉为我国南方最具特色的民居建筑，也是"世界民居建筑的奇观"，引发了大批国内外游客和历史学、地理学、人类学、民俗学专家、学者的兴趣。

资料来源　吴忠军. 中外民俗［M］. 6版. 大连：东北财经大学出版社，2021

问题： 为什么说四合院和土楼（碉楼）分别是我国北方和南方最具特色的民居建筑？

分析提示： 北方的四合院和南方的土楼（碉楼）都是完整的建筑体系，不但结构精巧，而且能体现我国内外有别、长幼有序的传统人伦道德观念；每个四合院或土楼（碉楼）都对内开门、开窗，院内还种植花木，安置山石盆景，环境幽美，既体现人与自然的和谐亲近，又安全方便，私密性强。它们是汉族传统道德文化和天人合一思想在建筑美学上的重要表现，是世界民居建筑的杰出代表。

学习微平台

图文 7-1

7.1.2　藏族

1）简介

藏族是我国历史悠久的民族之一，主要居住在西藏，其余分布在青海、甘肃、四川、云南等地。藏族语言属汉藏语系藏缅语族藏语支。藏语方言差别很大，依地区划分为卫藏、康、安多三个方言。藏民主要从事农业和畜牧业，多信仰藏传佛教。1965年9月9日，西藏自治区成立。

2）礼貌礼节

（1）敬献哈达

"哈达"是一种丝织品，白色居多，释为仙女身上的飘带，以其洁白无瑕象征至高无上。敬献哈达是藏族人对客人最普遍而又最隆重的礼节。哈达按尺寸的长短可分为"那吹"（约3米）、"阿喜"（约2米）、"索喜"（约1米）。所献哈达越宽越长，表示礼节越隆重。对尊者、长辈献哈达时，要双手举过头顶，身体略向前倾，将哈达捧到座前或足下；对平辈只要将哈达送到对方手中或腕上即可；对小辈或下属则系在他们的颈上。不鞠躬或单手送都是不礼貌的。接受哈达的人通常与献哈达的人采取一样的姿势，并表示感谢。此外，还有五彩哈达，只用于最隆重的仪式和佛事。

（2）敬献青稞酒、酥油茶

过去客人到藏族家庭做客，主人会敬青稞酒三杯。无论客人会不会喝酒，都要用右手无名指蘸酒弹一下。如客人不喝不弹，主人会立即端起酒边唱边跳，前来劝酒。如客人酒量小，可只喝一口，就请添酒；连喝两口酒后，由主人添满杯，客人一饮而尽。这样，客人虽喝得不多，主人也会满意。现在这种礼仪已有所改变。按藏族的规矩，主人敬献酥油茶时，客人不能拒绝，至少要喝三碗，喝得越多越受欢迎。客人告辞时，可多喝几口，但不能喝干，碗里一定要留下点漂酥油花的茶底。

（3）见面礼节

藏民在见面打招呼时，点头表示亲切问候，受礼者应微笑点头回礼。藏民见到长者或尊敬的人，会脱帽弯腰，帽子拿在手上，接近于地面；见到平辈，头稍稍低下即可，帽子可以拿到胸前，这时的鞠躬只表示一种礼貌。在有些地区，合掌与鞠躬可同时并用，以表示尊敬。

在称呼方面，藏民一般对有地位的人尊称"古呃"（意为"阁下"）；对于没有官职的男人尊称为"古学"（先生或足下）。此外，还有更为普通的一种尊称，就是在对方名称后加"啦"。如称自己的老师为"格啦"，称自己的父母为"爸啦""妈啦"，称自己的哥哥为"阿觉啦"，称自己的姐姐为"阿加啦"等。

3）禁忌

行人凡遇到寺庙、金塔、嘛呢堆和龙树时，都必须下马，并遵守从左边绕行的规定。信仰本教的人则从右边绕行。

进入寺庙时，忌讳戴眼镜、吸烟、摸佛像、翻经书、敲钟鼓。不得跨越法器、火盆、经筒；进入寺庙要肃静，必须就座时，身子要端正，切忌坐活佛的座位。

不许在寺院附近砍伐树木、大声喧哗；不准在附近的水域捕鱼、钓鱼；不准在附近打猎和随便杀生。

不准用单手接、递物品；主人倒茶时，客人需用双手把茶碗向前倾斜，以示敬意。

不得在藏民拴牛、拴马和圈羊的地方大小便。

不得动手摸弄藏民的头发和帽子。

不得用有藏文的纸当手纸或擦东西。

进入藏民帐房后，男的坐左边，女的坐右边，不能坐错位置或混杂而坐。

藏民家里有病人或妇女生育，都会在门外生一堆火，或者在门口插树枝或贴红布条，外人见到这些标记切勿进入。

藏民一般不吃鱼、虾、蟹等水产品，忌食驴、骡、狗肉等，昌都、甘肃南部、青海等部分地区还不吃鸡和鸡蛋。

7.1.3　蒙古族

1）简介

蒙古族主要居住在内蒙古自治区，其余分布在辽宁、吉林、黑龙江、甘肃、青海、新疆等地。蒙古语属阿尔泰语系蒙古语族，分内蒙古、卫拉特、巴尔虎布里亚特三种方言。蒙古族人多信仰藏传佛教。蒙古族长期以来主要从事畜牧业，也从事半农半牧业和农业。内蒙古自治区于1947年成立。

2）礼貌礼节

蒙古族传统礼节主要有献哈达、递鼻烟壶、装烟和请安等，现今又增加了鞠躬礼和握手礼。

蒙古族热情好客，在请客人进入蒙古包时，总是立于门外西侧，右手放在胸部微微躬身，左手指门，请客人先行。

客人就座后，主人按浅茶满酒的礼俗热情献上奶茶和美酒，并把哈达托着献给客人。

招待客人的家宴有手抓羊肉和全羊席。接待贵宾或喜庆节日要摆全羊席，最隆重的招待是请客人吃羊头和羊尾巴。

送客时，主人要送至蒙古包外或本地边界。如骑马，主人还要扶客人上马，并说"再见"或"祝一路平安"等，目送客人走出一段后，主人才返回住处。

3）禁忌

送蒙古族任何礼品，都要成双成对。送接礼品、敬茶斟酒均要用双手，以示尊重；不应用单手，更不能用左手。

进蒙古包以前，要将马鞭子放在门外，如带入蒙古包内，会被看作对主人的不敬。进门要从左边进。进蒙古包后，忌坐在西北面的佛龛前面。出入蒙古包时，不许踩蹬门槛。

锅灶不许用脚踩碰，烤火时，不要从火盆上跨过去；也不要在火盆上烤脚、鞋、袜、裤子等，否则等于侮辱灶神。不能用刀子挑火或插在火中。

忌讳在河流中洗手或沐浴，更不许洗女人的脏衣物，或者将不干净的东西投入河中。

进蒙古包做客时，要注意衣着整齐，切勿挽着袖子，把衣襟掖在腰带上。睡觉时和坐时脚忌伸向西北方。

千万不能打狗、骂狗。

忌讳生人用手摸小孩的头部。

同步资料7-2

蒙古族的那达慕大会

那达慕大会是蒙古族一年一度最盛大的节日，一般在农历七八月举行。"那达慕"是蒙古语的音译，是游戏娱乐的意思，原指蒙古族传统的"男子三项竞技"——摔跤、赛马和射箭。随着时代的发展，那达慕逐渐演变成今天包括多种文化娱乐内容的盛大庆典活动。每到这个时候，牧民们不分男女老幼，都穿上节日盛装，骑马、坐车从四面八方赶来。大会上，有既惊险又精彩的赛马、射箭，还有各种棋艺比赛和各式各样的歌舞表演。最精彩的要数蒙古式摔跤。摔跤场上，两队挑选出来的摔跤手依次站好。他们身穿镶有锃亮铜钉的黑色摔跤衣和肥大的摔跤裤，脚穿长筒皮靴，一个个威风凛凛、强壮有力。

每年的那达慕大会都会吸引周围各个民族来参加，也吸引了海内外的客人到此观光旅游。

资料来源　佚名. 2010年导游考试基础知识"中国民族民俗"［EB/OL］.［2014-02-29］. https://www.wangxiao.cn/dy/30281428304.html.有改动.

7.1.4　回族

1）简介

回族是一个人口较多、分布较广的民族。宁夏回族自治区集中居住着全国约1/3的回族人口，其余散居于全国各地，有大分散、小集中的特点。回族习惯于以汉语作为本民族的共同语言。既受阿拉伯、波斯等传统文化的影响，又吸收汉族文化，是回族文化的特色，但在共同的心理心态、经济生活、宗教信仰和风俗习惯等方面，回族仍表现出自己的民族特色。

2）礼貌礼节

尊敬长者；讲究卫生，室内洁净，饭前、便后要用流动的水洗手。

阿訇是清真寺主持教务的人，极受穆斯林及回族人的尊敬。当他们在祈祷时，千万不要打扰他们。

日常生活中，回族特别喜欢饮茶和以茶待客。最具代表性的是"八宝盖碗茶"，要当着客人的面，把盖碗揭开，放入茶叶、冰糖、枸杞、核桃仁、芝麻、红枣、桂圆、葡萄干（或苹果干）等滋补品，然后注水加盖，双手递奉。

3）禁忌

根据伊斯兰教的规定，回族禁食猪、马、驴、骡、狗和一切自死的动物、动物血和无鳞的鱼，禁食一切形象丑恶的飞禽走兽。牛、羊、骆驼及鸡禽，均需经阿訇或做礼拜的人念安拉之名然后屠宰，否则不能食用。

严格禁止用食物开玩笑；不能用忌讳的东西作比喻，如不能说某某东西像血一样红。

禁止在背后诽谤他人或议论他人的短处。

外出必须戴帽，严禁露顶。

平时谈话忌带"猪"字或同音字，居室内忌放猪皮、猪鬃等制品。

忌用左手递送物品。

7.1.5　维吾尔族

1）简介

维吾尔族主要居住在新疆维吾尔自治区，少数分布在湖南桃源、常德等县。语言属阿尔泰语系突厥语族西匈语支，有本民族文字。居民多信奉伊斯兰教。

2）礼貌礼节

维吾尔族是一个热情好客、崇尚礼仪的民族，十分重视礼貌。在路上遇到尊长或朋友，或平时待人接物时，习惯将右手按在胸部中央，然后把身体向前倾30度，并连声道"您好"。

尊敬长者，无论走路、谈话还是吃饭等，均以长者为先。

家里来了客人，全家都自觉地跑来欢迎，然后女主人用盘子把茶水端上来，以示尊敬。

讲究卫生，习惯在自来水龙头下直接冲洗手、脸。到维吾尔族人家里做客，进门前和用餐前女主人都会用水壶给客人冲洗双手，下面用盆接，一般洗三次。习惯每人专用一个茶杯，住宿期间也不换。

3）禁忌

禁吃猪、狗、驴、骆驼和鸽肉，在南疆还禁食马肉，自死的牲畜一律不吃。另外，不吃芹菜、豆腐和虾，炒菜时忌用酱油。吃饭时不能随便拨弄盘中食物，不要剩食物在碗中。

衣忌短小，最忌在户外着短裤。

睡觉时忌头东脚西或者四肢平伸仰卧。

屋内就座时应跪坐，忌双腿直伸、脚掌朝人，也不可当着客人和主人的面吐痰、擤鼻涕等。

同步资料7-3

维吾尔族文化

维吾尔族是一个多源民族，主要来源有两支：一支是来自蒙古草原的回纥人；另一支是南疆绿洲上的土著民族。这两部分人于公元7世纪开始融合，至16世纪初完全融合成一体。

在漫长的历史发展过程中，维吾尔族人创造了优秀的文化，有着独特的民族风情。维吾尔族以农业为主，发展了绿洲灌溉型农业，其坎儿井地下引水系统非常独特。除小麦种植外，维吾尔族人1 000多年前就开始种植棉花，其长绒棉质地优良，最为有名。种植瓜果是维吾尔族人的特长，葡萄、哈密瓜、西瓜、香梨、石榴、樱桃的品质都很优良。

维吾尔族有悠久的手工业传统，在冶金、玉雕、纺织地毯和皮革加工等方面都有特色。维吾尔族聚居区地处"丝绸之路"，有经商传统，发展了很有特色的"巴扎"（市场）。

维吾尔族多信奉伊斯兰教，清真寺遍布城乡。维吾尔族人能歌善舞，民族乐器丰富多样，共有十几种，分为弹拨、拉弦、吹管和打击四类。民间广泛流行的是弹弦乐器弹拨尔，声音铿锵悦耳，与手鼓等配合，常用于独奏和为歌舞伴奏，很有民族特色和西域风情。维吾尔族男子喜穿长袍"裕祥"，女子爱穿连衣裙，戴耳环、手镯、项链，并以长发、多条发辫为美。

维吾尔族有许多民间故事、寓言、笑话、诗歌和谚语，并多以口头、文字形式代代相传。《阿凡提的故事》家喻户晓；维吾尔族古典长诗《福乐智慧》、千年辞书《突厥语词典》是研究古代维吾尔族历史、文化和语言的重要著作。

资料来源　根据相关资料整理而成。

同步案例7-2

尊重少数民族禁忌

背景与情境：随心所欲，盲目好客，是很多人的通病。小王为庆祝大学毕业，在家里让妈妈做了几个菜请同学吃饭。其中有一位是新疆来的买买提同学，维吾尔族，大学四年一直恪守本民族的饮食禁忌。小王虽然也准备了酱牛肉和羊肉火锅，但考虑到买买提已经在广州找到了工作，加上喝了一点酒，就有点头脑发热，一再劝买买提尝一尝酒，吃一点猪肉笋片。小王说："哎呀，买买提，你以后在广州工作、找对象，怎么可能一点酒不喝，只吃牛羊肉？喝一点不要紧，我有一些回族朋友都喝；尝一点猪肉，不比牛羊肉差！"对于小王的劝说，买买提一句话也不说，只吃了点牛肉，羊肉火锅动也没动，因为他发现汤锅里有肉圆和虾。

资料来源　佚名. 尊重少数民族禁忌［N］. 新民晚报，2015-01-11.有改动.

问题：小王的"热情"劝说错在哪里？

分析提示：回族、维吾尔族都禁吃猪肉和喝酒，小王的热情劝说是不尊重买买提的行为。幸好他们是好同学，否则会伤害感情甚至造成纠纷。在任何场合，都要尊重少数民族的风俗习惯和饮食禁忌，模范地执行国家的民族政策。

7.1.6　壮族

1）简介

壮族是我国人口最多的少数民族。全国壮族人口90%以上聚居于广西壮族自治区，其余分布在云南文山、湖南江华、广东连山和贵州从江等地。壮族有本民族的语言文字，壮语属汉藏语系壮侗语族壮傣语支，分南北两种方言。壮族历史悠久，文化灿烂，信仰多神教，以巨石、老树、高山、土地等自然物为崇拜对象，祖先崇拜占有重要地位。至今，大部分地区都还供奉着"天地君亲师"神位。有的壮族人还信奉佛教。

2）礼貌礼节

客人来访时，必由主人出面热情招待，让座递烟，双手捧上香茶。茶不能太满，否则视为不礼貌。

有客人在家时，不得高声讲话，进出要从客人身后绕行。与客人共餐，要两脚落地，与肩同宽，切不可跷起二郎腿。

客人告辞时，主人会将另留的鸡肉和客人盘中的剩余肉用菜叶包好，让客人兜着带回去，给亲人品尝，客人绝不能拒绝。

用餐时，菜要一次夹起。

尊重老人，办事多听老人的意见；窄路相逢，主动给老人让路；赴宴做客，让上座给老人，要将鸡头等上等菜留给老人。

3) 禁忌

火塘、灶塘是壮族家庭最神圣的地方,禁止用脚踩踏火塘上的三脚架以及灶台。

壮族一般不吃青蛙肉;有的地区青年女子不吃牛肉和狗肉;有的地区忌吃青菜,认为吃了田里会长满乱草;忌用嘴吹热饭,意为将饭粒吹走日后无饭可吃;忌筷子落地。

忌讳农历正月初一这天杀牲;正月初一到初三不可出村拜年,认为会将鬼神带进家中。

门口若挂有草帽、青竹或贴了张红纸,即表示家有产妇,妇女生小孩儿头三天(有的是头七天),外人不得入内。如不知而贸然闯进,主人必端上酒及狗肉等食物,来人应当吃掉主人才会满意。

行商外出忌碗破,新婚出嫁忌打雷。

7.1.7　朝鲜族

1) 简介

朝鲜族主要居住在东北三省,其中以吉林省最多,占 60% 以上。朝鲜族最为集中的聚居区是延边朝鲜族自治州和长白朝鲜族自治县。朝鲜族地区是我国北方著名的"水稻之乡",也是我国主要烟叶产区之一。朝鲜族有自己的文字,语言属阿尔泰语系。朝鲜族的原始宗教是图腾崇拜、始祖崇拜,信仰过土俗神,部分人信仰佛教和基督教。

2) 礼貌礼节

朝鲜族素有热情好客的优良传统。家中如有来客,家庭成员都要起立让座,躬身相迎,热情接待,往往倾其所有为客人准备饭菜,让客人吃饱、吃好。主人在整个用餐过程中会一直陪着客人,在客人吃好之前,主人不能先于客人放筷。遇有稀客、贵客,主人必以酒相待。

朝鲜族十分讲究长幼有序、尊老敬老的礼节。晚辈对长辈说话必须用敬语;用餐时,一般老少不同席,老人要单独设席;等老人举匙后,其他人方能用餐;年轻人不能在长辈面前喝酒,席间若无法回避,年轻人应举杯背席而饮;年轻人不能在老人面前吸烟,不能借火,更不能和老人对火;老人因事外出或远行时,全家人都要鞠躬相送;与长者同路时,年轻者必须走在长者后面;路途中遇见老人,要摘帽点头问安并让路。

3) 禁忌

朝鲜族不喜欢吃鸭、羊、鹅肉和河鱼,虽喜欢吃狗肉,但在婚丧及佳节禁止杀狗和食狗肉。

7.1.8　满族

1) 简介

满族历史悠久,满族统治者曾统治中国近 300 年。满族主要居住在东北三省,其余散居于内蒙古、河北、新疆、宁夏、甘肃和山东等省(自治区)以及北京、西安、广州、杭州等大中城市。满族有自己的语言文字,语言属阿尔泰语系满-通古斯语族满语支。满族信仰萨满教，还敬神信佛，敬观音、如来、太上老君等。

2）礼貌礼节

满族人讲究礼貌，注重礼节。平时相见都要行请安礼。遇见长辈，要请安以后才能讲话，以示尊敬。过去晚辈对长辈是三天一小礼，五天一大礼。小礼是请安问候；大礼是"打千儿"，即单腿跪。男人"打千儿"要哈腰，左膝前屈，右腿略弯，右手沿膝下垂；女人"打千儿"要双手扶膝下蹲。满族最隆重的礼节是抱见礼，就是抱腰接面礼。一般亲友相见，不分男女均行此礼，以表示亲昵。

3）禁忌

满族忌讳杀狗，忌讳戴狗皮帽子或狗皮袖头，因为传说中狗对满族有过大功。

满族家里有人去世，送葬之后就不能在家哭泣；否则，会认为不吉利。

家堂中的祖先牌位禁忌乱摸、乱动，忌灰尘落在上面；否则，会被认为是对祖先的侮辱。

忌老少无别。

7.1.9 彝族

1）简介

彝族主要居住在川、滇、黔、桂四省区，四川凉山彝族自治州是全国最大的彝族聚居区。彝族有自己的语言和文字，彝语属汉藏语系藏缅语族彝语支。彝族人信仰多神教，崇拜祖先。

2）礼貌礼节

彝族有严格的礼俗。途遇长辈，晚辈须侍立一侧，让长者先行。长辈入室须让其上座。不能摸成年人和老人的头。彝族有"客人长主三百岁"之俗话，凡有客人来，必须让位于最上方并先以酒敬客。彝族传统节日中最为隆重的要算"火把节"，每年农历六月二十四日前后举行，历时3天。

3）禁忌

彝族人屋内大多设一个火塘，塘火终年不熄，不论男女，忌踩、跨火塘和往火塘里吐唾沫；忌在家中火塘里烧刺奶包树和马桑树；忌夜间吹哨；忌婚丧嫁娶宰杀山羊；忌以苦篙杆做筷子及打人；忌把锄头和斧子放在一起；忌在屋内将锄或斧子扛于肩上；大年初一忌讳扫地、泼水、串门和拜年。

彝族人在田里劳动时忌闻雷声，认为如不立即回家，将会颗粒无收。

7.1.10 苗族

1）简介

苗族主要居住在贵州、云南、湖南、四川等省，尤以贵州省最为集中。苗语属汉藏语系苗瑶语族苗语支，没有统一文字。苗族崇拜多种鬼神，以自然崇拜和祖先崇拜最为突出。

2）礼貌礼节

苗族接待客人很讲究真诚、热情，鄙视浮华和虚伪。苗家接待客人时，男女主人都穿上节日服装，男主人还要到村寨外路旁去迎接，甚至摆下酒席，恭迎客人光临。客人到家门口时，男主人以唱歌形式叫门，告知女主人贵客已经临门，女主人唱着歌开门迎客。在招待客人的宴会上，主人有敬酒、分菜和添饭等礼节。苗家以鸡、鸭为待客的佳肴，而且视其心、肝为最珍贵。

3）禁忌

苗族不喜欢别的民族称他们为"苗子"，而喜欢他们的自称"蒙"。

苗族忌食狗肉，禁止杀狗、打狗。

苗族祖先神位所在的地方不让人坐，也不许人在家里或在夜间吹口哨。

苗族禁止已婚妇女再穿裳衣，认为会触犯祖宗，招致大祸。

另外，苗族还忌坐"杭果"（以南为面向，苗族火坑右边的中柱脚处，设有祖先神位，苗语称为"杭果"）；忌坐门槛；忌震龙岩（堂屋中央有一块石板，其下有一小坑，内放一碗清水，是"龙"的栖身之处）；忌踩踏火炕里的三脚架；忌与妇女行握手礼。

7.1.11　哈萨克族

1）简介

哈萨克族主要分布在新疆、甘肃、青海等地区，70%以上居住在新疆伊犁哈萨克自治州、哈密地区的巴里坤哈萨克自治县和木垒哈萨克自治县。哈萨克族是一个拥有悠久历史的游牧民族。哈萨克语属于阿尔泰语系突厥语族；有本民族文字，哈萨克文以阿拉伯字母为基础，1959年又设计了以拉丁字母为基础的新文字方案；哈萨克族的音乐、舞蹈有鲜明的民族风格。其居民信奉伊斯兰教。

2）礼貌礼节

哈萨克族是一个热情好客的民族，对拜访和投宿的客人，不管相识与否，都会热情接待，太阳落山后必定留客住宿，客人通常被安置在毡房正面的上方。

哈萨克族有许多特有的礼俗。例如，见面时，或右手抚胸躬身，或握手致意，说一声"夹斯克么"（哈语"身体好"）。去哈萨克族人家做客，进门时应让年纪大的主人在先。哈萨克族人讲究坐席的安排，一般左边是客座，主人在右侧就座。坐定后，主人招待吃喝，客人得听从安排，至少要尝一下，否则就是对主人的不尊重。

哈萨克族人招待客人十分殷勤，通常要宰羊。吃手抓羊肉时，主人会将羊头献给客人。吃东西之前，主人一般都会提一把阿不都壶（一种长颈铜壶）请客人洗手。洗手时只洗三次，洗完后不要甩水，要用毛巾擦干。

哈萨克族人对老人特别尊重，不论是吃饭、喝茶还是说话、走路，都要对老人礼让。

3）禁忌

哈萨克族人忌当着主人的面数羊、马的数目；忌跨越拴着牲口的绳子；忌赞美他们的牲口和小孩儿肥胖，认为这对牲口和孩子不吉利。在哈萨克族人家里做客，客人忌坐床上，坐毡子上时要么盘腿，要么跪坐，不可将两腿伸出去，严禁坐在装有食物的贮存器具上；绝对不可跨过进餐用的餐巾；吃饭时忌讳摘帽子。

此外，忌讳客人在门口下马，更忌讳骑快马到门口下马，因为这意味着报送丧事或有其他不吉利的消息。

7.1.12 傣族

1）简介

傣族散居在云南省境内，集中居住在西双版纳和德宏两州。傣族语言属汉藏语系壮侗语族壮傣语支。傣族主要信仰小乘佛教，有丰富的历史传说、宗教经典和文学史诗。结构别致、造型优雅的佛寺和佛塔建筑，工艺精美、图案丰富多彩的傣锦，优美的孔雀舞，动听的象鼓和铓锣，欢乐的泼水节，都体现了傣族独特的民族风格与文化。

2）礼貌礼节

傣族人民讲究礼貌，说话和气，吵架的情况很少发生。尊老爱幼、团结互助是傣族的传统美德。老人很受尊敬，晚辈从长辈面前经过，要弯腰细步，以示对长者的尊敬。傣族人家庭关系十分和谐，邻里之间互相照顾。傣族人热情好客，会盛情款待来投宿的过往客人，有的家庭还备有专门招待客人的被褥，比自己用的还漂亮。到傣族人家做客，还会受到主人"泼水"和"拴线"的礼遇。

3）禁忌

傣族的禁忌大多与他们的宗教信仰密切相关。

佛寺是神圣的地方，平时俗人不能进入，若必须进入，则要将鞋脱在外边。在佛寺内不许触摸佛像、法器等；不许敲寺内的铓锣和鼓；不许跟僧侣攀谈、嬉笑，更不许触摸僧侣的身躯和头部；不可摸小和尚的头顶，走路时禁止踩僧侣的影子。

忌讳外人赶牛、骑马、挑担子或蓬头散发地进入寨子；不能赶着猪通过寨与寨之间的桥梁；也不许将本寨的牛马拴在其他寨子的桩上；祭村寨神时，禁止出入寨子。

客人进入傣家竹楼必须将鞋脱在外边；火塘里边的位置是老人专座，客人不能坐；客人不能进入主人的卧室；忌讳坐在火塘上方及跨越火塘。

晾晒衣服时，上衣晒在高处，裤子和裙子要晒在下方；衣服不能用来当枕头；忌讳在家中吹口哨、剪指甲。

7.1.13 土家族

1）简介

土家族主要分布在湖南、湖北、四川等地。土家族语言属于汉藏语系藏缅语族，接近彝语支；没有本民族文字，使用汉文，部分人兼通苗语。宗教信仰以民间宗教（信鬼神、崇拜祖先）为主。土家族主要从事农业。其手工刺绣编织精细，土花被面尤为著名。

2）礼貌礼节

土家族人热情好客，有客人来，常常以糖开水招待客人。逢年过节到土家族人家里做客时，热情的主人会拿出几个雪白的糍粑去烤，烤得两面金黄开花的时候，就拿出来几吹几拍，往里面灌进白糖或蜂糖，双手捧给客人，以示待客之真诚。土家族人还有相互帮助的优良传统，在日常生活与交往中，人们互敬互爱，一家有事，全体帮忙。

3）禁忌

土家族人不许小孩儿和未上学的人吃鸡爪子、猪鼻子、猪尾巴。禁止未婚男女（包括儿童）吃猪蹄叉，据说吃了将来就会找不到对象；即使结了婚，也会被吃过的猪蹄叉叉开，即有离婚之意。

吃饭时，不许端着碗站在他人背后，认为这样是在吃别人的背，别人会因此而"背时（食）"（意即运气不好）。不能脚踏火炕和三脚架；遇戒日不动土，吉日不能说不吉利的话；客人不能与少妇坐在一起；祭神时忌闻猫叫，死者停灵的地方不能让猫出现。土家族姑娘在出嫁前三天就开始哭嫁，有时新娘的姐妹也一道陪哭。过去哭嫁的一个重要内容是控诉包办婚姻的不幸；今天哭嫁是为了感谢父母、告别姐妹，表达对家乡和亲人的深情。

7.1.14 白族

1）简介

白族主要分布于云南省大理白族自治州，该州白族人口占白族总人口的80%，其余散居于昆明、元江、丽江、兰坪等地，四川和贵州也有零星分布。白语属汉藏语系藏缅语族白语支。由于长期与汉族交流融合，白语中汉字词汇达50%~60%。白族人通晓汉语，也使用汉文。白族人大多信仰佛教，也有少数人信仰道教。白族在科学、文化方面成就辉煌。

2）礼貌礼节

白族人民性格开朗，敬老爱幼，睦邻友好，热情好客。白族的家庭成员之间，辈分极其严格，子女尊敬和服从父母安排。在对人的称谓前喜欢加个"阿"字表示亲切和尊敬。白族人喜欢敬茶待客，著名的"三道茶"就是白族的待客礼。

3）禁忌

过去的白族人民在生产和生活方面有很多禁忌。剑川的白族人，正月初一不能动刀和泼水，否则被认为破了财神，发不了财；妇女这天不能到别人家拜年，否则人家会认为不吉利。"火把节"这天，忌讳女婿回家过节，女婿到岳父家过节被认为是不祥之兆。孕妇不得进入新娘房间，会被认为导致新娘婚后不能生儿育女。碧江的白族人，忌讳太阳落山时扫地，也忌讳客人或家里人刚出家门时扫地，认为会把出门的人"扫死"。保山一带的白族人，过年忌讳用刀。

同步案例7-3

靠旅游业发家致富

背景与情境： 我国西南地区是苗、彝、瑶、侗、壮等少数民族的聚居地。西南地区山水秀丽，但山高水急、地狭林深，交通十分不便，所以长期以来经济落后，少数民族同胞生活艰苦。改革开放以后，不少年轻人都到大城市打工，家乡的贫穷落后面貌一时很难改变。近年来，随着国内经济的繁荣，城市居民收入越来越高，国内旅游业蒸蒸日上，拥有秀丽山水的西南少数民族地区成了旅游者向往的地方，很多外出打工的青年看到商机，纷纷回家办起了家庭旅馆、餐厅，为游客提供方便。有的还兼当导游、销售当地土特产，生意兴隆，很快便发家致富，一栋栋具有民族特色的精美土楼、木屋拔地而起……昔日的穷乡僻壤正日新月异地发生变化。

　　问题： 少数民族地区的旅游开发要注意哪些问题？

　　分析提示： 少数民族地区的旅游开发，对振兴当地经济、改善少数民族居民生活，有着显著作用。但必须注意的是：第一，要做全面规划，不能一哄而起，破坏生态环境，要留住青山绿水；第二，不能因为商业开发而破坏少数民族的生活习惯、风俗、礼仪、禁忌；第三，交通建设要跟上，必要的基本设施要跟上；第四，环境卫生、食品卫生要严格把关，保证游客的安全、健康、舒适。只有这样，少数民族地区的旅游业才能更快、更好地发展，国内旅游业才能进一步繁荣昌盛。

7.1.15　瑶族

1）简介

瑶族分布在广西、湖南、云南、广东、贵州和江西的西南角，其中广西的瑶族人口占瑶族总数的一半以上。瑶族有本民族语言，没有本民族文字。瑶族有将近一半人的语言属汉藏语系苗瑶语族瑶语支，有2/5的人的语言接近苗语，有少数人的语言接近侗语，一般都会说汉语。瑶族人民信奉多神，崇拜祖先。

2）礼貌礼节

瑶族人民热情好客，饶有风趣的"挂袋子"与"瓜箪酒"是瑶家待客的典型礼仪。客人到了瑶家，只要把随身携带的袋子挂在堂屋正柱上的挂钩上，就表示要在这家用餐，不管来者是谁，都会受到主人的热情款待。在吃饭、敬酒的时候，一般是由家中少女举杯齐眉，表示对客人的尊敬，也会有德高望重的老人向客人敬酒，这在瑶族被视为大礼。瑶族人对祖先是非常尊敬的，在进餐前要先念一遍祖先的姓名，表示祖先先尝了之后，后辈们才能享用。

瑶族人民具有淳朴敦厚的道德观念，人与人之间重信用、守诺言，并始终保持着一种团结互助、尊老爱幼、一家有事全寨相帮的良好风尚。

3）禁忌

大年初一不能吵嘴、打架，否则全年不吉利；男女对唱山歌时，双方需各在一方，忌同坐一条凳子，否则就对不住女方的老人家。

订婚时，媒人在去说亲的路上忌遇人扛犁、拉锯、天打雷。结婚当天，天打雷不下雨、办喜事的用具被打破（破了犹如夫妻不团圆），这些都是不祥之兆。此外，结婚时还忌赌钱。忌用脚踏火炉撑架；忌在火炉里烧有字的纸张；进入瑶家忌穿白鞋和戴白帽，因为象征丧事；忌坐门槛；穿草鞋不能上楼；不能坐主妇烧火的凳子；到木排上忌"伞"，言及"雨伞"时，要说"雨遮"，因"伞"与"散"谐音；遇人伐木时，忌说"吃肉""死"之类的不祥之语等。

同步资料7-4

瑶族的"歌堂节"

歌堂节是瑶族青年男女谈情说爱、唱歌求偶的节日。按传统习惯，每3~5年举行一次，一般在农历十月十六日举行，历时3天、9天不等。节日到来之前，各家各户都得事先通知远近的亲友前来观光。节日之夜，男女青年围着篝火对唱情歌，以歌传情，歌长情深，通宵达旦。节日期间，人们穿着新衣裳，戴上新头巾，插上锦鸡毛；街头巷尾熙熙攘攘，好不热闹。"耍歌堂"开始，即把祖公的牌位从庙中抬出来巡游、拜祭。后面伴随有锣鼓和腰鼓队，燃放土铜炮。当中老年人抬着祖公神像巡游街巷时，广场上早已聚集着一群群男女青年，小伙子们两个一对、三个一伙，对着年轻姑娘唱起歌来。唱歌的青年，有时可达八九十组。小伙子们一支又一支地唱，姑娘们仔细地打量着唱歌的小伙子，暗地选择心爱的人。小伙子们尽情地唱，求得姑娘的欢心，白天在歌堂上认识后，晚上便可独自向姑娘们唱歌求爱。节日期间，每户人家做20~30斤的糯米糍粑招待亲戚朋友。每户还出若干水酒（7斤左右），供人们任意饮用。

资料来源 佚名. 瑶族"歌堂节"[EB/OL]. [2019-02-03]. http://www.lbx777.net/ywfj/ssmz/yz/yz07.htm.

7.1.16 侗族

1）简介

侗族主要分布在福建泉州、湖南、广西等地。侗语属汉藏语系壮侗语族侗水语支。中华人民共和国成立以前，侗族没有本民族文字，一直通用汉文；中华人民共和国成立以后，1958年侗族设计了拉丁字母形式的文字。侗族崇拜祖先，信仰鬼神，特别尊崇"圣母"。

2）礼貌礼节

侗族人待人讲究礼仪。在路上遇见人，不论是本民族的还是其他民族的，不论是早已相识的还是素昧平生的，都要主动寒暄几句。每个称呼前面都冠上"阿"字，以示恭敬或亲昵。如客人从前面走来，侗族青年打招呼后静立路旁，等客人过去再走；如客人从后而来，年轻人一定让客人走在前面，然后自己才走。

侗族人十分好客，来访者即使素不相识，也会受到热情招待。客人一进屋，全家老少就主动起身让座。客人吃得酒足饭饱，主人才高兴。在侗乡，最常见的待客之道就是打油茶，客人在主人说"请"字之后开始饮用，最好能连喝四碗，这是对主人最大的尊敬。若不想再喝，就把筷子架在茶碗上。侗族最盛大的待客礼节是"合拢宴"，通常用于喜事和招待贵宾，近百人手挽手围着几十米的长桌边唱边转，转回原位停下来时，大家再相互敬酒。

敬老爱幼是侗族人民的美德，年轻人见了老年人要起立让座，在路上相遇要主动打招呼、让路。

侗族人从小就注意道德修养的培养，有些侗族人会做了凳子安放在井边和凉亭里，供行人来坐，还会备上甘甜的泉水供行路的人饮用。凡捡到东西，或放在鼓楼里，或"喊寨"，问谁家丢了东西，找人认领。

3）禁忌

寨内举行禳灾等祭祀期间，忌外人入寨，标志是用斑茅草打四个结，结成十字形，挂在寨两头；小孩生下3天内，忌生人来家；生小猪、小牛也要"忌门"；正月初一忌吃青菜。

7.2 我国港澳台地区礼仪与禁忌

在我国香港、澳门和台湾地区生活的居民，都是我们的骨肉同胞。作为中华民族大家庭中的一员，他们的语言文字、风俗习惯、礼俗禁忌、道德伦理规范等与大陆（内地）基本相同。

7.2.1 港澳台地区简介

香港、澳门、台湾自古以来就是中国不可分割的一部分。1840年以后，西方帝国主义列强凭借其坚船利炮，强迫腐败无能的清政府签订了一系列不平等条约，香港、澳门分别被英国和葡萄牙强占。台湾被日本霸占多年之后于1945年重归中国版图，1949年又与祖国大陆长期隔离。

香港包括香港岛、九龙、新界和周围262个岛屿，陆地总面积为1 106平方千米，位于珠江出海口东侧，是中国通往世界的南大门，素有"东方之珠"的美称。人口约747.42万，中国人占98%。按照"一国两制"的构想，香港于1997年7月1日顺利回归祖国。江泽民同志在中英香港政权交接仪式上庄严宣告，中国政府对香港恢复行使主权。香港特别行政区首任行政长官为董建华。香港自回归以来，作为世界著名的自由港、购物中心、旅游城市，经济持续发展，旅游事业更加繁荣。2014年，香港接待世界各地游客2 000多万，80%以上是中国内地游客。开放内地居民赴港自由行，对香港经济起了很大的促进作用。

澳门古称"蚝镜"，包括澳门半岛和凼仔、路环两个离岛，总面积为32.9平方千米，位于珠江口西南。截至2020年年底，人口68.32万，98%为中国人。1985年5月，中国政府和葡萄牙政府就以谈判解决澳门问题达成协议。从1986年6月至1987年3月，中葡双方代表在北京举行了4轮谈判。1999年4月，由200名澳门永久性居民组成的澳门特别行政区第一届政府推选委员会成立。5月15日，何厚铧当选为第一任行政长官。1999年12月20日，澳门回到祖国的怀抱，这是"一国两制"、实现祖国统一大业的又一重要成果，是中华民族的又一盛事。澳门回归祖国，标志着外国占据和统治中国领土的历史彻底结束。澳门回归以来，经济快速发展，各项事业繁荣昌盛，居民生活水平大幅提升，充分证明了"一国两制"方针的伟大和正确。

台湾是中国的第一大岛，位于祖国东南沿海的大陆架上，西隔台湾海峡与福建相望。台湾省总面积36 013.73平方千米，包括台湾本岛、21个附属岛屿、澎湖列岛以及目前为台湾当局所控制的福建省的金门、马祖等岛屿。人口约 2 356.84万（截至 2021 年），绝大多数是汉族和高山族同胞。

台湾问题不同于香港、澳门，是国内战争遗留下来的问题，其本质是中国的内政问题，应由中国人民自己来解决，不容许外国干涉。1979 年元旦，全国人大常委会发表了《告台湾同胞书》，郑重宣布了关于台湾回归祖国、实现国家统一的大政方针；1981 年 8 月 26 日，邓小平在会见台湾、香港知名人士傅朝枢时进一步阐述了中央政府对台湾的政策；1983 年 6 月，邓小平在会见美国新泽西州西东大学教授杨立宇时，进一步提出了关于台湾与大陆和平统一的构想，即题为"中国大陆和台湾和平统一的设想"的谈话；1984 年 2 月，邓小平在会见美国乔治城大学战略与国际问题研究中心代表团时，再次明确使用了"一国两制"的提法。

"一国两制"构想的提出并付诸实践，使海峡两岸的关系有了重大进展。1993 年 4 月，"海协会"会长汪道涵和"海基会"会长辜振甫在新加坡举行了"汪辜会谈"，取得了积极成果，也产生了广泛影响。在两岸关系发展的同时，台湾岛内的分裂倾向也在发展；同时，外国反华势力也在进一步利用台湾问题对中国进行牵制与遏制。

根据台湾局势、两岸关系和国际形势的发展变化，1995 年 1 月 30 日，时任中共中央总书记、国家主席江泽民发表了《为促进祖国统一大业的完成而继续奋斗》的重要讲话，进一步阐述了邓小平关于"和平统一、一国两制"的思想精髓，提出了现阶段发展两岸关系、推动祖国和平统一进程的八项主张。这八项主张是"一国两制"构想的具体化，是系统阐述中国共产党和中国政府对台政策的纲领性文件。2005 年 3 月 14 日，针对陈水扁的"台独"主张，第十届全国人大第三次会议通过了《反国家分裂法》，给予"台独"势力严重警告。2008 年国民党执政后，两岸关系得到巨大改善，不但实现了"三通"，还协商签订了多项合作协议，大陆 2014 年到台湾旅游人数达到 400 多万人次，对台湾的经济发展起着越来越大的作用，两岸和平发展已是大势所趋。2016 年民进党上台执政后，不承认"九二共识"，联美反中，在"台独"的路上越走越远，台海形势越来越严峻。

7.2.2 港澳台地区礼仪

我国香港、澳门、台湾地区通行的礼节为握手礼，此外还保留较多的如拱手、抱拳、鞠躬等中国传统礼节。因有些同胞信奉佛教，故也有见人行"合十礼"和呼"阿弥陀佛"的。港澳台同胞还流行叩指礼，当他们接受别人为其献茶、敬烟、斟酒、布菜或端饭时，立即用略弯曲的食指、拇指、中指三个手指撮合在一起，指尖轻轻叩打桌面，以示谢意。港澳台同胞比较勤勉、守时。与他们谈话入正题前要说些客套话。交往时要注意做到不能使他们觉得丢了面子，要多表示一些对他们的热情友好和真诚欢迎。

7.2.3 港澳台地区饮食习惯

港澳台同胞的饮食习惯基本上与大陆居民相同，更接近广东人。港澳饮食文化中西荟萃，中餐以粤菜为主，有传统的饮广式早茶的习惯，喜欢煲汤。此外，日本、韩国、越南、泰国、印度、法国、意大利餐厅也十分常见，都是名副其实的"美食天堂"。粤菜在澳门融合了西式烹饪的技巧，形成了别具一格的"土生葡菜"，特色饮食有澳门烧肉、葡式蛋挞（葡挞）、马介休、水蟹粥、免治、鲜虾浓汤、猪扒包等。台湾小吃琳琅满目，是台湾最具代表性的饮食文化，常见的小吃有蚵仔煎、虱目鱼肚粥、炒米粉、大饼包小饼、万峦猪脚、大肠蚵仔面线、甜不辣等。

7.2.4　港澳台地区的禁忌

港澳台同胞尤其是上了年纪的老一辈忌说不吉利的话，喜欢讨口彩，特别是香港人有喜"8"和"3"、忌"4"的习惯，因为广东话中"8"和"发"、"3"和"生"、"4"与"死"同音，因此，人们避免用"4"来做标志，送礼品也不送4种，在遇到非说"4"不可时，就用"两双"来代替。逢年过节，香港人习惯说"恭喜发财"，而不愿说"新年快乐"和"节日快乐"，因为"快乐"的谐音为"快落"，而人们过年过节特别忌讳"落"字。

香港人和澳门人由于长期受西方的影响，外国人的一些禁忌他们也同样忌讳，如忌"13""星期五"，忌讳别人打听年龄、婚姻状况、家庭住址、经济收入等个人隐私。

澳门人视黑白两色为凶色；信风水而忌逆风水行事；行船时忌说"翻"；在别人博彩时忌说"输"及谐音字。

在台湾，忌以扇子赠人，因有送扇不相见的说法，也忌以伞、手巾、刀剪、甜果赠人。台湾话"伞"与"散"同音；手巾在台湾是给吊丧者的留念，意为让吊丧者与死者断绝往来，故有"送巾断根"之俗语；刀剪是伤人的利器，含有"一刀两断"之意；甜果是民间逢年过节祭祖拜神之物，以甜果送人会使对方有不祥之感。在香港，忌送茉莉花和梅花给商人，因"茉莉"与"没利"谐音，"梅"与"霉"同音。

7.2.5　港澳台地区的主要旅游资源及景点

香港素有"购物天堂"和"美食之都"的美誉。作为一个美丽的港口城市，香港既有旖旎的自然风光，也有五光十色的现代文明。著名的景点有香港迪士尼乐园、香港海洋公园、太平山顶、浅水湾、星光大道、黄大仙祠、维多利亚港、尖沙咀等。

澳门是一个东西方融合共存的风貌独特的城市，有大量的历史文化遗迹，最著名的"澳门八景"是灯塔松涛、镜海长虹、妈阁紫烟、普济寻幽、三巴圣迹、卢园探胜、龙环葡韵、黑沙踏浪。

台湾地貌类型丰富，有喀斯特地貌、海蚀地貌，有火山和温泉。台湾森林茂密，动植物资源丰富，有"蝴蝶王国"之称。最著名的景点有日月潭、阿里山、慈母桥、西门町、阳明山、台北101大楼、故宫博物院、中正纪念堂、垦丁、鹅銮鼻公园、九份等。

同步案例 7-4

澳门的博彩业

背景与情境：以博彩业著称的澳门，与美国的拉斯维加斯和摩洛哥蒙特卡洛并称世界三大赌城，被冠誉为"东方拉斯维加斯"。博彩业带动了旅游业，它也成为澳门四大经济支柱之一和外汇主要来源。

澳门的博彩业主要有幸运博彩、跑狗、跑马、白鸽票（彩票）等，营业收入十分可观。澳门的赌场与美国的拉斯维加斯大西洋城相比，虽然其建筑、设施和繁华程度都较为逊色，但这里的一些赌客所下的赌注大得惊人，通常情况下他们在几张赌台上的豪赌额就占赌场总收入的半数。近年来，澳门特区政府大力转变经济结构，努力改变过分依赖博彩业的情况。

资料来源　佚名. 澳门旅游景点简介［EB/OL］.［2019-02-03］. http：//travel.taiwan.cn/dlly/hxls/am/amlyq/200708/t20070801_393282.htm.

问题：澳门博彩业的繁荣能否长久维持？

分析提示：澳门的博彩业已有较长历史，也带动了旅游业的发展，但其高度繁荣并一业独大的现象是近十余年才有的。在内地转变经济结构、大力发展现代服务业的带动下，澳门其他产业也有了较快发展。中央政府开展反腐斗争以来，到澳门豪赌的人明显减少。目前，澳门正大力发展教育、旅游、金融、高科技等产业，一个新的繁荣稳定、安居乐业的澳门正在出现。

同步资料 7-5

香港的新年节庆活动

农历新年是中国人最重视的节日。除了合家团圆、拜访亲友等必不可少的内容外，香港的春节特色项目还有：

年宵花市：农历新年前数天在多个区域举行，其中一年一度的维多利亚公园年宵花市最热闹，出售桃花、菊花、水仙等各种贺岁鲜花及其他商品。

花车巡游：大年初一，在市内举行。每年的巡游表演都有来自世界各地的花车，以及显示不同地区文化和风情的巡游队伍，组合成多姿多彩的大型表演，庆贺新年繁荣丰盛。

烟花汇演：大年初二，在维多利亚港举行。海港两岸和高层建筑临海的一面，都成了最好的观赏位置。

资料来源　佚名. 对香港的介绍［EB/OL］.［2019-02-03］. https：//wenda.so.com/q/1364940299063668.

同步资料 7-6

台湾人庆寿

台湾同胞喜欢过生日。男女成人后，每逢生日，都由家人准备素面、香烛等，举行简单的庆祝仪式。凡是女儿已经出嫁者，岳父岳母的寿庆比较隆重，女婚必须亲自前往拜寿。一般从50岁起开始称寿，60岁为下寿，70岁为中寿，80岁为上寿，90岁为耄寿，百岁为期颐。每到寿期，由子孙发起庆祝，邀请亲朋，颇为隆重。

资料来源　吴忠军. 中外民俗［M］. 6版. 大连：东北财经大学出版社，2021.有改动。

◆ 本章概要

□ 内容提要

本章简要阐述了中华民族的组成，内地部分民族的礼仪与禁忌，我国港澳台地区的礼仪与禁忌；对内地少数民族地区和港澳台地区的基本情况以及旅游业发展状况也作了简要介绍。

□ 主要概念和观念

▲ 主要概念

中华民族　各民族礼仪习俗　各民族禁忌

▲ 主要观念

中华民族是以华夏族为主体的汉族融合各少数民族而形成的一个人口众多、分布广阔的民族，大陆和港澳台地区的所有民族都是中华民族的组成部分。

春节是我国的农历年节，是以汉族为主体的中华民族最为隆重的节日。

□ 重点实务

中秋节祭月　入住藏民家庭旅馆

◆ 基本训练

□ 知识训练

▲ 复习题

(1) 中华民族是怎样形成的？

(2) 清明节为什么又叫寒食节？

(3) 敬献哈达应注意什么礼仪？

(4) 瑶族的"歌堂节"有哪些活动？

(5) 蒙古族有哪些禁忌？

(6) 港澳台地区有哪些禁忌？

▲ 自测题

△ 选择题

(1) 关于汉族的礼仪禁忌，说法正确的是（　　）。

A.端午节是纪念战国时期伟大的爱国诗人屈原的节日，应该插茱萸，饮菊花酒

B.重阳节是敬老、尊老的一个节日，有在门前挂菖蒲、饮雄黄酒的习俗

C.不能说某人"13点""乌龟"

D.不能送人"伞"，不能给老人送钟

(2) 关于藏族的礼仪禁忌，说法正确的是（　　）。

A.敬献哈达时，需要躬身，双手送上

B.主人敬献酥油茶时，客人不能拒绝，客人告辞时，不能喝干，碗里一定要留下点漂酥油花的茶底

C.行人凡遇到寺庙、金塔、嘛呢堆和龙树时，都必须下马，并遵守从右边绕行的规定

D.进入藏民帐房后，男的坐左边，女的坐右边

（3）"八宝盖碗茶"和"三道茶"是（　　）的待客之道。

A.满族、白族　　　B.回族、白族　　　C.白族、回族　　　D.回族、傣族

（4）关于朝鲜族的礼仪，正确的有（　　）。

A.用餐时，一般老少不同席，老人要单独设席

B.年轻人不能在长辈面前喝酒、吸烟

C.朝鲜族喜食狗肉，特别在婚丧、佳节等重大日子一定要吃狗肉

（5）台湾的著名旅游景点有（　　）。

A.台北故宫　　　　B.日月潭　　　　C.阿里山　　　　D.垦丁国家公园

（6）港澳台地区的禁忌有（　　）。

A.港澳台同胞有喜"8"忌"4"的习惯

B.香港人习惯说"恭喜发财"，而不愿说"新年快乐"

C.香港人和澳门人忌"13"和"星期五"

D.在台湾，忌以扇子、伞、甜果、手巾、刀剪赠人

△ 判断题

（1）敬献哈达是藏族人对客人最普遍而又最隆重的礼节。所献哈达越宽越长，表示礼节越隆重。哈达只有白色，以其洁白无瑕象征至高无上。　　（　　）

（2）回族是我国人口最多的少数民族。　　　　　　　　　　　　（　　）

（3）蒙古族接待贵宾或喜庆节日要摆全羊席，最隆重的招待是请客人吃羊头和羊尾巴。　　　　　　　　　　　　　　　　　　　　　　　　　（　　）

（4）瑶族最常见的待客之道是打油茶，最盛大的待客礼节是"合拢宴"。
　　　　　　　　　　　　　　　　　　　　　　　　　　　　　　（　　）

（5）满族和苗族都禁止杀狗、打狗。　　　　　　　　　　　　　（　　）

（6）饶有风趣的"挂袋子"与"瓜箪酒"是彝族待客的典型礼仪。　（　　）

▲ 讨论题

（1）我国少数民族自治区有哪几个？

（2）有人说各民族的禁忌都是古代迷信的残留，在科技发达的今天应予以教育改变，你怎么看？

（3）有专家认为，为了留住青山绿水、留住乡愁，少数民族地区应限制发展旅游业，这个说法有道理吗？

□ 能力训练

▲ 理解与评价

背景资料：很多贪官都热衷于烧香拜佛，有时会大笔捐款，想祈求菩萨保佑他侥幸过关，罪行不被发现。中国佛教协会副会长、上海玉佛寺方丈觉醒法师在

北京参加政协会议接受记者采访时说："贪、嗔、痴是佛家三毒，贪虽为人的本性，但终难逃惩罚。祈求菩萨保佑，不仅是对佛教的无知，更是对菩萨的亵渎，一旦违法犯罪，切忌逃避隐藏，而应发露忏悔，及时投案自首，洗心革面。"觉醒法师还强调，官员是政府和民众沟通的桥梁、纽带，更应当成为社会的表率，严于律己，自觉遵纪守法。

资料来源　江跃中，潘高峰. 贪官烧香拜佛求不出事没有用［N］. 新民晚报，2015-03-13.有改动。

问题：如何理解贪官求神拜佛的行为？你对觉醒法师的"劝诫"如何评价？

▲ 案例分析

【训练项目】

案例分析—Ⅶ。

【相关案例】

不尊重民族习俗的县长

背景与情境：云南的泸沽湖不但风光秀美，而且聚居在那里的摩梭人曾长期实行走婚制，家庭里一般没有父亲，只有舅舅。家庭地位最高的是外祖母，其次是母亲和舅舅，如母系社会一般。因此，向摩梭人问"父亲"是禁忌。

一位内地县长带队到泸沽湖游览，在摩梭人的院落里，一边看着图片一边自问："他们真的没有父亲吗？"没有人答应。这位县长又转向导游："他们真的不知道自己的父亲是谁吗？"导游生气了，激动地说："你才没有父亲呢！"这位县长非常生气，要打导游，被其他客人劝解下来，结果闹得很不愉快。

资料来源　作者根据相关报道编写。

问题：这位县长为什么会有这样的行为？

【训练要求】

同第1章"基本训练"之本题型的"训练要求"。

▲ 实训操练

实训7-1

【实训项目】中秋节祭月

【实训要求】将班级学生分成若干实训团队，以本章"重点实务"中的"中秋节祭月"为操作项目，分别扮演主祭、陪祭和观众，体验中秋节祭月的礼仪。

【实训步骤】

(1) 将班级学生分成若干实训团队，每团队确定1人负责。

(2) 各团队学生结合本地居民中秋节活动的实际情况，参照本章"同步案例"进行祭月活动的情境设计，并结合情境设计进行主祭、陪祭、观众的角色分工与协作。

(3) 各团队以本章"实务教学"中的"中秋节祭月活动"为业务规范，以"情境设计"中的"背景"为基本情节，进行角色操练，体验本项目模拟实训过程。

(4) 各团队学生交换分工，再次体验本项目模拟实训过程。

（5）各团队学生记录本次模拟实训的主要情节，总结实训操练的成功经验、找出存在的问题及解决办法，在此基础上撰写《"中秋节祭月"实训报告》（以下简称《实训报告》）。

（6）在班级讨论交流，相互点评与修订各团队的《实训报告》。

（7）在校园网的本课程平台上展出经过修订并附有教师点评的各团队《实训报告》，供学生相互借鉴。

实训7-2

【实训项目】入住藏民家庭旅馆

【实训要求】将班级学生分成若干实训团队，以本章"重点实务"中的"入住藏民家庭旅馆"为操练项目，进行藏民、游客的角色分工，体验藏民接待客人的礼仪与禁忌。

【实训步骤】

（1）同7-1实训步骤（1）。

（2）各团队学生结合本地旅行社组团到藏族地区旅游的实际情况，参照本章"同步案例"，进行到藏民家庭旅馆住宿的情境设计，并结合情境设计进行藏民和游客的角色分工与协作。

（3）各团队以本章"实务教学"中"藏族的礼仪与禁忌"为业务规范，以"情境设计"中的"背景"为基本情节，进行角色操练，体验本项目模拟实训的全过程。

（4）同7-1实训步骤（4）。

（5）同7-1实训项目的实训步骤（5），撰写《"入住藏民家庭旅馆，体验藏族礼仪、禁忌"实训报告》（以下简称《实训报告》）。

（6）同7-1实训步骤（6）。

（7）同7-1实训步骤（7）。

□ 课程思政

【训练项目】

课程思政-Ⅶ。

【相关案例】

失去大陆游客青睐的台湾旅游

背景与情境：中国台湾旅游主管部门公布的历年旅游数据显示，2018年赴台游客总数为1 106万人次，同比小幅增长3.05%。而在2015年以前，赴台旅游人次年增长基本保持在10%以上，最高增长值达到26.67%。但自2015年以后，赴台游客人次年增长开始处于"停滞"状态，2017年的年增长低至0.46%。

大陆是台湾旅游的主要客源地，最近3年大陆游客连续大幅减少，无疑是造成台湾旅游人次增长出现"停滞"的关键。

大陆与台湾的旅游渊源，最早可以追溯到2008年6月13日，当时的海基会与海协会签署了《海峡两岸关于大陆居民赴台湾旅游协议》。1个月后，大陆游客赴台观光正式开放，共计开放13省（区、市），组团社33个。

此后，大陆赴台游开放的省（区、市）数量持续扩大，赴台人数由最初的每日上限500人，至2016年年底调升为每日6 000人。

但到2016年，大陆赴台游人次出现大幅下滑。从2016—2018年，3年累计减少148.85万人次。

由于大陆赴台游客大幅减少，台湾旅游市场持续惨淡。全台游览车客运公会联会顾问、台中市游览车公会理事长张治本说："陆客团减少，对游览车业来说只剩下半条命，再加'一例一休'政策，根本就要呜呼哀哉了！"

如曾经备受大陆游客青睐的台北故宫，其北院参观人次从2016年的460万降到2018年的380万，南院2018年的参观人次只有76万。除此之外，受大陆游客减少影响，台湾各地商店消费收入大幅减少，不少专职游览司机转行做其他生意。

从旅游景点游客情况来看，近5年来，"国家公园"、"国家风景区"、森林游乐区、自然人文景区、博物馆等旅游景点类型，其游客总人次也基本停止增长，甚至出现了小幅下滑。

资料来源　作者根据相关资料编写.

问题：你对这种情况有什么看法？请从思政角度对台湾当局和台湾文旅部门的表现加以研判。

【训练要求】

同第1章"基本训练"之本题型的"训练要求"。

第8章　国外主要旅游目的地礼仪与禁忌

● 学习目标

通过本章学习，应当达到以下目标：

职业知识：学习和把握国外主要旅游目的地（亚洲、美洲、大洋洲、欧洲、非洲主要国家）的礼仪与禁忌，以及"同步业务"、"同步资料"和二维码资源等理论与实务知识；能用其指导本章"同步思考"和"基本训练"中"知识训练"各题型的认知活动，规范相关技能活动。

职业能力：点评"老张的旅游经历和中国旅游研究院的数据"，训练专业评价力；运用本章知识研究"同步案例"和章后"案例分析-VIII"，训练对"国外主要旅游目的地礼仪与禁忌"特定情境下当事者行为的"多元表征"专业能力和"与人交流"的通用能力；通过"'泰国礼貌礼节和禁忌'知识应用"实践操练，训练相应专业技能和"团队协作""解决问题"的通用能力。

课程思政：结合"国外主要旅游目的地礼仪与禁忌"教学内容，依照相关规范或标准，对"课程思政8-1"和章后"课程思政-VIII"中的企业及其从业人员的行为进行思政研判，培养高尚的道德情操，树立社会主义核心价值观。

引例：礼品不能乱送

背景与情境： 一家新开业的国际旅行社第一次接待来华的意大利游客，特意准备了一些杭州制作的名牌手帕，上面绣着花草图案，十分美观。他们想：中国丝织品闻名于世，肯定会受到客人的喜欢。

旅游接待人员带着盒装的纯丝手帕到机场迎接来自意大利的游客。客人上车后，旅行社代表赠送给每位游客一条手帕。

没想到车上一片哗然，议论纷纷，游客们都是一副很不高兴的样子。特别是一位女士，还大声表示抗议。旅游接待人员慌了，他弄不懂：好心好意送人家礼物，怎么会出现这种情况呢？

问题： 这家旅行社做错了什么，惹得这些意大利游客很不高兴？

分析提示： 这家旅行社因为无知而犯了无心的错误，他们不了解意大利的礼仪与禁忌，送了不该送的礼品。

在意大利等西方国家，亲朋好友相聚一段时间告别时才赠送手帕，取意为"擦掉惜别的眼泪"。在本案例中，意大利游客刚刚踏上盼望已久的中国大地，准备开始愉快的旅行，你就让人家"擦掉离别的眼泪"，人家当然不高兴，肯定要议论纷纷。那位抗议的女士，是因为她所拿到的手帕上面还绣着菊花图案。菊花在中国是高雅的花卉，但在意大利则是用来祭奠亡灵的。因此，在旅游接待与交际场合中，必须了解并尊重外国人的风俗习惯，这样才能得到他们的欢迎与肯定，做好接待工作。

在旅游行业，习惯上把来华游客的所在国（地区）称为旅游客源国（地区），来华旅游人数多、影响大的国家（地区）就是主要客源国（地区）。我国游客去的国家或地区称为旅游目的国或地区。

20世纪80年代，我国刚刚改革开放，发达国家游客纷纷来华旅游。美国、日本等成为我国的主要客源国；40多年后的今天，我国接待的亚洲、美洲、大洋洲、欧洲、非洲的游客越来越多，已成为世界第二大旅游目的地；同时，我国也成了世界出境游人数最多和旅游消费最多的国家。2014年我国出国出境游人数达到了1.15亿人次，不但日本、韩国、新加坡、马来西亚、泰国、美国和欧洲各国、埃及、南非等地的中国游客络绎不绝，就连过去中国人很少知晓的帕劳等国都因中国游客"爆满"而感到接待困难。大量中国人出游，由于对目的地国家的礼仪、生活习惯、禁忌不了解，闹出很多笑话。也有个别"有钱""任性"的游客的不文明行为，引起一些国家居民的不满，影响了我国的形象。因此，不论是接待国外游客还是到国外旅游，都必须了解相关国家的基本概况、饮食起居、风俗习惯和禁忌。掌握这些知识，不仅能提高旅游接待人员的接待能力，而且能与各国、各民族保持友好往来，树立我国在国际上的良好形象。目前，与我国旅游往来密切的国家主要分布在五大洲，每个国家的民族、宗教信仰、礼仪习俗各有不同，以下几点是需要我们掌握、理解和记忆的：

第一，宗教信仰对习俗、礼节有很大影响。国家不同、民族不同，如果宗教信仰相同，其习俗、礼节就有许多相近或相同之处。

第二，习俗、礼节与民族、种族有关。同一民族的人虽然生活在不同的国家，但其习俗、礼节往往相似。

第三，语言对习俗、礼节有很大影响。使用同一语种或语言的人，其习俗、礼节往往类似或相同。

第四，习俗、礼节有同化现象。各民族混合居住地区人们的习俗、礼节往往互相仿效、互相融会，逐渐同化。

在学习和了解各国、各民族礼仪时，要根据以上特点去加以概括总结，做到触类旁通。任何礼仪、礼节都是以尊重别人、礼貌待人为基础的，尽管其具体的表现形式不同，但这一点是相通的。

8.1　亚洲主要国家的礼仪与禁忌

亚洲是世界第一大洲，位于东半球，有 40 多个国家和地区。目前，亚洲各国佛教信徒人数最多，其次是伊斯兰教，也有一部分人信奉基督教。亚洲地区的主要国家日本、韩国、印度、泰国、新加坡、菲律宾、马来西亚、越南、缅甸、印度尼西亚等都是来华游客多、接待中国游客更多的国家。历史上，亚洲国家之间交往频繁，关系密切，因此相互间影响很大，各民族的文化风俗、礼仪、禁忌有相近之处。

8.1.1　日本

1）简介

日本是亚洲最东部的一个群岛国家，面积 37.8 万平方千米，人口约 1.26 亿，是世界人口密度最大的国家之一。民族主要是大和族，仅在北海道有 2 万多阿伊努族人；居民主要信奉神道教和佛教，少数信奉基督教和天主教；首都东京，国歌为《君之代》，国花为樱花，日语为国语，货币名称为日元。1972 年 9 月 29 日同中国建交。日本原是中国的主要客源国，现在已成为中国游客出游的主要目的地之一。携程网数据显示，2014 年赴日本旅游的中国游客人数同比增长接近200%。2015 年春节期间，大量中国游客的"爆买"形成了日本的"购物狂潮"，对个人消费长期萎靡不振的日本而言，大大提振了其经济，有的酒店房价涨到平时的 3 倍，中国游客被日本媒体称为"救世主"。2018 年中国大陆赴日游客同比增长 13.9%，达 838 万人，消费总额居各国首位。

2）礼貌礼节

日本是一个注重礼仪的国家。见面一般都互致问候，脱帽鞠躬，表情诚恳、亲切。初次见面互相鞠躬，交换名片，一般不握手。见面时常说"拜托您了""请多关照"等。日本人一般不用香烟待客，客人如要吸烟，应先征得主人的同意。"不给别人添麻烦"是日本人的生活准则。在公共场所很少有人大声喧哗或吵闹。在一般场合，日本人谈话声音很轻，很少大笑，特别是女性，即使是遇到很高兴的事往往也是用手掩嘴轻轻微笑，否则就被认为是失态、缺乏教养。日本人注重衣着，平时总是穿得大方整洁。在正式场合，一般穿和服和西装。即使在一般场合，穿背心或赤脚也是失礼的。

3）饮食习惯

日本人早餐喜欢喝热牛奶、吃面包和稀饭等。午餐和晚餐吃米饭，副食品主要是蔬菜和海鲜。日本人爱吃鱼，有吃生鱼片的习惯。每逢喜事，日本人爱吃红豆饭，不加任何调料，只在碗里撒一些芝麻盐，清香适口。"便当"和"寿司"在日本是最受欢迎的两种传统方便食品。"便当"就是盒饭；"寿司"是人们在逢年过节时才吃的"四喜饭"，一般用米饭团配海鲜、紫菜、蔬菜或水果制成。

日本人喜欢吃清淡、味鲜带甜的菜肴，喜欢吃中国的广东菜、北京菜、上海菜，喜欢喝中国的绍兴酒、茅台酒等。

4）禁忌

（1）送礼时，忌送玻璃、陶瓷等易碎物品和梳子，因为梳子日语的发音与"苦死"相同；也不要将有狐狸、獾、菊花等图案的物品送人。交往中，严禁用4、6、9、42等不吉利的数字或赠送带有这些数字的礼品。

（2）忌绿色，认为是不祥之兆，也不喜欢紫色。

（3）忌荷花图案，认为是妖花。

（4）讨厌金银眼的猫，认为看到这种猫的人要倒霉。

（5）不吃动物内脏，忌讳将饭盛得过满，忌"八筷"，即用筷时不可舔筷、迷筷、移筷、扭筷、剔筷、插筷、跨筷、掏筷。

（6）对老人忌用"老"之类的词语，对残疾人忌用"残疾"之类的词语。

5）主要旅游城市和景点

日本特殊的地理环境和悠久的民族文化造就了丰富的旅游资源，最具代表性的是冬季冰雪、火山温泉和樱花。浅草寺、富士山、屋久岛、严岛神社是著名的旅游景点。松岛（其中"长命穴"景观已在2011年大地震中被摧毁）、宫岛、天桥立是日本的三大绝景。东京、京都、大阪、冲绳、北海道、名古屋、札幌、福冈、静冈、长崎是重要的旅游城市。

学习微平台

延伸阅读8-1

同步思考8-1

问题：日本的"七五三"是什么节？

理解要点：每年11月15日，3岁和5岁的男孩儿、3岁和7岁的女孩儿都要穿上鲜艳的和服去参拜神社，以此保佑他们在成长的道路上一帆风顺。日本人认为奇数是吉利的数字，故从中选了这三个年龄，并称为"七五三"节。

资料来源 佚名. 日本重要节日与各大祭典活动内容［EB/OL］.［2019-02-03］. http：//www.doc88.com/p-7078337359108.html.

8.1.2 韩国

1）简介

韩国位于亚洲东北部、朝鲜半岛南部，与我国山东半岛隔海相望，面积10.329万平方千米，人口约5 200万，全国为单一的朝鲜民族；通用朝鲜语；居民多信奉佛教和基督教；首都首尔（旧称汉城）；国歌为《爱国歌》；国花为木槿花；货币名称为韩元。1992 年 8 月 24 日同中国建交。韩国也是我国的主要客源国，现在也成了中国游客蜂拥而去的旅游目的地。韩国流行娱乐在亚洲各国颇具影响力，包括韩国电影、电视剧、歌曲甚至服饰等，称为韩流。2014 年中国赴韩旅游人数同比增长超过 200%，全年突破 600 万人次。单 2015 年春节期间就有 13 万中国游客去韩国。首尔的各大百货商店销售额大幅上升。在韩国，从大公司高管到小摊贩，为了接待中国游客，都在突击学习中文。然而在 2017 年，韩国政府执意部署"萨德"，使得中韩关系持续遇冷，中国游客赴韩热情锐减。

2）礼貌礼节

韩国人讲究礼貌，待客热情。晚辈见长辈、下级见上级规矩很多：握手时，应把左手轻置于右手腕处，躬身相握，以示恭敬；与长辈同坐时，要挺胸端坐。若想抽烟，需征求在场的长辈同意。在公共场所不大声说话，颇为稳重有礼。

在韩国，重男轻女现象较严重，日常见面时，女士先向男士行鞠躬礼，致意问候。男女同坐时，男士位于上座，女士则位于下座。

如应邀去韩国人家里做客，按习惯要带一束鲜花或一份小礼物，并用双手奉上。进入室内时，将鞋子脱下留在门口是不可疏忽的礼仪。

3）饮食习惯

韩国人的主食为米饭，爱吃辣椒、泡菜。酱是韩国各种菜汤的基本佐料。韩国人喜欢吃牛肉、精猪肉、鸡和海味，不爱吃羊肉、鸭和肥猪肉；最爱吃的是"炖汤"，用辣椒酱配以豆腐、鱼片、泡菜或其他肉类和蔬菜等烹制而成。此外，韩国人也爱吃用腊肉调成的生拌凉菜。

4）禁忌

韩国人忌讳的数字是"4"。"4"在朝鲜语中的发音、拼音与"死"字完全相同，许多楼房的编号严忌"4"，军队、医院、餐馆等也不用"4"编号。在饮茶或饮酒时，主人总是以 1、2、5、7 的数字来敬酒、布茶。

韩国人不以食品作为礼物。同韩国人交谈，要避免议论有关社会政治等方面的话题，也不要批评他们的政府。男子不要询问女子的年龄及婚姻状况。

5）主要旅游城市和景点

韩国的旅游资源丰富且有特色，著名的旅游景点有明洞、首尔塔、景福宫、济州岛泰迪熊博物馆、牛岛、北村韩屋村、甘川文化村等。景福宫素有韩国故宫之称，是韩剧迷必打卡之地；济州岛泰迪熊博物馆是全世界最大的泰迪熊博物馆；五彩斑斓的甘川文化村则被称为韩版"圣托里尼"。首尔、庆州、釜山是重要的旅游城市。

同步资料 8-1

韩国人的聚会文化变了

韩国人以前的聚会很多，企业的、亲朋好友的都有，而且每次聚会都要吃饭、喝酒，然后再去唱卡拉 OK，甚至一晚要有"首轮、二轮、三轮"的聚会。

不少男士夜夜笙歌、不醉不归。

自2016年实施《金英兰法》（堪比我国的"八项规定"）后，情况有了很大变化：公司聚会，大家吃完饭就各自回家，甚至干脆把聚会放在中午，不再像从前那样"没完没了"。另外，2018年年初席卷整个韩国社会的"Me too"运动（女性大胆揭露性骚扰），也使不少企业或男士怕冒犯女职员、女同事，尽量少组织聚会，简化宴会内容。韩国2018年7月开始实行"52小时工作制"，严格限制员工加班，也使聚会"精简"不少。现在韩国聚会，吃完饭就回家，或者"9点之前结束"成了常态，受到上班族的欢迎，他们多了属于自己的业余时间。

资料来源　作者根据《环球时报》的相关报道编写．

8.1.3　印度

1）简介

印度是南亚次大陆的大国，面积298万平方千米，人口14.07亿（截至2022年8月），列世界第二位。居民大多信奉印度教，其次为伊斯兰教、基督教、锡克教和佛教等；首都新德里；国歌为《人民的意志》；国花为莲花；印地语为国语，英语为官方语言；货币名称为卢比。1950年4月1日同中国建交。近年来，中印两国交往频繁。2014年中国国家主席习近平应印度总理莫迪的邀请访问印度，进一步增进了两国的友谊。近年来，到印度旅游的中国人越来越多。

2）礼貌礼节

印度是一个东西方文化共存的国家，有的印度人见到外国人会用英语问候"hello"，有的则用传统的佛教手势——双手合十。男人相见或分别时，有时也握手，但不能和印度妇女握手。晚辈为表示对长辈的尊敬，常在行礼时弯腰摸长者的脚。妻子送丈夫出远门，最高的礼节是摸脚跟和吻脚。

印度人迎接贵客时，主人常献上花环，套在客人的颈上。花环的大小、长短视客人的身份而定。献给贵宾的花环既粗又长，超过膝盖；给一般客人的花环仅及胸前。

印度人如同意对方的意见并非点头称是，而是将头向左摆动；不同意则点头，这一点与各国显著不同。

3）饮食习惯

印度人以米饭为主食，也喜欢吃印度烙饼。副食有鸡、鸭、鱼、虾、蛋及蔬菜。印度人特别爱吃马铃薯（土豆），认为它是菜中佳品。印度人口味清淡，不喜油腻，不吃菇类、笋类及木耳。咖喱是饭菜离不开的调料。印度人素食者较多，等级越高，食荤越少。

4）禁忌

印度教徒奉牛为神圣之物，忌食牛肉。一般人忌穿牛皮鞋和使用牛皮箱。信奉伊斯兰教的印度人不吃猪肉。

印度人忌用澡盆给孩子洗澡，认为那是"死水"，是不人道的行为。

印度人不喜欢龟和鹤的图案。

印度人崇拜蛇，认为杀蛇是触犯神明的行为。

5）主要旅游城市和景点

印度是一个充满神秘色彩的国度，历史文物古迹尤为丰富。著名的旅游景点有泰姬陵、阿格拉红堡、桑吉佛教古迹、克久拉霍古迹、风之宫殿、金庙、琥珀堡、贾玛清真寺、埃洛拉石窟、阿旃陀石窟、恒河等。泰姬陵被誉为"完美建筑"，马克·吐温说："爱情的力量在这里震撼了所有的人。"泰戈尔说："泰姬陵是永恒面颊上的一滴眼泪。"新德里、斋普尔、马德拉斯、孟买是重要的旅游城市。

同步思考 8-2

问题： 印度妇女在两眉中间涂饰彩色的圆点有什么意义？

理解要点： 许多印度妇女在她们的额部靠近两眉中间涂饰一个彩色的圆点，印度人称为"贡姆贡姆"，我国称为"吉祥痣"。在印度教里，"吉祥痣"表示女子的婚嫁状况，现在已成为印度女士美容化妆的组成部分。其颜色以红色居多，但亦有黄、绿、紫等色，视衣着和肤色而定。

8.1.4　泰国

1）简介

泰国位于亚洲中南半岛中部，盛产大象，尤以白象最为珍贵，泰国人敬之如神，故泰国有"白象国"之称。泰国国土面积 51.30 万平方千米，人口 6 617 万（截至 2020 年）；佛教为国教；僧人身穿黄衣，故泰国又有"黄衣国"之称；首都曼谷；国花为金链花；泰语为国语；货币名称为泰铢。1975 年 7 月 1 日同我国建交。泰国、马来西亚、新加坡是我国游客最早出境游目的地，多年来热度不减。2014 年我国到泰国旅游的人数同比增长超过 200%。2018 年中国大陆游客赴泰旅游人数达到 1 035 万人次，创历史新高。

2）礼貌礼节

泰国人见面时不握手，而是双手合十为礼。双手抬得越高，越表示对客人的尊重。如晚辈向长辈行礼，要双手合十举过前额，长辈合十回礼时双手不必高过前胸。泰国人一般用名字来称呼对方，如"建国先生""秀兰女士"等。

在泰国，如有长辈在座，晚辈只能坐在地上，或者蹲跪，以免高于长辈头部，否则被视为对长辈极大的不尊。给长者递东西必须用双手；给一般人递东西要用右手；如不得已用左手时，要说一声"请原谅，左手"。

3）饮食习惯

泰国人的主食为大米，副食主要是鱼和蔬菜。早餐多吃西餐，午餐和晚餐爱吃中国的广东菜和四川菜。泰国人特别爱吃辣椒，不喜欢酱油，不爱吃牛肉和红烧的菜肴，也不习惯放糖。泰国人特别喜欢喝啤酒，也爱喝白兰地兑苏打水；喝咖啡、红茶时，喜欢搭配小蛋糕和小点心；饭后有吃苹果、鸭梨等习惯，但不吃香蕉。

4）禁忌

泰国人睡觉时忌头向西方，因为日落西方象征死亡。

泰国人忌用手触摸头部，认为头颅是智慧所在，神圣不可侵犯。

泰国人忌踩踏房屋的门槛，认为门槛下住着善神。

买佛饰时，忌用购买之类的词语，而必须用"求租"或"请"之类的尊敬词语。

严禁用左手与别人相握，并忌讳用左手传递东西。

脚被认为是低下的，忌把脚伸到别人面前。就座时，最忌跷腿，把鞋底对着别人被认为是把别人踩在脚底下，是一种侮辱性的举止。

忌用红笔签名，因为人死后用红笔将其姓氏写在棺木上。

5）主要旅游城市和景点

浓郁的佛教文化和绮丽的热带风光让泰国充满了诱人的魅力。极具当地风情的舞蹈和人妖表演展现出浓郁的泰国特色。著名的旅游景点有普吉岛、苏梅岛、大王宫、玉佛寺、卧佛寺、金佛寺、国家博物馆、北榄鳄鱼湖动物园等。曼谷、清迈、佛统、芭提雅是主要的旅游城市，芭提雅被誉为"东方夏威夷"。

8.1.5 新加坡

1）简介

新加坡是马来半岛南端的小国，面积 728.6 平方千米，风景优美，气候宜人，有"花园城市"之称；人口 568.6 万（截至 2021 年 8 月），华人占 3/4，其余为马来西亚人、印度人、巴基斯坦人、斯里兰卡人和欧洲人；首都新加坡；国歌为《前进吧，新加坡！》；国花为兰花；马来语为国语，英语、华语、泰米尔语为官方语言；货币名称为新加坡元。1990 年 10 月 3 日同我国建交。新加坡自独立后就是中国游客热衷的旅游目的地，也是中国游客前往西亚、南亚、欧洲旅游的中转地。2019 年，中国赴新加坡游客超 360 万人次，以年均 6.1% 的增速连续 3 年蝉联新加坡"最大入境客源国"榜首。

2）礼貌礼节

新加坡人十分讲究礼貌礼节。他们的礼貌口号是"真诚微笑"，生活信条是"人人讲礼貌，生活更美好"。在新加坡，华人见面时作揖、鞠躬或握手。印度裔仍保持印度的礼节和习俗，马来西亚、巴基斯坦裔则按伊斯兰教的礼节行事。新加坡人崇尚尊老敬贤，父母或长辈讲话时不能插嘴。

3）饮食习惯

新加坡人的主食为米饭、包子，不吃馒头。副食主要为鱼、虾等海鲜，如炒鱼片、炒虾仁等。不信佛教的人喜欢吃咖喱牛肉。新加坡人爱吃桃子、荔枝、梨等水果；下午爱吃点心；早餐喜欢吃西餐，午餐和晚餐偏爱中国的广东菜。

4）禁忌

新加坡人忌讳黑色和紫色；忌用宗教词句和象征性标志。

数字上忌讳 4、7、8、13、37 和 69。

忌乌龟图案，认为乌龟是不祥的动物。

忌说"恭喜发财"之类的话，认为有教唆他人发"横财"和"不义之财"的意思。

大年初一忌扫地，认为这一天扫地会把好运气扫走。

5）主要旅游景点

新加坡是一个城邦国家，自然和人文旅游资源并不丰富，然而新加坡基础设施完善，城市环境优美，会务旅游和购物旅游十分发达。主要旅游景点有鱼尾狮像、圣淘沙岛、新加坡动物园、新加坡植物园、牛车水、天福宫、武吉知马天然保护区、裕廊飞禽公园、龟屿等。

8.1.6 印度尼西亚

1）简介

印度尼西亚位于亚洲东南部，地跨赤道，面积近 191.4 万平方千米，由 17 508 个大小岛屿组成，有"千岛之国"之称；人口 2.62 亿（截至 2020 年 9 月），有数百个民族，爪哇族占总人口的 45%；全国 87% 的居民信奉伊斯兰教，是世界上穆斯林最多的国家，其余信奉基督教、天主教、印度教、佛教及原始拜物教；首都雅加达；国歌为《伟大的印度尼西亚》；国花为白茉莉；印度尼西亚语为国语，英语是第二大语言；货币名称为卢比。1950 年 4 月 13 日同中国建交。印度尼西亚的热带海洋风光使其成为中国游客向往的旅游目的地，近年来到印度尼西亚旅游的中国人越来越多，两国政界、商界的交往也越来越频繁。中国是巴厘岛最大的外国游客来源地。

2）礼貌礼节

与印度尼西亚人见面时可以握手，也可以点头示意。宾主初次见面一般要交换名片。

印度尼西亚人懂礼貌、重深交、讲旧情，老朋友在一起可以推心置腹，但绝不讲别人的坏话。

印度尼西亚人十分尊重老人和妇女，遇到行动不便的长者时都能主动上前搀扶。

由于多数人信奉伊斯兰教，在递送物品时，都要用右手而不能用左手，也不用双手。

3）饮食习惯

印度尼西亚人爱吃米饭，喜欢用香蕉叶或棕榈叶把大米或糯米包成菱形蒸熟后吃，称为"克杜巴"。印度尼西亚是一个盛产香料的国家，制作菜肴喜欢放各种香料，喜欢吃"沙嗲""登登""咖喱"等；印度尼西亚风味小吃种类很多，主要有煎香蕉、糯米团、鱼肉丸及各种烤制糕点。印度尼西亚人还喜欢吃凉拌什锦菜和什锦黄饭。印度尼西亚人视黄色为吉祥的象征，故黄米饭是印度尼西亚婚礼和祭祀上必不可少的礼饭。印度尼西亚人吃饭用勺和叉子，有时也喜欢用手抓饭。

4）禁忌

信仰伊斯兰教的印度尼西亚人忌食猪肉，忌饮烈性酒，也不吃带骨、带汁的菜和鱼肚等。

爪哇人忌夜间吹口哨，认为会招来游荡的幽灵或挨打。

在印度尼西亚人家里切莫抚摸小孩儿的头，否则对方一定会翻脸。

印度尼西亚人忌讳乌龟，认为乌龟给人以"丑陋""污辱"等极坏的印象。

5）主要旅游城市和景点

印度尼西亚古老的宗教庙宇与现代都市景观并存，风格独特。著名的旅游景点有巴厘岛、苏门答腊热带雨林、乌戎库隆国家公园、婆罗浮屠寺庙群、巴兰班南、科莫多国家公园、洛伦茨国家公园等。雅加达、泗水、万隆、日惹是主要的旅游城市。

8.1.7 菲律宾

1）简介

菲律宾位于太平洋西部，面积29.97万平方千米，人口1.02亿（截至2019年11月），主要民族是马来族，占总人口的85%以上，华裔菲籍人口50多万；大多数人信奉天主教，少数人信奉伊斯兰教；首都马尼拉；国歌为《菲律宾民族进行曲》；国花是被称为"桑巴吉塔"的茉莉花；菲律宾语（原称他加禄语）为国语，英语为通用语言；货币名称为菲律宾比索。1975年6月9日同中国建交。中国是菲律宾第二大游客来源地。

2）礼貌礼节

菲律宾人日常见面无论男女都握手，男人之间有时也拍肩膀。菲律宾人十分尊重妇女与老人。遇见长辈时，要吻长辈的手背，或者拿起长者的右手碰自己的前额，以示尊敬。若有长辈在场，不能将双脚交叉跷起或分开。若有女子在座，男子更要稳重规矩。菲律宾人热情好客，常把茉莉花串成花环套在宾客的脖子上，以示尊敬。

3）饮食习惯

菲律宾人的主食是大米和玉米，副食主要是肉类、海鲜和蔬菜。其口味特点是：烹调受西班牙菜的影响，使用香辣调味品颇多。菲律宾人最喜欢喝啤酒。

4）禁忌

菲律宾人忌讳"13"，认为"13"是凶神，是厄运和灾难的象征。

菲律宾人忌用左手取食或传递物品。

菲律宾马来族人忌用手摸他们的头部和背部，认为触摸头部不尊敬，触摸背部会给人带来噩运。

颜色上忌茶色和红色。

忌谈政治、宗教等敏感性话题。

5）主要旅游城市和景点

菲律宾是一个迷人的热带岛国，东西文化在此交融。著名的旅游景点有巴纳韦高山梯田、塔加泰伊避暑胜地、长滩岛、巴洛克式教堂群、维甘历史古城、巴拉盖岛、巴拉望岛、马荣火山、百胜滩等。马尼拉、宿务、碧瑶、巴拉盖是主要的旅游城市。

8.1.8 马来西亚

1）简介

马来西亚位于亚洲东南部，地处太平洋和印度洋的交汇处，国土被南海分隔成东、西两部分，面积 33.0257 万平方千米，人口 3 275 万（截至 2021 年 2 月）。马来西亚是个多民族国家，马来族占 69.3%，华裔占 22.8%，印度裔占 6.9%。官方语言是马来语，英语和汉语为通用语言。国教为伊斯兰教，首都吉隆坡，国歌为《我的祖国》，国花是扶桑；货币是马来西亚令吉。自 2016 年 3 月 1 日起，马来西亚对中国大陆公民推出电子签证与免签政策。

2）礼貌礼节

马来西亚人见面时的传统礼节是用双手握住对方的双手互相摩擦，然后将右手往胸口处点一点，现在普遍的见面礼节是西式的握手礼。男子对不相熟的女士不可以随便伸手要求握手，应该向女子行点头礼或鞠躬礼。切勿以食指指人。

因为马来西亚人一般都是用右手抓饭吃，所以在马来西亚餐厅，餐桌上通常会摆放几碗水，供就餐者洗手，虽然饭前洗过手，但在进餐时，也习惯地把手指放进碗里洗一下。现在，这一习俗有所改变，已有很多人使用刀叉或筷子。

马来西亚人顺从和尊重父母，坐在父母面前时，不得叉开双腿，不得跷二郎腿。到马来西亚人家里拜访时，要注意避开穆斯林祷告的时间，必须衣冠整齐。在进门前，除非主人允许，都需要脱鞋。如果主人安排坐在地板的垫子上，男性应盘腿而坐，女性则应把腿偏向左边而坐，不得伸直腿。

3）饮食习惯

马来西亚人饮食以米饭、糯米糕点、椰浆、咖啡为主，常用的佐餐调料是辣椒和咖喱，风味食物以沙嗲（烤牛肉、羊肉、鸡肉串）尤为出名。桑粑（将虾发酵后做成虾酱，拌上辣椒，放在石臼里捣碎，浇上酸橙汁使之略带药味）、酸对虾、椰浆饭（把米浸泡在椰浆里后，再煮成饭，还可以加入不同的调料和佐料）、罗惹（混合了蔬菜、水果、油条，掺以甜酸辣味酱料的本地沙拉）、叻沙（混合了多种食材和调味的面食料理）、肉骨茶等都是马来西亚著名的家常美食。马来人平时也爱嚼槟榔。

4）禁忌

马来西亚人多为穆斯林，禁酒、禁食猪肉和贝壳类等食物，斋月期间，必须斋戒。视左手为不洁，忌用左手吃东西、打招呼、握手、递接物品。忌讳触摸别人头部，忌讳把脚底展露在他人面前，这是对别人的侮辱。忌讳触摸别人背部，这被认为会给别人带来噩运。不要问马来西亚人的年龄，会被视为不礼貌。马来西亚并不禁止一夫多妻制，所以不要随意谈论他人家庭。

5）旅游度假区和主要景点

马来西亚旅游资源丰富，全国分为 4 个旅游度假区，即吉隆坡−马六甲旅游区、东部海岸旅游区、槟榔屿−兰卡威旅游区、沙巴−沙捞越旅游区。著名的自然旅游景点有大汉山国家公园、基纳巴卢国家公园、巴科国家公园、姆鲁国家公园、尼亚国家公园、邦咯岛、黑风洞、云顶高原等。人文资源以独特的民族文化、神秘的宗教文化为特色，如国家清真寺、国家博物馆、国家皇宫、青云寺、蛇庙、极乐寺等。

8.1.9 越南

1）简介

越南位于中南半岛东部，北部与中国接壤。面积约33万平方千米，人口9 734万（截至2020年年底），有54个民族，京族是越南的主体民族，占越南总人口的86%。官方语言为越南语，法语比较通行；首都河内，国花为莲花，国歌为《进军歌》，货币为越南盾；宗教众多，其中天主教和佛教影响最大。越南是中国公民出境旅游的主要目的地国之一。

2）礼貌礼节

越南文化2 000年来深受中国文化的熏陶，也受到法国文化和美国文化的影响。越南人重视"仁"与"和"。越南人说话声音较小，温文尔雅。他们尊老爱幼，注重孝道；尊崇死去的先人，平时忌说祖、父辈名字；对长辈、上司、客人说话时，头微低，目光向下，不直视。

越南人很好客，喜用酒、肉招待朋友。见面通行握手礼，说话要先称呼对方。越南人的姓名多数由3个字组成，不能连名带姓称呼他人，只称呼名字的最后一个字，且在其后加上表示辈分的称呼，如叔、伯、兄、弟等。他们自称时不用"我"，而是用弟、妹、侄之类的谦词。家庭、工作、收入、子女等被西方人看做隐私的内容，常是越南人聊天的话题。

3）饮食习惯

越南人的饮食较清淡，以水煮、煎炸、烧烤为主。他们吃饭用筷子，喜吃生冷酸辣食物，主食以大米为主。各种腌制的黄瓜、茄子、卷心菜等是一日三餐的必备食品。尤其喜用鲜鱼加工成"鱼露"，这是越南最大民族京族日常生活中不可缺少的调料。将空心菜、生菜、绿豆芽、香菜、薄荷等，蘸着鱼露、醋或鲜柠檬汁食用。

4）禁忌

越南人忌讳三人合影，不能用一根火柴或打火机连续给三个人点烟。忌讳用脚指物，或把脚掌对着别人，认为这是污辱人的表现。忌讳拍别人的肩膀或用手指着人大声叫嚷。进屋须脱鞋，否则被认为是看不起主人。越南生意人十分重视开门第一笔生意顺利与否，可以还价，但不能还了价不买，越南人认为这样会影响卖家一天的生意。

5）主要旅游城市和景点

越南旅游资源丰富，融合了东方神秘色彩和法国浪漫风情。著名的旅游景点有会安古镇、山茶半岛、下龙湾、美山圣地、美奈渔村、丰芽·格邦国家公园等。主要旅游城市有河内市、胡志明市、古都顺化、岘港、芽庄、大叻。

8.1.10 缅甸

1）简介

缅甸位于亚洲东南部，其北部和东北部与中国西藏和云南接壤，面积67.6578万平方千米，人口5 458万（截至2020年4月）。首都内比都，国歌为《世界不灭》，货币为缅币，官方语言为缅甸语，国树是柚木，国鸟是绿孔雀，主要宗教是上座部佛教，85%以上的缅甸人信仰佛教。

2）礼貌礼节

缅甸是个佛教国度，民风淳朴。不论何人进入佛塔或寺庙必须脱鞋、脱袜。当地人视乌鸦为"神鸟"，对其倍加爱护。他们对牛也敬若神明，在闹市遇上"神牛"，行人和车辆都要回避让路。

缅甸人有"男右女左"的习俗，"右为贵，左为贱"。在吃饭时，需按照男右女左的习俗入座。

缅甸人有名无姓，通常在自己的名字前面加一冠词，以示性别、年龄、身份和地位。缅甸妇女不论已婚与否，一般在名字前加"玛"，表示谦虚。

3）饮食习惯

缅甸人以大米为主食，喜食咖喱。因濒海多河，海鲜是常见的食材。缅甸菜肴的特点是酸、辣、清淡，喜欢腌制酸笋，和其他蔬菜、肉类混炒。常用各种幼果、鲜菜嫩叶制作小菜，蘸佐料吃。缅甸人还喜欢用水果做菜，如将芒果片中拌入虾米松、黄豆粉、虾酱油、洋葱头和辣椒籽，口味酸、辣、咸、鲜。

4）禁忌

缅甸人视太阳升起的东方为吉祥的方向，也是释迦牟尼成佛的方向，西方是死神居住的地方，所以睡觉绝对不能头朝西。

缅甸人把东面和南面称为头顶部，把西面和北面称为脚尾部。长者、尊者的座位在头顶部，晚辈的座位在脚尾部。

缅甸女子穿的筒裙（缅语称"特敏"）被视为不吉祥之物，男子忌讳在晾晒的筒裙下穿行。到寺庙朝拜的信女，不得登攀塔座，只能跪在塔下瞻拜。

缅甸人忌讳9、13和尾数是零的"补"数（10、20、30、40、50、60、70、80、90）等数字，零即为输，也忌讳"9"人共同远行，认为"9"人同行必有灾祸。

5）主要旅游城市和景点

古老的寺庙、神秘的洞穴和醉人的落日让缅甸充满了神秘的色彩。著名的旅游景点有仰光大金塔、金岩石宝塔、宾德亚石窟、卡拉威宫、茵莱湖、纳帕里海滩、乌本桥、若开邦遗址等，著名的旅游城市有仰光、曼德勒、蒲甘、眉苗。

同步案例 8-1

尊重礼仪　注意禁忌

背景与情境： 在泰国旅游，要特别尊重本地礼仪，注意不要触犯禁忌。比如，在海滨旅游城市芭提雅旅游时，可以穿休闲服装。游览曼谷大皇宫时，一定要穿正装，不能穿休闲服、短裙、凉鞋，否则就会被拒绝入内参观，带来尴尬和不快。

问题： 这是为什么？

分析提示： 本书第 2 章曾经讲过，穿着打扮要注意国际通用的 TPO 原则，要顾及时间、地点、场合并与之相适应。

泰国的芭提雅是一个"海上乐园"，是闻名世界的旅游胜地，有"东方夏威夷"之称，一般游客穿舒适的休闲装是得体的。曼谷大皇宫则是庄严的场所，理应尊重礼仪和禁忌，穿得正规些。

8.2　美洲、大洋洲主要国家的礼仪与禁忌

美洲地区的美国、加拿大、墨西哥、巴西等国，大多信奉基督新教或天主教，饮食以西餐为主，比较讲究食品的营养和卫生。美国是世界第一旅游大国，是中国的第二大客源国。大洋洲是世界第七大洲，包括澳大利亚、新西兰等国家，岛屿众多。澳大利亚拥有世界珍稀动物袋鼠、鸵鸟、鸭嘴兽和黑天鹅。

8.2.1　美国

1）简介

美国的全称是美利坚合众国，位于北美洲中部，面积937.26万平方千米，人口3.33亿（截至2021年2月）。美国是一个多民族的移民国家，80%以上是欧洲移民的后裔，12.1%为非洲裔，还有墨西哥人、阿拉伯人、印第安人和华人，有"民族熔炉"之称；50%的居民信奉基督新教和天主教，其他人多信奉犹太教和东正教；首都华盛顿；国歌为《星光灿烂的旗帜》；国花为玫瑰花；英语为国语；货币名称为美元。1979年1月1日同中国建交。美国人来华旅游的很多，近年来中国赴美国留学的学生较多，去旅游的人更多。2014年美国放宽了入境签证的条件，2015年春节中国赴美旅游人数同比增长200%。中美成为游客互访最多的两大国家。

2）礼貌礼节

美国人举止大方，以不拘礼节著称。初次见面时，常直呼对方的名字，不一定以握手为礼。有时只是笑一笑，说一声"Hey"或"Hello"。在分手时也不一定跟人道别或握手，而是向大家挥挥手，或者说声"See you tomorrow""Bye"。

美国人讲话时礼貌用语很多，如"Sorry""Excuse me""Thank you""Please"等，显得很有教养。美国人崇尚"Lady first"，在社会生活中"女士优先"是文明礼貌的体现。美国人喜好并善于写信，他们在接到礼物、应邀参加宴会、得到朋友的帮助时，都要写信致谢，显得很有礼貌。

3）饮食习惯

美国人的口味特点是咸中带甜，喜欢清淡，多数吃西餐，也爱吃中国的川菜和粤菜，还喜欢吃中国北方的甜面酱和南方的蚝油、海鲜酱等。美国人喜爱的中国菜品有糖醋鱼、咕咾肉、炸牛排、炸仔鸡、炸鱼、拔丝苹果等。美国人爱喝冰水、矿泉水、可口可乐、啤酒等，平时把威士忌、白兰地等酒类当茶喝。

4）禁忌

美国人对"13"这个数字最为忌讳；讨厌蝙蝠，认为是凶神恶煞的象征；也忌讳黑色的猫，认为黑色的猫会给人带来厄运。

美国人忌讳穿着睡衣出门或会客，因为他们认为穿睡衣会客等于没有穿衣

服，是一种没有礼貌的行为。

美国人十分重视隐私权，最忌讳打听别人的私事。

5）主要旅游城市和景点

美国的旅游资源丰富多样，自然风光瑰丽旖旎，民族文化兼容并蓄。著名的旅游景点有夏威夷群岛、尼亚加拉大瀑布、黄石国家公园、大峡谷国家公园、大都会艺术博物馆、自由女神像、白宫、洛杉矶迪士尼乐园、环球影城等。华盛顿、纽约、洛杉矶、拉斯维加斯是主要的旅游城市。拉斯维加斯有"世界娱乐之都"和"结婚之都"的美称。

同步思考8-3

问题： 为什么把美国称为"Uncle Sam"？

理解要点："山姆大叔"成为美国的绰号，要追溯到19世纪初美英第二次战争的时候。一位名叫山姆·威尔逊的肉类罐头厂老板是纽约州特罗伊城一位可信赖的公民，以诚实、见识广和幽默而闻名，朋友们都称他为"山姆大叔"。

战争开始的时候，山姆既向部队提供肉食，又是一个政治活动家，成为特罗伊地区军队食品供应的检察官。战争开始不久，一批政府官员访问了特罗伊城的威尔逊工厂。有位官员向一个工人打听，肉罐头上"U.S."两个字母代表什么？实际上它指的是美利坚合众国，由于"大叔"（uncle）和"山姆"（Sam）两个英文单词的第一个字母也是"U"和"S"，于是大家开玩笑说，"U.S."这两个缩写字母代表他们的老板山姆·威尔逊。就这样，"山姆大叔"便成了美利坚合众国的绰号。

19世纪末，由于美国著名漫画家们的努力，"山姆大叔"被描绘成一个有山羊胡子的瘦长老人。这样，"山姆大叔"便成了这个国家的象征。

同步案例8-2

让座招来恼怒

背景与情境： 上海某游学团到美国纽约参观游览时发生了一件因让座招来恼怒的事。女生们乘坐城市公交车时，很多人都有座位，还得到美国人投来的友好目光。中途上来一位60多岁的先生，几位女同学连忙站起来让座。这位先生非常礼貌地向女生们问好，并请所有给他让座的女生们就座。其中有一位女生坚持让这位先生就座，没想到这位先生非但不坐，而且有些恼怒了。这位女生想不通，为什么会这样？

问题： 你能帮这位女生解开这个疑问吗？

分析提示： 礼仪具有差异性或适应性。女学生的做法在中国是应该被赞美的，但在美国人看来是不可接受的。美国人同西方许多国家的人一样，奉行的是"女士优先"的礼仪原则。"女士优先"的原则要求尊重、照顾、体谅、关心、保护女士，而且对所有的女士都要一视同仁，因为他们将女士视为"人类的母亲"。对女士处处给予优惠，就是对"人类的母亲"表达感恩之情。如果女士向男士让座，在男士看来，这无疑是对自己的人格侮辱。

8.2.2　加拿大

1）简介

加拿大位于北美洲北半部，面积998万平方千米，人口3 813万（截至2021年6月），大部分是欧洲英、法等国移民的后裔。居民大部分信奉天主教与基督新教，首都渥太华，国歌为《啊，加拿大》，国花为糖槭树花，英语和法语为官方语言，货币名称为加拿大元。1970年10月13日同中国建交。加拿大与中国于2015年3月8日签订了有效期最长为10年的旅游签证协议，是西方第一个与中国签订这样协议的国家。加拿大是中国游客青睐的目的地，也是中国移民较多的国家。

2）礼貌礼节

加拿大人相见和分别时通常要握手。加拿大人讲究实事求是，与他们交往不必过于自谦，不然会被误认为虚伪无能。加拿大人热情好客，讲究礼貌，遵守时间。交往中，他们的衣着、待人接物都比较正统。公务时间加拿大人很注意个人仪表与卫生，因此他们希望所遇到的客人也能如此。如果被邀请到加拿大人家里做客，送点鲜花被认为是尊重人的一种礼节。

3）饮食习惯

加拿大人的饮食习惯与英、美、法等国家的人相似，口味偏甜酸，喜欢清淡；爱吃炸鱼虾、煎牛排和羊排、鸡鸭肉等；早餐爱吃西餐，晚餐爱喝果汁、可口可乐、啤酒、威士忌、葡萄酒、香槟等。

4）禁忌

交谈时忌讳谈及死亡、灾难、性等方面的话题，也忌讳对政治问题随便表态。

加拿大人忌食各种动物的内脏，也不爱吃肥肉。

忌送白色的百合花，因为加拿大人只有在葬礼上才使用这种花；一般也不喜欢黑色和紫色。

5）主要旅游城市和景点

加拿大有着多姿多彩的地形地貌和文物古迹。著名的旅游景点有锡格纳尔山、哈利法克斯城堡、多伦多电视塔、卡博特之路、伍德布法罗国家公园、芬迪国家公园、班夫国家公园、尼亚加拉瀑布等。渥太华、多伦多、温哥华、魁北克城、蒙特利尔是主要的旅游城市。9月下旬至10月中旬，在魁北克省和安大略省可以观赏枫叶层林尽染的瑰丽景色。

同步资料8-2

加拿大人的价值观

加拿大人的价值观和生活方式会影响每个新来者。乐观地讲，加拿大是一个民主并充满活力的国家，加拿大人都努力工作以改善他们的生活，大部分人对未来充满信心和希望。

谦让（compromise）和合作（cooperation）：大多数加拿大人都理解谦让的价

值。在一个像加拿大这样人种和文化复杂的社会里，宽容和不计较对大家愉快、和平地生活在一起十分重要。加拿大人性格平和，是最喜欢说"sorry"的国民。

接纳（acceptance）、忍耐（tolerance）和尊重（respect）：大多数加拿大人要求别人公正地对待他们及其家庭，他们也能公正地对待他人，不管他们的种族和文化背景如何。

种族平等：加拿大法律奉行所有种族平等政策。在现实生活中，有些人可能会告诉你加拿大没有种族主义，有些人也许会说加拿大种族主义严重。实际情况可能是介于两者之间。一些加拿大人也许使你感到不受欢迎，但大多数加拿大人是公正的，他们能接纳和尊重所有愿意接纳和尊重别人的人。

雄心（ambition）和坚韧不拔（perseverance）：加拿大人相信一份努力一份回报。加拿大是一个经济稳定的国家，但失业和贫穷仍存在并可能发生在任何人身上。每个人都得为工作而竞争、为成功而努力工作。

个人主义（individualism）：加拿大人相信每个人都得为自己的成功和失败负责。加拿大人允许每个人按其希望的方式生活，只要不影响他人。

资料来源　佚名. 加拿大人的价值观介绍［EB/OL］.［2019-02-03］. http：//liuxue.xdf.cn/news/354958.shtml.

8.2.3　墨西哥

1）简介

墨西哥合众国位于北美洲西南部，面积196.43万平方千米，人口1.26亿（截至2020年），绝大多数是印欧混血人种。89%的居民信奉天主教，3.5%的居民信奉基督新教；首都墨西哥城；国花为仙人掌；西班牙语为官方语言；货币名称为墨西哥比索。1972年2月14日同中国建交。

2）礼貌礼节

墨西哥人以热情好客著称，对老人和妇女十分尊重。平时见面以握手为礼，如遇朋友还要拥抱亲吻。女士之间见面时亲吻一下面颊。在墨西哥，除上层官方人士外，一般都不说英语。因此，如果与墨西哥人交往，能用西班牙语与其交流会被看作是一种礼貌。

3）饮食习惯

墨西哥人口味清淡，喜欢咸中带甜酸味，烹调以煎、炒、炸为主。大多数人吃西餐，也爱吃中国的粤菜。早餐爱喝牛奶、各种水果汁和吃烤面包；爱喝冰水、矿泉水、可口可乐、啤酒、威士忌和白兰地等。

4）禁忌

墨西哥人忌黄色花和红色花，认为黄色花意味着死亡，红色花会给人带来晦气；也忌菊花，认为它是"妖花"，只有在人死后才拿它放在灵前用来祭奠。

墨西哥人忌送手帕和刀剪，因为手帕与眼泪联系在一起，刀剪是友谊破裂的象征。

交谈时，墨西哥人不喜欢听别人说他们受到美国的影响而取得进步，更不喜欢听到别人对墨西哥不平等和贫困的社会状况加以评论。

5）主要旅游城市和景点

玛雅人曾在墨西哥创造出异常灿烂的文明，留下了大量举世闻名的文化遗址。著名的旅游景点有国家宫、查普特佩克森林公园、国家美术宫、墨西哥大教堂、瓜达卢佩圣母堂、奇琴伊察、蝴蝶谷、特奥蒂瓦坎古城等。墨西哥城、坎昆、阿尔普尔科是主要的旅游城市。

8.2.4 巴西

1）简介

巴西位于南美洲东部，东濒大西洋，面积851.49万平方千米，是拉丁美洲面积最大的国家，人口2.1亿（截至2020年）。88.7%的居民信奉天主教；首都巴西利亚；国花为毛蟹爪莲；葡萄牙语为官方语言；货币名称为雷亚尔。1974年8月15日同中国建交。从2017年10月1日起，中国公民能办理往返巴西有效期为5年的签证，可多次入境。巴西正逐步成为中国人出境游的热门目的地。

2）礼貌礼节

洗澡是巴西印第安人生活中的重要内容之一，他们对宾客最尊敬的礼节是请宾客同主人一起跳进河里洗澡，洗澡次数越多，表示越尊贵。这样，一天往往洗澡十多次。

巴西人在接受别人的礼品时，总是当面打开礼品包装，然后致谢，把礼品收下。拿到礼品后，要把包装纸剪掉一点，因为他们认为包装纸是关乎运气的，剪掉一点就不会把别人的好运气带走。

3）饮食习惯

巴西人以欧式西餐为主，也吃中餐；以牛、羊、猪肉和水产品为主，煎、炸、烤、烩的菜较多；爱吃中国的干烧鱼、糖醋鳜鱼、辣子鸡丁、炒里脊、黄瓜尕里脊肉汤；早上喝红茶，面包要现烤；午、晚餐要喝咖啡，喜食甜点，爱吃香蕉，平时爱喝葡萄酒。

4）禁忌

巴西人忌棕黄色，认为是"凶祸"的象征，人死去好比黄叶落下。

巴西人送礼不送手帕，认为会导致吵架。

5）主要旅游城市和景点

巴西的自然条件得天独厚，具有丰富的生态旅游资源。巴西人更是用他们的活力与欢乐感染着游客，桑巴音乐激情四射。著名的旅游景点有伊瓜苏大瀑布、基督山、伊比拉普埃拉公园、面包山等。里约热内卢、圣保罗、萨尔瓦多、巴西利亚是主要的旅游城市。

同步案例8-3

手势不能乱用

背景与情境：中国一位年轻商人第一次到"金砖国家"之一的巴西推销商品，由于他经销的华为手机价廉物美，受到巴西客户的肯定。签订协议时，他兴奋地向对方做了个"OK"的手势，即用食指和拇指组成圆圈，其余3指伸直或略屈。没想到对方立刻气恼地停止了签约，拂袖而去。事后翻译告诉他原因，他后悔不已。但他得到了一个教训：要入乡随俗，到一个新的地方，一定要事先了解当地的习俗与禁忌。这是保证商业活动成功的重要因素。

问题：本案例对你有何启示？

分析提示："OK"这个手势语在不同国家有不同寓意。在巴西，这个手势几乎与在美国向人伸出中指所表达的骂人的意思是一样的。在与他人交往时，运用手势语可使自己的情感表达更直接、更简洁、更富吸引力，但前提是必须了解每个动作在不同国家与场合的确切含义，正确使用；否则，效果会适得其反。

8.2.5　澳大利亚

1）简介

澳大利亚联邦位于太平洋西南部和印度洋之间，面积769.2万平方千米，人口2 569万（截至2020年9月），95%的居民是英国及其他欧洲国家移民的后裔，土著人有16万多，华人和华侨67万左右。98%的居民信奉基督教，其余信奉犹太教、佛教与伊斯兰教。首都堪培拉，国歌为《前进，美丽的澳大利亚》，国花为金合欢，通用英语，货币名称为澳大利亚元。1972年12月21日同中国建交。澳大利亚是近年来与中国职教界合作较多的国家，中国人移居澳大利亚有日趋增加的趋势。澳大利亚广阔的草原、美丽的海洋风光也是中国游客十分喜爱的。

2）礼貌礼节

澳大利亚人见面时行握手礼，握手时非常热烈，彼此称呼名字，表示亲热。关系亲密的男性相见时可亲热地拍打对方的后背，女性密友相逢常行贴面礼。

澳大利亚人真诚、踏实，与人交谈时语气平和，声音高低适度，不喜欢转弯抹角、拖泥带水，也不喜欢自夸、吹嘘。女性较保守，接触时宜谨慎。

3）饮食习惯

澳大利亚人的口味与英国人大致相同，菜要清淡，对中国菜很感兴趣；爱吃各种煎蛋、炒蛋、火腿、虾、鱼、牛肉等，不爱吃辣味的食物。

4）禁忌

信奉基督教的澳大利亚人忌讳数字"13"。

谈话时忌谈工会、宗教与个人问题，也不能谈澳大利亚土著人社会与现代人社会的关系以及控制袋鼠数量等敏感话题。

5）主要旅游城市和景点

澳大利亚拥有优质的滨海、奇特的野生动植物和悠久的土著文化。著名的旅游景点有大堡礁、黄金海岸、蓝山山脉、菲利普岛、岩石区、大洋路、悉尼歌剧院、邦迪海滩、悉尼野生动物园、卡卡杜国家公园等。悉尼、墨尔本、布里斯班、珀斯、达尔文市是主要的旅游城市。

8.2.6　新西兰

1）简介

新西兰位于太平洋西南部，面积27万平方千米，人口511.6万（截至2021年3月），其中86%是英国移民的后裔，9%是毛利人，5%是其他民族。居民主要信奉基督教，首都惠灵顿，国歌为《天佑新西兰》，国花为银蕨，通用英语，货币名称为新西兰元。1972年12月22日同中国建交。近年来，新中关系日益密切，其较为宽松的移民政策为中国人移居新西兰创造了条件，赴新旅游的人也越来越多。

2）礼貌礼节

新西兰人见面和分别时都握手。和女士相见，要等对方先伸出手来再握手。有的新西兰人行鞠躬、昂首礼。对于与自己身份相同的人，在称呼姓氏时应冠以"先生"、"夫人"或"小姐"，但熟人间可直呼对方名字，这样更为亲切。

新西兰的毛利人善歌舞、讲礼仪，当远方客人来访时，致以"碰鼻礼"，碰鼻次数越多、时间越长，说明礼遇越高。

3）饮食习惯

新西兰人的饮食习惯与英国人相仿，喜欢吃西餐，特别爱喝啤酒。

4）禁忌

新西兰人受宗教信仰的影响，也有西方人通常都有的忌讳。此外，在交谈时，不能把新西兰和澳大利亚混为一谈。他们也不愿谈及种族问题。

5）主要旅游城市和景点

新西兰素有"田园风光之国"的美称。著名的旅游景点有皇后镇、凯库拉、陶波湖、库克山国家公园、法卡雷瓦雷瓦森林公园、塔拉威拉山、岛屿湾、毛利文化村等。奥克兰、惠灵顿、基督城、罗托鲁阿是主要的旅游城市。奥克兰是全世界拥有私人船只比率最高的城市，被誉为"帆船之都"，皇后镇的卡瓦劳大桥则是蹦极的发源地。

同步案例8-4

毛利人的传统欢迎仪式

背景与情境： 中国国家主席习近平和夫人彭丽媛2014年11月20日访问了新西兰，新西兰总督迈特帕里用隆重的毛利人传统仪式欢迎习主席和夫人。习主席夫妇到达总督府前的大草坪时，受到毛利族男女长者的热情迎接。他们分别向习近平和彭丽媛行"碰鼻礼"。毛利族人整齐列队，表演挑战仪式，这是毛利族最古老的迎宾礼。5名勇士赤膊光足，身系草裙，一边挥舞长矛，一边吆喝，并不时吐出舌头。为首的勇士走到习近平面前，将一把剑投在地上，习近平俯身拾起。迈特帕里说，这是习近平第三次访问新西兰，按照毛利族人习俗，客人来3次就是一家人。习近平说，中国也有句俗话：一回生，二回熟，三回是朋友。

问题： 新西兰为什么以毛利人的传统仪式欢迎习主席夫妇，给予他们最高礼遇？

分析提示： 习近平主席强调，中新关系具有开创性、示范性意义，中新两国签署的一系列合作协议，充分展示了两国务实合作的广度和深度，中新关系已经成为中国同发达国家发展互利合作关系的典范。新西兰媒体则说，习主席是一个新型领袖，"代表了中国今天的国际形象——高大、强壮、自信，以及强大的气场"。

学习微平台

图文 8-2

8.3　欧洲主要国家的礼仪与禁忌

欧洲国家众多，人口相当密集，民族较多，语言各不相同。习惯上，人们把欧洲分为东、西、南、北、中五个区域。欧洲大部分国家工业发达，国民生活水平高，每年吸引世界各地游客到欧洲观光游览，同时，大量的欧洲游客也涌向世界各地，是世界上最大的客源地区。对我国居民来说，欧洲的主要旅游目的地国有英国、法国、德国、意大利、俄罗斯、西班牙、瑞士、瑞典等。

8.3.1　英国

1）简介

英国的全称是大不列颠及北爱尔兰联合王国，位于欧洲西部、大西洋的不列颠群岛上，面积 24.41 万平方千米，人口 6 708.1 万（截至 2020 年），其中英格兰人占 80% 以上，其余为苏格兰人、威尔士人和爱尔兰人等。居民绝大部分信奉基督新教，只有少部分人信奉天主教；首都伦敦；国歌为《天佑吾王》；国花为玫瑰；英语为国语；货币名称为英镑。1954 年 6 月 17 日同中国建立代办级外交关系，1972 年 3 月 13 日升格为大使级外交关系。英国过去是欧洲国家中申领旅游签证比较困难的国家，近几年放宽以后，中国赴英旅游人数迅速上升。中国游客的巨额消费使英国政府和人民看到了巨大商机。2015 年羊年春节，英国为了吸引中国游客，举行了各类庆祝活动，从王室、政府到企业、民间，给景点起中国名字、发行羊年生肖纪念币、花车巡游、舞龙舞狮……英国媒体称"庆中国春节，英国蛮拼的"。中国游客每人每次在英国的消费基本上都超过 2 000 英镑，是其他国家访英游客消费额的 3 倍以上。

2）礼貌礼节

英国人十分注重礼貌礼节。初次相识，一般都要握手，而平时相见则很少握手，只彼此寒暄几句，或对变化无常的天气略加评论，有时只是举一下帽子略示致意而已。在称呼方面，英国人一般对初识的人根据不同情况采取不同的称呼方式，对地位较高或年龄较大的男女，称为 "Sir"（先生）或 "Madam"（夫人），而不带姓，这是正式并带有敬意的称呼。一般情况下则使用 "Mr."（先生）、"Mrs."（夫人）、"Ms."（女士）或 "Miss"（小姐），并带上对方的姓。

英国人在日常交谈中，常使用 "Please" "Thank you" "Sorry" 等礼貌用语，即使家庭成员之间也是如此。英国男子崇尚绅士风度，"女士优先" 是在社交场合必须遵循的原则。在社交中，英国人很注意服饰打扮，什么场合穿什么衣服都有讲究。

3）饮食习惯

英国人口味清淡，不大喜欢吃辣。早餐喜欢吃麦片、三明治、奶油点心、煮鸡蛋、果汁或牛奶；午、晚餐以牛肉、鸡肉为主，也吃猪、羊、鱼肉。

英国人每餐都要吃水果，午、晚餐爱喝咖啡，夏天吃各种水果冻、冰淇淋，冬天则吃隔水蒸的布丁。

英国人爱喝红茶，早晨喝早茶，午后4时左右喝午茶；还喜欢喝冰过的威士忌、苏打水，也喝葡萄酒和香槟酒，很少喝啤酒。

4）禁忌

绝大多数英国人忌讳数字"13"，认为这个数字不吉利。

忌问别人的私事，如职业、收入、婚姻、存款、女士的年龄等，也不要问别人属于哪个党派。

吃饭时忌刀叉与水杯相碰，如果碰响后不及时中止，英国人认为将会带来不幸。

忌用大象、孔雀图案，英国人认为大象是蠢笨的象征，孔雀是淫鸟、祸鸟，连孔雀开屏也被认为是自我炫耀的表现。同时，忌用人像做服饰图案和商品的装潢。

忌送百合花，认为百合花意味着死亡。

5）主要旅游城市和景点

英国的旅游资源以人文旅游资源最丰富，古老的城堡和博物馆是最具有魅力的旅游目的地。著名的旅游景点有白金汉宫、威斯敏斯特宫、大本钟、伦敦塔桥、大英博物馆、温莎城堡、西敏寺、牛津和剑桥大学、尼斯湖、格林威治天文台等。伦敦、爱丁堡是主要的旅游城市。

8.3.2 法国

1）简介

法兰西共和国位于欧洲大陆的西部，面积55.3965万平方千米，人口6563万（截至2022年1月），其中法兰西人约占94%。绝大多数居民信奉天主教，首都巴黎，国歌为《马赛曲》，国花为香根鸢尾，法语为国语，货币名称为欧元。1964年1月27日同中国建交。法国既是中国的主要客源国，也是中国人欧洲游的主要目的地。近年来中法友好，两国人民往来频繁，法国十分看好中国的旅游市场。法国《费加罗报》评论称，在中国，过去出国旅游是少数富豪的专利，现在已是中产阶层的普遍选择，中国出境游人数可能达到"每年5亿人次"。

2）礼貌礼节

法国人性格开朗，具有良好的社交风范。通行握手礼，不论什么场合都要握手，但男女见面时，男士要待女士先伸手后才能与其相握。

法国人十分注重谈话的礼貌，与人交谈时，态度热情大方，语气自然和蔼。听别人讲话时，眼睛平视对方，不轻易打断对方的话。

对女士谦恭礼貌是法国人的传统，尤其是在公共场合和社交场合，男士要严格遵循"女士优先"的原则。

3）饮食习惯

法国人早餐一般喜欢吃面包、黄油、牛奶、浓咖啡等；午餐喜欢吃炖牛肉、炖鸡、炖鱼、焖龙虾等；晚餐很讲究，多吃肥嫩的猪、鸡、牛、羊肉和海鲜，但忌食无鳞鱼。也爱吃新鲜蔬菜和冷盘。

法国人的口味特点喜肥浓、鲜嫩，配料爱用大蒜头、丁香、香草、洋葱、芹菜、胡萝卜等。在调味上，用酒较重。

法国人爱喝啤酒、葡萄酒、苹果酒、牛奶、咖啡、红茶等；喜食清汤及酥食点心；爱吃各种水果。

4）禁忌

法国人交谈时忌问别人的隐私。

忌菊花，因为人们通常把黄色的菊花放在墓前吊唁逝者。

忌墨绿色，因第二次世界大战期间德国纳粹的军服是墨绿色。

忌黑桃图案，认为不吉祥；也忌仙鹤图案，认为仙鹤是蠢汉和淫妇的代称。

忌送香水和化妆品给女士，认为有过分亲热或图谋不轨之嫌。

5）主要旅游城市和景点

法国是浪漫的代名词，富含文化内涵的名胜古迹和美丽迷人的乡野风光交相辉映，是世界第一大旅游目的国。著名的旅游景点有埃菲尔铁塔、卢浮宫、凯旋门、巴黎圣母院、凡尔赛宫、枫丹白露宫、巴士底狱遗址、香榭丽舍大街、蓬皮杜国家艺术文化中心、先贤祠、协和广场、蓝色海岸、里昂老城等。巴黎、戛纳、尼斯是主要的旅游城市。

8.3.3 德国

1）简介

德意志联邦共和国位于中欧西部，面积 35.7582 万平方千米，人口 8 374 万，绝大多数是德意志人。居民中信奉基督新教的人约占一半，另有约 46% 的人信奉天主教；首都柏林；国歌为《德意志之歌》；国花为矢车菊；德语为国语；货币名称为欧元。1972 年 10 月 11 日同中国建交。德国是中国在欧洲关系最为密切的商业伙伴、职业教育合作伙伴和旅游交往伙伴。

2）礼貌礼节

德国人待人接物严肃拘谨，即使是对亲朋好友、熟人，见面时一般也行握手礼，只有夫妻和情侣见面时才行拥抱、亲吻礼。称呼时要称头衔，不喜欢直呼姓名。接电话时要首先将姓名告诉对方。宴会上，一般男士要坐在女士和职位高的人的左侧，女士离开和返回餐桌时，男士要起立，以示礼貌。

3）饮食习惯

德国人早餐简单，一般只吃面包，喝咖啡。午餐是主餐，喜欢吃土豆、鸡蛋、牛肉和瘦猪肉，不大吃羊肉、鱼虾、海味和动物内脏。主食是面包、蛋糕，也吃面条、米饭。德国人口味清淡，喜酸甜，不吃辣。晚餐一般吃冷餐。德国人特别爱喝啤酒，还喜欢吃甜点和各种水果。

4）禁忌

德国人最禁忌的符号是纳粹的标志"卐"。

德国人忌讳茶色、红色、深蓝色和黑色包装的物品。

德国人忌吃核桃、忌送玫瑰花。

5）主要旅游城市和景点

德国拥有田园诗般的自然风光和众多历史悠久的古堡、教堂与博物馆，是世界上拥有古堡建筑最多的国家。著名的旅游景点有无忧宫、科隆大教堂、柏林国会大厦、罗滕堡、德意志博物馆、海德堡老城、新天鹅堡、黑森林、国王湖、德累斯顿画廊等。柏林、慕尼黑、法兰克福、科隆、波恩、德累斯顿等是主要的旅游城市。

同步资料8-3

守纪律、讲整洁的德国人

德国人非常注重规则和纪律，干什么都十分认真。凡是有明文规定的，德国人都会自觉遵守；凡是明确禁止的，德国人绝不会去碰它。在一些人的眼中，许多情况下，德国人近乎呆板，缺乏灵活性，甚至有点儿不通人情。但细细想来，这种"不灵活"甚为有益。没有纪律，何来秩序？没有规矩，何有认真？

德国人很讲究清洁和整齐，不仅注意保持自己生活的小环境的清洁和整齐，而且也十分重视大环境的清洁和整齐。在德国，无论是公园、街道，还是影剧院或者其他公共场合，到处都收拾得干干净净、整整齐齐。德国人也很重视服装穿戴。工作时就穿工作服，下班回到家里虽可以穿得随便些，但只要有客来访或外出活动，就一定会穿戴整齐。看戏、听歌剧时，女士要穿长裙，男士要穿礼服，至少要穿深色的服装。参加社会活动或正式宴会更是如此。

资料来源　佚名. 德国文化特征［EB/OL］.［2019-02-04］. https://wenda.so.com/q/1458976401728328.

课程思政8-1

要注重商德伦理

背景与情境： 20多年前，中国在全球制造业产出中占比不足3%，如今份额已近25%。全球80%的空调、70%的手机、60%的鞋类都是中国制造的。现在美国开始了"第三次工业革命"，德国启动了"工业4.0战略"，我国也提出了"力争2045年建成工业强国"并首先在2025年成为制造业强国的目标。

但是，中国现在面临劳动力成本激增、国际贸易壁垒增多带来的"自相残杀""无序竞争""创新力不足"等问题。从业者的职业道德、企业的经营管理都过分看重金钱和职称，这成为2025年制造业强国目标的"拦路虎"。如何突破这些"拦路虎"？全国人大代表、上海市总工会原兼职副主席、上海电气液压气动有限公司总工艺师李斌接受记者采访时感慨地说："我很怀念我年轻时车间里那种热火朝天的工作场景，没补贴照样加班，遇上棘手的难题，大家一起研究到深夜，然后把瓦楞纸板箱拆开，铺在地上睡觉……如今这样的场景已经很少见了。"他还说，在欧洲一些国家，制造业技术人员普遍有30年左右的工龄，基本上每个人都有一门绝活，都是靠年份磨出来的。制造业强国离不开忠于自己专业的职业化技术工人队伍。针对现在不少技术人员搞科研创新为了出成果挣钱、跳槽、评职称等不良倾向，他认为，用重奖的办法鼓励创新并非长久之计，拿钱刺激只能一时起作用，创新要有长久的动力、要有精神支撑、要有职业道德、要有信仰保证。中国人既不懒也不笨，现在唯一缺的是当年"两弹一星"功勋们那种不畏艰苦、执着的精神。

为此，李斌等人建议，职业教育的课程设置和人才培养模式要有新思路，要加强学生素质特别是职业道德教育，企业要"君子爱财，取之有道"，要注重商德伦理，在社会上营造"技术为尊"的生态环境。

资料来源　（1）叶辰亮. 中国制造2025需"两弹一星"精神［N］. 文汇报，2015-03-15.

（2）佚名. 中国版"4.0"蓝图出炉［N］. 文汇报，2015-03-15.

（3）佚名. 制造业闯关面临六只"拦路虎"［N］. 文汇报，2015-03-15.有改动.

问题： 你对李斌等人的意见和建议有何看法？

研判提示： 第一，李斌等人的意见反映了当前我国技术人员职业道德和企业伦理等方面存在的实际问题；第二，我国制造业与发达国家制造业的差距在"质"不在"量"，而"质"的差距主要是人的差距，人的差距主要是缺"两弹一星"功勋们那种不畏艰苦、执着的精神；第三，要战胜"拦路虎"，要从抓职业教育、职业道德和企业伦理入手。

8.3.4　意大利

1）简介

意大利共和国大部分国土位于欧洲南部亚平宁半岛上，还包括西西里岛和撒丁岛等，面积30.1333万平方千米，人口5 898万（截至2022年1月），主要是意大利人，90%以上的居民信奉天主教。首都罗马；国歌为《马梅利之歌》；国花为雏菊，民间公认紫罗兰；意大利语为官方语言；货币名称为欧元。1970年11月6日同中国建交。意大利是南欧旅游线上的明珠，中国去意大利旅游的人数近年来迅速增长。

2）礼貌礼节

意大利人热情、爽快，同事见面常行握手礼，熟人、友人之间见面还行拥抱礼，男女之间见面通常贴面颊。谈话时习惯保持40厘米左右的礼节性距离。对长者、有地位和不太熟悉的人，需称呼其姓，并冠以"先生""太太""小姐"和荣誉职称。

3）饮食习惯

意大利人喜欢吃通心粉、馄饨、葱卷等面食。菜肴特点是味浓、香，尤以原汁原味闻名。烹调以炒、煎、炸、红焖著称，爱吃牛、羊、猪肉和鸡、鸭、鱼虾等。饭后爱吃苹果、葡萄、橄榄等。

酒是意大利人离不开的饮料，尤爱葡萄酒，甚至在喝咖啡时也要掺一些酒。

4）禁忌

意大利人普遍忌讳菊花，他们视菊花为墓地之花。

意大利人不喜欢谈论美国的橄榄球和美国政治。

5）主要旅游城市和景点

意大利是欧洲文化的摇篮、文艺复兴的发源地，是拥有世界遗产最多的国家（截至 2021 年）。著名的旅游景点有古罗马斗兽场、斯卡拉歌剧院、花之圣母大教堂、圣彼得大教堂、梵蒂冈博物馆、米兰大教堂、圣马可广场、西西里岛等。威尼斯、都灵、佛罗伦萨是主要的旅游城市。

8.3.5　西班牙

1）简介

西班牙位于欧洲西南部的伊比利亚半岛上，面积 50.5925 万平方千米，人口 4 735 万，主要是西班牙人。94% 的居民信奉天主教，首都马德里，国歌为《皇家进行曲》，国花为石榴花、康乃馨，西班牙语为官方语言，货币名称为欧元。1973 年 3 月 9 日同中国建交。西班牙与中国的旅游交往比欧洲其他国家晚，近年来才纳入南欧旅游线路，由于有较多人文景观与自然景观，中国游客数量上升也很快。

2）礼貌礼节

西班牙人相见时握手和拥抱同样普遍，朋友间通常是男性相互抱肩膀，女性轻轻搂抱并吻双颊。在西班牙，人们经常需要交换名片，这是一种有礼貌的表示。交谈时，只称呼姓，绝不会加上其母亲家族的姓，但写信时必须加上。对于约会，西班牙人只有在看斗牛比赛时才准时到达。

西班牙人有利用午休会友的习惯，故午休时间较长。他们喜欢谈论政治、体育和旅行。西班牙人喜欢夜生活，他们同朋友通电话谈心或聊天最合适的时间是晚上 12：00 至凌晨 1：00 之间。

3）饮食习惯

西班牙是美食家的天堂，每个地区都有著名的饮食文化，菜肴品种繁多，口味独特。烹调喜欢用橄榄油和大蒜。特色美食有伊比利亚火腿、雪莉酒、墨鱼汁海鲜饭、马德里肉汤、安达卢西亚冷汤、红烩牛尾、塔帕斯、炸奶酪卷、土豆煎饼、枸橼松饼等。

西班牙人喜爱美食，一年 12 个月，月月有大饱口福的节日：1 月 17 日为口福节，当日夜晚人们围坐在篝火边，依次吃软米饭、鳗鱼馅饼、香肠面包等，一直吃到天亮；2 月的狂欢节，要吃奶蜜面包卷和薄烧饼；3 月的烹调节，要吃蜗牛佳肴；4 月的复活节，要吃烧小猪、羊肉；5 月的苹果节，要尽情吃苹果；6 月的拉萨卡节，在广场的篝火旁吃烤牛肉；7 月的葡萄节，可畅饮葡萄酒；8 月的螃蟹节，要吃螃蟹；9 月的鲜果节，要品尝各类水果；10 月 15 日是全国的烹调日；11 月的丰收节和 12 月的新年等，更是大吃特吃。

4）禁忌

在西班牙，不能送给亲友菊花和大丽花，因为它们与死亡有关。

谈话时，西班牙人不喜欢谈论宗教、家庭和工作。

5）主要旅游城市和景点

凭借优美的海岸、独具特色的美食和文化，西班牙旅游竞争力多年高居世界第一。著名的旅游景点有西班牙皇宫、普拉多博物馆、圣家族大教堂、阿尔罕布拉宫、塞维利亚大教堂、毕加索博物馆、米拉之家、太阳海岸、加那利群岛、巴利阿里群岛等。马德里、巴塞罗那、托莱多、塞维利亚是主要的旅游城市。

8.3.6　俄罗斯

1）简介

俄罗斯联邦位于欧洲东部和亚洲北部，面积 1 709.82 万平方千米，人口 1.46 亿（截至 2021 年 1 月），近 80% 是俄罗斯人。主要宗教为东正教，首都莫斯科，国花为向日葵，俄语为官方语言，货币名称为俄罗斯卢布。1991 年 12 月，苏联解体，俄罗斯联邦宣告独立。我国改革开放以来，俄罗斯人来中国经商、旅游的多起来了，他们活动的范围以东北地区为主，到海南岛度假的也不少。近年来，中国赴俄游客人数呈井喷式增长，俄罗斯广大的东、中部地方很多旅游城市、景点尚未开发，发展潜力巨大。

2）礼貌礼节

俄罗斯人受过高等教育的比例高，他们性格开朗、豪放，有修养，见面时总是先问好，再握手致意，朋友间则拥抱和亲吻面颊。俄罗斯人的姓名由本人名+父称+姓氏构成，父称由父亲的名字变来。称呼俄罗斯人时要称其本人名+父称，不能只称其姓。如果用姓来称呼，要加上先生。以前普通老百姓没有父称，农奴制废除以后才获得了父称权。这被视为人民民主的胜利，也是对人最尊敬的称呼，这是名加父称的原因。俄罗斯人尊重女性，在社交场合，男性要帮助女性拉门、脱大衣，餐桌上要为女性分菜等。男士外出活动时，十分注重仪容仪表，一定要把胡子刮净。

3）饮食习惯

俄罗斯人以面包为主食，以肉、鱼、禽、蛋和蔬菜为副食；喜食牛、羊肉，爱吃带酸味的食品；口味较咸，油脂较重。俄罗斯人早餐简单，几片黑面包、一杯酸奶即可；午、晚餐较讲究，爱吃红烧牛肉、烤羊肉串、红烩鸡等；对青菜、黄瓜、西红柿、土豆、萝卜、洋葱、水果等特别喜爱。

俄罗斯人爱喝酒，酒量很大，特别爱喝烈性酒，如伏特加等。

4）禁忌

俄罗斯人忌黑色，认为它是不吉利的颜色；忌讳兔子，认为兔子胆小无能；还忌问女子的年龄和衣饰价格；不能在背后议论他人，更不能说别人小气。

5）主要旅游城市和景点

学习微平台

俄罗斯地域辽阔，历史悠久，文化浓郁。著名的旅游景点有克里姆林宫、红场、贝加尔湖、五层湖等。莫斯科、圣彼得堡、索契、符拉迪沃斯托克是主要的旅游城市。

图文 8-3

8.4　非洲主要国家的礼仪与禁忌

非洲是世界文明的发源地之一。非洲人勤劳、智慧、勇敢。非洲人大体分黑种人和白种人。黑种人大多信仰原始宗教、拜物教；而白种人则以信奉伊斯兰教为主。他们的礼俗往往是由宗教信仰决定的。尽管目前非洲来华的旅游者不多，但近年来我国游客去非洲特别是埃及和南非观光的人越来越多，因此有必要了解一些非洲国家的礼俗。

8.4.1 埃及

1）简介

阿拉伯埃及共和国位于非洲东部，小部分领土（西奈半岛）位于亚洲西南角，是地跨亚、非两洲的国家，面积100.1449万平方千米，人口1.05亿（截至2021年5月），居民主要为阿拉伯人，约占87%，科普特人约占11.8%。居民多信奉伊斯兰教，科普特人信奉基督教；首都开罗；国花为睡莲；阿拉伯语为官方语言；货币名称为埃及镑。1956年5月30日同中国建交。尼罗河每年泛滥，给两岸带来了肥沃的淤泥，造就了两岸发达的农业，也铸就了辉煌的古埃及文明。埃及过去是美洲、欧洲游客热衷的旅游胜地，现在也成为中国游客青睐的旅游目的地。

2）礼貌礼节

埃及人正直、爽朗、宽容、好客。他们见面行握手礼，有时也行亲吻礼。在打招呼时往往以"先生""夫人"和头衔称呼对方。人们广泛使用的问候语是"祝你平安"，当斋月来临时，人们常问候"斋月是慷慨的"，回答是"真主更慷慨"。

埃及人把绿色视为吉祥之色，把白色视为快乐之色。一般人都比较喜欢数字"5"和"7"，认为"5"会给人们带来吉祥，"7"是个受人崇敬的数字。和埃及人交谈，他们喜欢聊埃及有名的棉花和古老的文明。但是古埃及人并非现代埃及人的直系祖先，古埃及人已逐渐融入其他民族而消失。

3）饮食习惯

埃及人的主食为不发酵的面饼。副食爱吃豌豆、洋葱、萝卜、茄子、西红柿、卷心菜、土豆等。埃及人忌食猪肉、海味以及奇形怪状的食物，喜欢喝红茶和咖啡。

4）禁忌

埃及人忌讳蓝色和黄色，认为蓝色是恶魔、黄色是不幸的象征。"针"在埃及是贬义的，每日下午3时至5时是严忌买针和卖针的时间，以避"贫苦"和"灾祸"。埃及人忌讳熊猫，认为它的形体近似肥猪。

5）主要旅游城市和景点

埃及作为人类古代文明的发祥地之一，拥有极其丰富的文化古迹。著名的旅游景点有埃及博物馆、胡夫金字塔、狮身人面像、卢克索神庙、国王谷、阿布辛贝神庙、尼罗河等。开罗、卢克索、阿斯旺是主要的旅游城市。

> 同步资料8-4

埃及的"闻风节"

每年的4月9日，尼罗河畔阳光和煦、绿草如茵，埃及民众迎来了最古老的传统节日之一———闻风节。男女老少纷纷走出家门，尽情呼吸春风带来的阵阵花香，享受春日的勃勃生机。

在古埃及，闻风节是庆祝春天来临的节日，因此也被称为"春节"。如今，每逢闻风节，埃及全国放假，亲朋好友欢聚一堂，相约踏青。在公园、在海滨，微风处处传播着春天的欢乐，但闻名世界的吉萨金字塔却看不到埃及当地人的踪影。原来，吉萨金字塔曾是埃及人欢度闻风节的好去处，往年在这一天攀登金字塔的埃及人特别多。为保护古迹，埃及当局规定，闻风节时吉萨金字塔只接待外国游客。

"闻风"是阿拉伯语"夏姆·纳西姆"的意译。"夏姆"意为吸、嗅，"纳西姆"意为微风、柔风。闻风节的由来可以追溯到公元前 2700 年甚至更早。一说是古埃及人根据节气变化而确定的，他们认为这一天是世界的诞生日；另一说是古埃及传说中慈善之神战胜凶恶之神的日子。

资料来源　郭春菊. 埃及闻风节上"闻"春风［EB/OL］.［2019-01-04］. http：//www.waiyu8.com/absalon/ynjd/32361.html.

8.4.2　摩洛哥

1）简介

摩洛哥王国位于非洲西北端，是非洲最古老的国家之一，面积 45.9 万平方千米，人口 3 621 万（截至 2021 年），主要是阿拉伯人和柏柏尔人。绝大多数人信奉伊斯兰教；首都拉巴特；国歌为《摩洛哥颂》；阿拉伯语为国语，通用法语；货币名称为摩洛哥迪拉姆。1958 年 11 月 1 日同中国建交。2016 年对中国公民实施免签政策。

2）礼貌礼节

摩洛哥人与客人相见和告别时，一般行拥抱礼，握手礼也较为普及。摩洛哥女士与宾客见面时行屈膝礼。摩洛哥人待客热情，亲朋从远方来，捧上一杯甜的有新鲜薄荷叶的绿茶，是主人表示敬意的礼节。即使是招待各国贵宾，也用这种茶代替酒类。饭后要饮茶三道。

3）饮食习惯

摩洛哥人的饮食简单，普通人一日三餐除面包外，便是几杯可口的绿茶和几粒用盐渍过的橄榄果。

4）禁忌

摩洛哥人忌讳白色，认为它是"贫穷"的象征；认为"13"是个消极的数字，也忌讳六角星和猫头鹰图案。

5）主要旅游城市和景点

摩洛哥有"北非花园"的美称，风情独特。著名的旅游景点有舍夫沙万、哈桑二世清真寺、非斯老城、阿加迪尔等。马拉喀什、卡萨布兰卡、非斯是主要的旅游城市。

8.4.3　南非

1）简介

南非位于非洲大陆最南端，地处印度洋和大西洋之间的航运要冲，其西南端的好望角航线有"西方海上生命线"之称。南非国土面积约为122万平方千米，人口5 962万（截至2020年），包括黑人、有色人、白人和亚洲人四大种族，其中黑人占80%以上；有阿非利卡、英语等11种官方语言；约80%的居民信仰基督教；首都有三个：行政首都比勒陀利亚，立法首都开普敦，司法首都布隆方丹；国歌为《上帝保佑非洲》和《南非的呐喊》合编曲；国花为帝王花；货币为兰特。南非于2003年成为中国公民出境旅游目的地国，2012年中国成为南非第四大海外客源国；2015年是南非"中国年"，中国成为南非旅游核心客源市场。

2）礼貌礼节

南非人热情好客，他们会主动与你打招呼，也会很主动地带初来乍到的游客认路。在南非黑人家做客，主人一般会送上刚挤出的牛奶或羊奶或自制的啤酒，客人最好能一饮而尽。在招待中国客人时，会奉上一杯中国茶以示尊重和欢迎。

由于南非在很长的一段历史时期内由白人掌握政权，所以社交礼仪以白人的英式礼仪为主导，普遍的见面礼节是握手礼，对交往对象的称呼主要是"先生""小姐""夫人"。在南非黑人部族中，则往往会有与社会主流不同的风格。比如，他们会将驼鸟毛或孔雀毛赠予贵宾，客人则应将这些珍贵的羽毛插在自己的帽子上或头发上。

3）饮食习惯

南非的餐饮丰富多彩，汇聚了中式、英式、法式、意式、日式、印式等多种风格，还有非洲本地风格，最有特色的是野味烧烤、慢炖拼盘和海鲜。著名的菜肴有鸵鸟肉排、咖喱肉沫配米饭、姜饼、炖西红柿和菜豆等。

南非当地白人的日常饮食以西餐为主，爱喝咖啡与红茶。黑人的主食是玉米面，他们把玉米面烹制成一种糊状物，用手抓着吃。南非黑人还喜欢吃牛肉和羊肉。南非著名的饮料是一种用野生灌木叶子制成的如宝茶，茶汤的色和味非常像普通红茶，被称为"南非国饮"。中国茶在南非也很流行，喝中国红茶、品中国茶文化是南非中产阶级追求的时尚生活。

4）禁忌

南非黑人非常敬重自己的祖先，很忌讳外人在言行上对自己的祖先有不敬之处。和南非人聊天需避免谈及以下四个话题：白人的功德不能谈论，也不能对白人有示好之处；对各个黑人部落之间的关系或矛盾不能进行评论；黑人的一些传统习惯不要妄加评论；南非人没有"重男轻女"的思想，对男孩女孩一样喜爱。

5）主要旅游城市和景点

南非拥有丰富灿烂的自然和人文景观，每日的日照率居全球各国之冠，有"游览一国如同环游世界"的美誉。立法首都开普敦历年位居"世界十大旅游城市"的行列。著名的旅游景点有：桌山、好望角、克斯腾伯斯国家植物园、花园大道、克鲁格国家公园、德班海滩、罗宾岛、刚果洞、布莱德河峡谷、德拉肯斯堡山等。

同步思考8-4

问题：你知道情人节的来历吗？

理解要点：情人节起源于古代罗马。传说公元3世纪，罗马皇帝克劳狄二世为了充实兵力，下令所有单身男子从军，不得结婚。神父瓦伦丁不顾禁令，秘密为情侣们证婚，结果被当局逮捕后牺牲。他去世的这一天，即2月14日成为纪念日，也即后来的情人节。情人节现已成为全世界各国流行的节日，每当节日来临，情侣们忙着挑选礼物赠给心爱的人。最传统的礼物要数圣瓦伦丁贺卡，上面印有各种象征爱情的图案。

同步业务8-1

和非洲人交往要特别注意礼节礼貌

非洲国家很多，民族更多，信仰的宗教也多。和非洲人交往，要特别注意礼节礼貌。非洲国家多数有被殖民的历史，曾长期受西方白人的歧视，所以他们一般都很注意别人对他们的尊重程度。和非洲人交往，首先，要尊重所在国家、地区、种族的礼仪与禁忌以及宗教信仰，不能直呼其为黑人；其次，非洲人能歌善舞，但一般都具有原始色彩，看到时不能流露吃惊或不屑的神态；最后，送礼品给非洲人或与他们握手时，一定要用右手，他们举行宗教仪式时不能打扰。

学习微平台

图文8-4

⚓ 本章概要

□ 内容提要

本章简要介绍了亚洲、美洲、大洋洲、欧洲、非洲共25个我国主要旅游目的地国家的基本情况、礼貌礼节、饮食习惯和禁忌。同一个地区或同一个民族、同一种宗教信仰、同一种语言的人群，其礼貌礼节或风俗习惯、禁忌往往有相同或相近之处。到这些国家旅游或接待这些国家的游客都必须掌握这方面的知识。做好接待工作、尊重接待对象，就能提高接待水平，使游客乘兴而来，满意而归；作为一般游客，了解这些知识，就能避免出现不愉快的情况，从而提高旅游质量。

□ 主要概念和观念

▲ 主要概念

主要客源国　旅游目的地

▲ 主要观念

同一地区或同一民族、同一宗教信仰、同一种语言的人群，其礼貌礼节或风俗习惯、禁忌往往有相同或相近之处。

掌握主要客源国（旅游目的地）的基本概况、饮食习惯、礼仪、风俗和禁忌，对旅游接待人员来说，能提高其接待能力和水平；对出国旅游者来说，能大大提高旅游质量，而且能发展与各国、各民族的友好往来，树立我国在国际上的良好形象。

□ 重点实务

模拟到泰国旅游　接待日本旅游团

▶ 基本训练

□ 知识训练

▲ 复习题

(1) 亚洲和欧洲有哪些主要旅游目的地?

(2) 美洲、大洋洲有哪些主要旅游目的地?

(3) 日本人用筷子有哪些忌讳?

(4) 墨西哥人送礼时为什么忌送手帕和剪刀?

(5) 泰国的合十礼有哪四种规格?

(6) 为什么称美国人为"山姆大叔"?

(7) 接待西方国家的游客时,最敏感和忌谈的话题有哪些?

▲ 自测题

△ 选择题

(1) 关于日本的礼仪与禁忌,说法正确的是(　　)。

A.初次见面行握手礼,交换名片,再见面时才行鞠躬礼

B.使用筷子时,有八忌

C.忌菊花图案,认为是妖花

D.忌送人梳子和玻璃、陶瓷等易碎物品

(2) 关于印度的礼仪与禁忌,说法正确的是(　　)。

A.晚辈为表示对长辈的尊敬,常在行礼时弯腰摸长者的脚

B.印度人如同意对方的意见是将头向左摆动,不同意则点头

C.印度教徒奉牛为神圣之物,忌食牛肉,也不能杀蛇

D.印度人喜欢龟和鹤的图案

(3) 下列几项说法,正确的有(　　)。

A.夏威夷有"世界娱乐之都"和"结婚之都"的美称

B.加拿大人讲究实事求是,与他们交往要非常注意自谦,不然会被认为狂妄
自大

C.澳大利亚拥有优质的滨海、奇特的野生动植物和悠久的土著文化

D.堪培拉是全世界拥有私人船只比率最高的城市,被誉为"帆船之都"

(4) 下列几项说法,正确的有(　　)。

A.英国忌用大象、孔雀图案

B.对女士谦恭礼貌是法国人的传统,尤其是在公共场合和社交场合,男士要
严格遵循"女士优先"的原则

C.德国人待人接物严肃拘谨,即使是对亲朋好友、熟人,见面时一般也行握
手礼

D.意大利是欧洲文化的摇篮、文艺复兴的发源地，是拥有世界遗产最多的国家

（5）下列几项说法，正确的有（　　）。

A.埃及人忌讳白色，而摩洛哥人则把白色视为快乐之色

B.摩洛哥人待客热情，向客人捧上一杯甜的有新鲜薄荷叶的绿茶，是主人表示敬意的礼节

C.南非拥有丰富灿烂的自然和人文景观，每日的日照率居全球各国之冠，有"游览一国如同环游世界"的美誉

D.由于南非在很长的一段历史时期内由白人掌握政权，所以社交礼仪以白人的英式礼仪为主导

（6）关于以下亚洲国家的说法，正确的有（　　）。

A.菲律宾人热情好客，常把扶桑花串成花环套在宾客的脖子上，以示尊敬

B.印度尼西亚人视红色为吉祥的象征，故红米饭成为礼饭

C.越南文化深受中国文化的熏陶，重视"仁"与"和"

D.缅甸是个佛教国度，视乌鸦为"神鸟"，对牛也敬若神明

△ 判断题

（1）在韩国，重男轻女现象较严重，但在日常交往中，还是会遵循女士优先的礼仪原则，男士先向女士行鞠躬礼。　　　　　　　　　　（　　）

（2）泰国人见面时不握手，而是双手合十为礼。如有长辈在座，只能坐在地上，或者蹲跪，以免高于长辈头部。　　　　　　　　　　（　　）

（3）新加坡人的新年问候习惯说"恭喜发财"，而不愿说"新年快乐"。
　　　　　　　　　　　　　　　　　　　　　　　　　　　　（　　）

（4）美国人对"13"这个数字最为忌讳；讨厌蝙蝠，也忌讳黑色的猫。
　　　　　　　　　　　　　　　　　　　　　　　　　　　　（　　）

（5）西班牙人喜爱美食，一年12个月，月月有大饱口福的节日。　（　　）

（6）摩洛哥有"田园风光之国"的美称，风情独特。　　　　　　（　　）

学习微平台

随堂测8-1

▲ 讨论题

（1）加拿大人的价值观是什么？

（2）中国人和法国人对仙鹤、菊花的态度有何不同？

（3）德国人守纪律、讲整洁对我们有什么启示？

□ 能力训练

▲ 理解与评价

背景资料：40多年前，还没有"出国旅游"这个词。张建德是上海某大学的退休教师，20世纪80年代，因为工作关系，他有很多出国考察的机会，因此很早就有了赴美经历。80年代末，东南亚成为我国最先开放出境旅游的目的地，"新马泰"成为最热门的旅游话题。90年代初，老张带着爱人到泰国旅游，"当时一个月收入也就400元，到了国外，什么都不敢买，什么都觉得贵。"老张说。2007年12月，中美达成旅游协议，2008年6月首个中国旅行团赴美。这年年底，

老张带着家人再次以游客身份赴美。现在到美国旅游已经成为越来越多的上海人的过节方式，签证延长到10年后，买一张便宜机票就能走。老张感叹："过去出国感觉是一辈子一次的事情，现在变化真是太大了。"

中国旅游研究院发布的《中国出入境旅游发展年度报告2020》指出：中国经济的持续增长、人均可支配收入的增加、交通质量的提升、签证环境的改善等因素使中国已然成为全球最大的出境游市场，2010—2019年中国出境旅游人数持续上升。2019年我国的出境旅游市场规模达到1.55亿人次，相比2018年同比增长了3.3%。我国出境游客境外消费超过1 338亿美元，增速超过2%。相应的，目的地间的竞争也烽烟四起，使"积极"、"友善"和"精细"成为关键词。境外各旅游目的地和出境游相关企业更加关注并挖掘中国游客的旅游需求，努力帮助中国游客实现他们的多元梦想，为中国游客量身打造贴心的"欢迎中国"服务。

资料来源 作者根据《中国出入境旅游发展年度报告2020》编写.

问题：老张的旅游经历和中国旅游研究院的数据说明了什么？

▲ 案例分析

【训练项目】

案例分析-VIII。

【相关案例】

邮筒变成了垃圾箱

背景与情境：随着中国赴韩游客越来越多，中韩两国间由社会文化差异产生的问题也部分显现出来。2015年1月9日版的韩国《朝鲜日报》呼喊"救救邮筒"，抱怨中国游客习惯性地往韩国邮筒里扔垃圾。

《朝鲜日报》称，首尔明洞和东大门的邮筒因为中国游客扔的垃圾而肮脏不堪，乐天百货店前的邮筒每周能清出10升垃圾，东大门平和市场入口处的邮筒每周能清出2～3升垃圾。

据《环球时报》记者了解，中国游客往韩国邮筒中扔垃圾有多种原因：首先，韩国从20世纪80年代中期开始取消垃圾桶，绝大多数中国游客又没有把垃圾用纸或塑料袋包好装入自己包中的习惯。其次，韩国的邮筒与垃圾桶外形相似，容易"误投"。另外，语言不通也是重要原因。韩国网友对该报道议论纷纷，除讥讽声音外，也有不少反省。网友"郑方镐"说，大城市没有垃圾桶本身就是问题，韩国人同样感到不方便，甚至直接往街上扔垃圾。网友"金基范"则认为，旅行社并没有为中国游客准备垃圾袋的意识，有关部门应尽快寻找对策，这才是韩国成为观光大国的正确道路。

资料来源 张涛.韩媒抱怨中国游客往邮筒扔垃圾［N］.环球时报，2015-01-10.有删改.

问题：请为韩国有关部门和中国旅游部门、中国游客提出改进措施。

【训练要求】

同第1章"基本训练"之本题型的"训练要求"。

▲ 实训操练

【实训项目】"泰国礼貌礼节和禁忌"知识应用。

【实训要求】将班级学生分成若干实训团队，以本章"重点实务"中的"模拟到泰国旅游"为操练项目，模拟游客和当地居民，体验泰国的礼貌礼节和禁忌。

【实训步骤】

（1）将班级学生分成若干实训团队，每团队确定 1 人负责。

（2）各团队学生结合本地旅行社组团赴泰国旅游的实际情况，参照本章"同步案例"，进行赴泰国旅游的情境设计，并结合情境设计进行游客和当地居民的角色分工与协作。

（3）各团队组以本章"实务教学"中泰国的礼貌礼节和禁忌知识为业务规范，以"情境设计"中的"背景"为基本情节，进行角色操练，体验本项目模拟实训的全过程。

（4）各团队学生交换角色，再次体验本项目模拟实训过程。

（5）各团队学生记录本次模拟实训的主要情节，总结实训的成功经验，找出存在的问题及解决办法，在此基础上撰写《"'泰国礼貌礼节和禁忌'知识应用"实训报告》（以下简称《实训报告》）。

（6）在班级讨论、交流、相互点评与修订各团队的《实训报告》。

（7）在校园网的本课程平台上展出经过修订并附有教师点评的各团队《实训报告》，供学生相互借鉴。

□ 课程思政

【训练项目】

课程思政—Ⅷ。

【相关案例】

学习微平台

延伸阅读 8-3

"出境游押金"迟迟不退引投诉

背景与情境：北京某旅行社在组团安排出境旅游时，为了防止旅游者滞留境外不归，要求旅游者在组团出境前缴纳一定数量的现金，即"出境游押金"。该旅行社在游客出境游结束回国后，逾期未返还出境游押金，涉及 387 名游客共 2 411 万元，引发游客集体投诉。

资料来源　佚名."出境游押金"迟迟不退引投诉［N］.新民晚报，2015-01-15.

问题："出境游押金"迟迟不退，反映了该旅行社什么问题？

【训练要求】

同第 1 章"基本训练"之本题型的"训练要求"。

附录 1　待人处世谚语

1. 己所不欲，勿施于人。
2. 滴水之恩，当涌泉相报。
3. 爱人者人恒爱之，敬人者人恒敬之。
4. 恭敬不如从命。
5. 难得糊涂，吃亏是福。
6. 是福不是祸，是祸躲不过。
7. 若要人不知，除非己莫为。
8. 气量要大，待人要诚。
9. 自知之明量自己，实事求是对别人。
10. 要受人尊重，首先尊重别人。
11. 若要人敬己，必先己敬人。
12. 你尊敬人，人尊敬你。（维吾尔族）
13. 你敬人一尺，人敬你一丈。
14. 不看你待我，只看你待人。
15. 用大话不能取得别人对你的尊重。
16. 你对人无情，人对你薄意。
17. 你对人不放心，人对你不实心。
18. 爱朋友胜过生命，纵然死去还有生命。（蒙古族）
19. 严于律己，宽以待人。
20. 聪明人常常责备自己，愚蠢人常常责备别人。（维吾尔族）
21. 看自己莫用放大镜，看别人莫要隔门缝。
22. 宁可人负我，不可我负人。
23. 功不独居，过不推诿。
24. 有过不包庇，有功不奉承。（白族）
25. 临事需替别人想，论人先将自己想。
26. 以责人之心责己，以恕己之心恕人。
27. 欺人是祸，饶人是福。
28. 把困难留给自己，把方便让给别人。
29. 宁可扶起人，不可推人倒。
30. 为人为到底，送人送到家。
31. 受人之托，忠人之事。
32. 多下及时雨，少放马后炮。

33.若不与人行方便，念尽弥陀总是空。

34.喝水莫忘掘井人，赏花应谢育花人。

35.记住别人给你的好处，忘掉你给别人的恩情。（藏族）

36.待人恩义千年记。

37.没有礼貌的人，就像没有窗户的房屋。（维吾尔族）

38.礼多人不怪。

39.有礼不怕迟。

40.千里送鹅毛，礼轻情意重。

41.盘子里的羊肉虽少，情意深似海洋。（哈萨克族）

42.客无亲疏，来者当敬。

43.客来茶当酒，意好水也甜。

44.有情饮水饱，无情吃饭饥。

45.瓜子敬客一点心。

46.招待客人之前，先喂好客人的马。（柯尔克孜族）

47.客人是否高兴，要看主人是否诚心。

48.接到的饼大，回送的也大。（朝鲜族）

49.主雅客来勤。

50.热不占人风头，冷不占人火炉。

51.出门让三人：老人、小人和女人。

52.大欺小，不公道；大帮小，呱呱叫。

53.一叶浮萍归大海，人生何处不相逢。

54.在家不理人，出外人不理。

55.要做雪天一盆火，不做严冬一箱冰。

56.你有来言，我有去语。

57.一好要两好，两好合一好。

58.处世让一步为高，待人宽一分是福。

59.让人不为低。

60.让人一着，天宽地阔。

61.当着矮人，别说矮话。

62.人同此心，事同此理。

63.人心换人心，八两换半斤。

64.若要人下水，自己先脱衣。

附录2 传统敬语

1. 拜望——意为探望。

2. 拜服——意为佩服。

3. 拜辞——意为告辞。

4. 赐教——给予指教。

5. 呈——恭敬地送上去，用于晚辈对长辈或下级对上级。

6. 呈正、指正、教正、雅正——把自己的作品送请别人批评指正。

7. 重教——尊称长者给予的教诲。

8. 重问——尊称长者或上级的问题。

9. 重念——尊称长者或上级的挂念。

10. 大作——尊称别人的文章。

11. 奉告——意为告诉。

12. 奉还——意为归还。

13. 奉陪——意为陪伴。

14. 贵庚——询问对方年龄。

15. 贵姓——询问对方的姓。

16. 惠存——请保存，多用于送人相片、书籍等纪念品时。

17. 惠顾——指对方到自己这里来，多用于商家对顾客。

18. 华翰——尊称别人的书信。

19. 华诞——尊称别人的生辰。

20. 恭候——恭敬地等候。

21. 请便——请对方自便。

22. 钧鉴——敬请长辈或首长看信，用于书信开头的称呼之后。

23. 妆次——用于给女士书信的开头称呼之后。

24. 高就——指离开原职担任较高职位。

25. 高寿——用于询问老人的年纪。

26. 府上、府——尊称对方的家或老家。

27. 光临、莅临——宾客来到。

28. 光顾——商家多用以欢迎顾客。

29. 璧还、奉璧——用于将物品归还原主或辞谢赠品。

30. 璧谢——意为退还原物并表示感谢，多用于辞谢赠品。

31. 千金——称别人的女儿。

32. 公子——称别人的儿子。

33.驾临——指对方到来。

34.宽衣——请别人脱下衣服。

35.仰承——意为遵从对方的意图。

附录3　传统谦辞

1. 敢——表示冒昧地请求别人。
2. 敝——旧时用于与自己有关的事物。
3. 寒门、寒舍——称自己的家。
4. 刍议、浅议——指自己的议论。
5. 错爱——表示感谢对方的爱护。
6. 斗胆——形容大胆。
7. 痴长——说自己比对方大若干岁。
8. 不才——自我谦称。
9. 笨鸟先飞——指能力差的人，做事恐怕要落后，比别人先行动。
10. 拙——多谦称自己的文章、见解等。
11. 职、卑职——旧时官吏自我谦称。
12. 老朽——老年人的自我谦称。
13. 才疏学浅——意为学而不广、学而不深。
14. 过奖——对方过分地表扬或夸奖。
15. 岂敢、不敢当——表示承担不了。

附录4　公历节日

1.1月1日：元旦

2.2月2日：世界湿地日

3.2月7日："二七大罢工"纪念日

4.2月10日：国际气象节

5.3月1日：国际海豹日

6.3月5日：学雷锋纪念日

7.3月8日：三八国际妇女节

8.3月12日：中国植树节

9.3月14日：国际警察日

10.3月15日：国际消费者权益日

11.3月21日：世界森林日、消除种族国际歧视日

12.3月22日：世界水日

13.3月23日：世界气象日

14.4月1日：愚人节

15.4月7日：世界卫生日

16.4月22日：世界地球日

17.4月23日：中国人民解放军海军建军节

18.4月24日：世界青年团结日

19.5月1日：国际劳动节

20.5月3日：世界新闻自由日

21.5月4日：中国青年节

22.5月8日：世界红十字日

23.5月12日：国际护士节

24.5月第二个星期日：母亲节

25.5月17日：世界电信日

26.5月18日：国际博物馆日

27.5月30日：中国"五卅"运动纪念日

28.5月31日：世界无烟草日

29.6月1日：国际儿童节

30.6月5日：世界环境日

31.6月第三个星期日：父亲节

32.6月23日：国际奥林匹克日

33.6月25日：中国土地日

34.6月26日：国际禁毒日

35.6月30日：世界青年联欢节

36.7月1日：中国共产党成立纪念日

37.7月第一个星期六：国际合作节

38.8月1日：中国人民解放军建军节

39.9月8日：国际新闻工作者日、国际扫盲日

40.9月9日：毛泽东逝世日

41.9月10日：中国教师节

42.9月第四个星期日：国际聋人节

43.9月最后一周的任选一天：世界海事日

44.9月20日：全国爱牙日

45.9月21日：国际和平日

46.9月27日：世界旅游日

47.10月1日：中华人民共和国国庆节、国际音乐节、国际老人节

48.10月2日：国际和平和民主自由斗争日

49.10月5日：国际教师节

50.10月第一个星期一：国际住房日、国际建筑日

51.10月9日：世界邮政日

52.10月13日：国际减轻自然灾害日

53.10月14日：世界标准日

54.10月15日：国际盲人节

55.10月16日：世界粮食日

56.10月17日：国际消除贫困日

57.10月24日：联合国日

58.10月31日：世界勤俭日

59.11月1日：万圣节

60.11月8日：中国记者节

61.11月9日：全国消防宣传日

62.11月10日：世界青年日

63.11月11日：中国空军成立纪念日

64.11月17日：国际大学生节

65.11月20日：我国心梗救治日、世界儿童日

66.11月的第四个星期四：感恩节

67.12月1日：世界艾滋病日

68.12 月 3 日：国际残疾人日

69.12 月 5 日：国际志愿者日

70.12 月 7 日：国际民航日

71.12 月 10 日：世界人权日、诺贝尔逝世纪念日

72.12 月 25 日：圣诞节

73.12 月 26 日：毛泽东诞辰

附录5　农历节日

正月初一：春节

正月十五：元宵节、朝鲜族上元节、苗族踩山节、达斡尔族卡钦

正月十六至二十：侗族芦笙节

正月二十五：填仓节

正月二十九：送穷日

二月初一：瑶族忌鸟节

二月初二：春龙节（龙抬头）、畲族会亲节

二月初八：傈僳族刀杆节

三月十五：佤族播种节

三月十五至二十五：白族三月街

四月十八：锡伯族西迁节

五月初五：端午节、黎族朝花节、苗族龙船节

五月十三：阿昌族泼水节

五月二十二：鄂温克族米阔鲁节

五月二十九：瑶族达努节

六月初六：姑姑节、壮族祭田节、蓝田瑶族尝新节

六月二十四：彝族、阿昌族、白族、佤族、纳西族、基诺族火把节

七月初七：乞巧节

七月十三：侗族吃新节

七月十五：盂兰盆会、普米族转山会

八月十五：中秋节、拉祜族尝新节

九月初九：重阳节

十月十六：瑶族盘王节

十二月初八：腊八节

十二月二十三、二十四：祭灶日

十二月三十：除夕

附录6

附6-1   2019年，中国（内地）出境旅游目的地前15位国家和地区：

中国澳门、中国香港、越南、泰国、日本、韩国、缅甸、美国、中国台湾、新加坡、马来西亚、俄罗斯、柬埔寨、菲律宾、澳大利亚。

附6-2   2019年，我国国际客源市场前20位国家：

缅甸、越南、韩国、俄罗斯、日本、美国、蒙古、马来西亚、菲律宾、新加坡、印度、泰国、加拿大、澳大利亚、印度尼西亚、德国、英国、朝鲜、法国、意大利（其中缅甸、越南、蒙古、印度、朝鲜含边民旅华人数）。

资料来源《中国出入境旅游发展年度报告2020》.

主要参考书目

［1］徐虹，康晓梅. 旅游企业财务管理［M］. 3版. 大连：东北财经大学出版社，2016.

［2］周欢伟，段丽华. 创新创业基础［M］. 北京：机械工业出版社，2018.

［3］朱丽. 品牌管理案例精选［M］. 广州：暨南大学出版社，2018.

［4］苏勇，史健勇，何智美. 品牌管理［M］. 北京：机械工业出版社，2017.

［5］张岩松. 职业礼仪教程［M］. 北京：清华大学出版社，2014.

［6］张岩松，初萍. 现代商务礼仪［M］. 北京：清华大学出版社，北京交通大学出版社，2014.

［7］魏雪，常瑛. 礼仪与修养［M］. 北京：电子工业出版社，2014.

［8］朱列文，李薇. 服务礼仪与形体训练［M］. 北京：中国轻工业出版社，2014.

［9］庄磊，吴莅芳. 商务礼仪［M］. 西安：西安交通大学出版社，2014.

［10］李建峰，董媛. 社交礼仪实务［M］. 北京：北京理工大学出版社，2014.

［11］胡爱娟，陆青霜. 商务礼仪实训［M］. 北京：首都经济贸易大学出版社，2014.

［12］万里红. 最实战商务礼仪［M］. 北京：机械工业出版社，2013.

［13］周文柏. 中国礼仪大辞典［M］. 北京：中国人民大学出版社，1992.

［14］陈本林，等. 涉外知识大全［M］. 上海：上海人民出版社，1992.

［15］关彤. 接待礼仪［M］. 海口：南海出版公司，1996.

［16］吴宝华. 礼貌礼节［M］. 北京：高等教育出版社，1995.

［17］杨军，等. 旅游公关礼仪［M］. 昆明：云南大学出版社，1995.

［18］张四成. 现代饭店礼貌礼仪［M］. 广州：广东旅游出版社，1996.

［19］陆永庆. 现代旅游礼仪学［M］. 青岛：青岛出版社，1998.

［20］金正昆. 涉外礼仪教程［M］. 北京：中国人民大学出版社，1999.

［21］陈刚平，周晓梅. 旅游社交礼仪［M］. 北京：旅游教育出版社，2000.

［22］上海市精神文明建设委员会办公室，上海远程教育集团. 文明礼貌100题［M］. 上海：复旦大学出版社，2000.

［23］金正昆. 服务礼仪教程［M］. 北京：中国人民大学出版社，2005.

［24］上海市旅游专业编委会. 旅游服务礼仪［M］. 北京：旅游教育出版

社，2003.

[25] 陆永庆，阮益中. 现代会务服务 [M]. 上海：上海交通大学出版社，2005.

[26] 文晓玲，李朋. 社交礼仪 [M]. 大连：大连理工大学出版社，2008.

[27] 刘元. 送礼 [M]. 北京：海潮出版社，2004.

[28] 姜瑞华，张玉会. 会展礼仪 [M]. 大连：东北财经大学出版社，2009.

[29] 饶雪梅. 会展礼仪 [M]. 北京：中国劳动社会保障出版社，2006.

[30] 朱立安. 国际礼仪 [M]. 广州：南方日报出版社，2001.

[31] 吴忠军. 中外民俗 [M]. 6版. 大连：东北财经大学出版社，2021.

[32] 薛群慧，邓永进，庄新成. 现代旅游接待礼仪 [M]. 北京：北京大学出版社，2006.

[33] 崔筱力，陈樱，胡玲玲. 中国主要客源国（地区）概况 [M]. 厦门：厦门大学出版社，2019.

[34] 张金霞，赵亮. 中国主要旅游客源国与目的地国概况 [M]. 北京：清华大学出版社，2012.